국립중앙도서관 출판시도서목록(CIP)

레드 라인 / 이교관 지음. -- 파주 : 한울, 2005
   p. ;   cm.

표지잡정보: 북핵 위기의 진실과 미국의 한반도 시나리오
ISBN 89-460-3427-0 03340

340.911-KDC4
320.9519-DDC21   CIP2005001531

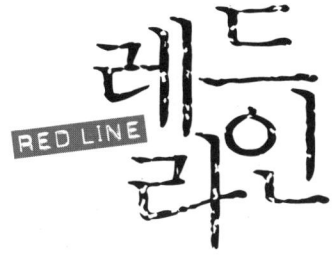

레드 라인

북핵 위기의 진실과 미국의 한반도 시나리오

이교관 지음

서문

글 쓰는 사람의 원죄(original sin)는 자기만의 관점에서 세상을 바라보는 것이라고 미국의 저명한 저널리스트 로버트 D. 캐플란(Robert D. Kaplan)은 말했다. 객관성(objectivity)이라는 것은 착각에 불과한 것인지도 모른다는 것이다.

산초에게 이발사의 물동이로 비친 것이 돈키호테에게는 맘브리노의 투구로 보였던 것처럼 외교정책 전문가들도 가장 기초적인 사실들에 대해 의견이 다를 수 있다는 것이 캐플란의 지적이다.

문제는 가끔 분석이라고 간주되는 것이 특정 이슈에 대한 한 사람의 인생 경험에서 비롯된 표현에 지나지 않는다는 데 있다고 그는 말했다. 이때 특정 관점을 방어하기 위해 사실과 통찰을 선별하는 또 다른 죄가 잉태되는데 그땐 해결책이 없을지 모른다는 것이다.

심각한 것은 미국 저널리스트가 경계한 이 같은 딜레마가 근래 북한과 관련된 글들에서 전염병처럼 확산돼 왔다는 사실이다. 2002년 10월 재발한 북한의 핵 위기에 관한 수많은 글 중 이 같은 죄에서 자유로운 것이 과연 몇이나 있을까 하는 의문이 들 정도이다.

이 같은 글들이 방어하려고 애써 온 관점은 대개 다음 두 가지 중 하나이다. 하나는 민족의 관점이다. 동족인 북한의 주장대로 북한이 고농축우라늄(HEU) 핵무기 개발을 시도한 것은 미국의 선제 군사공격 위협에 따른 것으로 불가피했다고 이해하는 관점이다. 이 관점에 의하면, 한반도 위기의 주범은 미국이다. 이 관점은 나아가 북한이 핵무기 개발을 강행,

레드 라인(red line: 금지선)을 위반하기를 기다렸다가 선제공격(preemptive action)을 감행하는 것이 미국의 전략이라고 단정한다.

다른 하나는 동맹의 관점이다. 북한의 주장을 검증해 보지 않은 채, 북한의 고농축우라늄 핵무기 개발 시도와 관련해 동맹인 미국이 제시하는 모든 발표를 무조건 진실로 믿어 버리는 관점이다. 그러다 보니 이 관점은 북한 핵 문제에 관한 모든 정책에서 미국을 따라야만 한국의 안보는 물론 경제성장도 보장된다고 주장한다. 요컨대 한미 동맹만이 살길이라는 것이다.

거의 모든 글이 이 두 관점 중 하나를 방어하기 위해 중요한 사실과 통찰을 취사선택하거나 외면해 왔다. 그 결과는 참혹하다 못해 재난에 가깝다. 북한 핵 위기의 발발 원인과 전망에 대한 논의 수준이 갈수록 저급해지고 있는 것이다. 글 쓰는 사람 저마다 이미 방어해야만 하는 특정 관점이 있는 마당에 북한과 미국의 살아 움직이는 전략을 굳이 힘들여 연구할 필요가 없다고 여기는 탓이다.

나 또한 기자로서 십여 년간 글을 써 왔던 만큼 자신의 관점으로 세상을 바라보는, 글 쓰는 사람의 원죄에서 자유롭지 않을 것이다. 더군다나 과거 어느 시점에 발표된 나의 글이, 기자의 경험에서 비롯된 한낱 진부한 표현에 지나지 않았는데도 분석으로 간주되었을지 모를 일이다.

그러나 나는 기자를 하면서 얻은 경험을 통해 진실은 관점이 아니라 사실(fact)이 가름한다고 배웠다. 새로운 사실을 존중하는 문명은 배웠으나 관점에 맞지 않는다는 이유만으로 그것을 배척하는 야만은 알지 못하는 것이다.

북한 핵 위기의 발발 원인과 전망에 관한 이 책을 준비하는 기간 나는 새로운 사실 숭배자의 모습을 잃지 않으려 애썼다. 북한 핵 위기와 관련한 모든 현장을 구석구석 다시 살펴보면서 글 쓰는 사람들이 놓쳤거나 외면한 보석 같은 사실들이 숨어 있는지 찾으려 했다.

나는 기존의 많은 사안에서 북한이 적지 않은 억지 주장을 폈다는 것을 안다. 그리고 미국이, 1990년대 이후 구축한 유일 초강대국의 지위를 믿고 엉성한 주장으로 국제사회를 설득하려는 우매함을 보여 왔다고도 생각하지 않는다.

그럼에도 불구하고 2002년 10월 2차 북한 핵 위기 발발 전후로 나온 김정일 정권의 주장들을 하나도 빠짐없이 살피고 또 살폈다. 북한이 미국의 핵 선제공격 위협 때문에 불가피하게 비밀 핵무기 개발에 착수했다는 김정일 국방위원장의 주장을 뒷받침해 주는 미싱 링크(missing link: 계열 완성에서 빠져 있는 것)가 혹시라도 있는지 찾으려고 노력했다. 마찬가지 이유로 북한이 일방적으로 제네바 기본합의(the Agreed Framework)와 한반도 비핵화 공동선언을 위반했다는 미국의 주장을 입증하는 근거들을 확보하기 위해 북한의 발표문과 언론 보도를 샅샅이 뒤졌다.

같은 기간 부시 행정부의 발표와 언론 보도도 거듭 읽었다. 민족의 관점에서 제기하는 의혹을 설명할 수 있는 미싱 링크를 찾을지도 모른다고 생각했기 때문이었다.

사실 숭배자로서의 나의 여정은 1장에서 다룬 바대로 부시 대통령의 특사인 제임스 켈리(James Kelly) 국무부 차관보의 북한 방문을 검증하는 것으로 시작했다. 미국의 주장대로 2002년 10월 3~5일 평양을 방문한 켈리 특사에게 북한이 정말 고농축우라늄 핵무기 개발 프로그램 보유를 시인했는지 여부를 확인하는 것이 급선무라고 본 것이다. 북한 핵 위기의 가장 중요한 사건 현장이라고 여겼기 때문이다. 특히 북한의 시인이 있었다는, 강석주 북한 외무성 제1부상과 켈리 특사 간, 10월 4일 북한 외무성 건물 2호 회의실에서의 회담은 내가 가장 애착을 가진 사건 현장이었다. 이 회담의 진실은 민족의 관점과 동맹의 관점을 각각 방어하기에 급급한 야만주의에 의해 철저히 방치돼 있었다. 미국과 한국 그 어디에서도 이 회담의 총체적인 내막을 파헤친 노력이나 흔적을 찾을 수 없었다.

2장에서 당초 확인하려 했던 것은, 부시 미 행정부가 북한의 고농축우라늄 프로그램에 관해 확보하고 있는 정보였다. 그러나 우연히 확인하게 된 또 다른 것이 있었다. 미 국무부는 북한의 고농축우라늄 프로그램 보유 사실을 2002년 여름이라고 주장했다. 하지만 미국 중앙정보국(이하 CIA)이 의회에 제출한 2001년 7~12월분 721 리포트는 부시 행정부가 2001년 하반기에 그 사실을 알았다는 것을 보여 준다. 동맹의 관점을 방어하려는 야만에 의해 고의로 감춰진 보석 같은 사실이었다. 2001년 하반기에 이미 북한의 고농축우라늄 프로그램 추진 사실을 인지한 부시 행정부가 그 사실을 2002년 여름에 알게 됐다고 주장하는 이유를 추적하는 데 나는 많은 시간을 쏟았다.

  2장에서는 민족의 관점을 방어하려는 야만이 득세하면서 제대로 알려지지 못했던 북한의 고농축우라늄 개발에 관련한 사실을 종합적으로 파악했다. 파키스탄 핵무기의 아버지로 평가받아 온 압둘 카디르 칸(Abdul Qadeer Khan, 이하 A. Q. 칸) 박사가 1998년부터 2000년까지 북한에 고농축우라늄 핵무기 개발 기술을 지원한 사실을 비롯하여 칸 박사와 북한의 비밀 협력 관계를 확인할 수 있었다. 이로써 2002년 3월 9일 미국 로스앤젤레스타임스(L. A. Times)가 보도한 핵태세검토보고서를 빌미로, 미국의 핵 선제공격 위협에 대처하기 위해 고농축우라늄 프로그램을 추진하게 됐다는 북한의 주장은 시기적으로 맞지 않다는 것을 알 수 있다.

  3장에서는 북한 핵 위기의 핵심 의문 중 하나, 즉 김정일 위원장이 핵 카드를 통해 얻으려는 것이 무엇인지를 다루려고 노력했다. 최종 목표가 핵무기 보유국이 되는 데 있는지 아니면 북미 불가침조약 체결을 끌어내려는 데 있는지를 김 위원장의 발언들을 비롯한 북한의 발표들을 통해 살펴보았다.

  내가 한반도의 안전과 관련해, 북한 핵 위기의 가장 중요한 변수로서 다룬 것은 4장과 5장에서 다룬 주제들이다. 특히 9·11 테러 사태 이후 봉쇄와 억지에서 선제공격 적극 검토로 이행한 미국의 국가안보전략,

21세기 미군 전략인 변환(transformation), 그리고 북한을 겨냥해 미국이 출범시킨 국제 대북(對北) 군사 압박 네트워크인 대량살상무기 확산방지 구상(이하 PSI) 체제가 그것들이다.

이들이 중요한 의미를 갖는 것은 북한이 레드 라인을 위반할 경우 어떤 사태가 발발할지 알려 주기 때문이다. 다시 말해 미국이 냉전(Cold War) 전략인 봉쇄와 억지를 사실상 폐기하고, 대화와 협상이 효과가 없으면 선제공격을 택하기로 선언한 상황에서, 북한이 핵무기 개발을 강행할 경우 한반도의 군사적 위기가 고조될 가능성이 높은 것이다. 여기에 주한 미군이 변환에 따라 한반도를 들락날락하면서 동북아시아의 각종 안보 위기에 개입하는 전략적 유연성을 갖춘 것도 사태의 전개 방향을 가늠케 해 준다. 북한의 레드 라인 위반 시, 사태가 군사적 해결 방향으로 전개되면 이는 미국만의 문제가 아니다. 미·일·영·불 등 60여 개국이 참여한 PSI 체제가 육해공군 저지 작전에 동원될 가능성이 높기 때문이다.

5장에서는 선제 군사공격 가능성과 함께 북한의 내부 봉기 유도를 통해 김정일 정권을 개혁적인 정권으로 바꾸는 정권 변환 전략이 채택될 가능성도 다루었다. 이 같은 가능성을 낳은 계기는 2005년 1월 20일 부시 대통령의 2기 취임 연설이었다. 여기서 부시 대통령은 자유의 확산이 반드시 군사적 수단을 필요로 하는 것은 아니라고 언급했다. 이는 그가 북한을 비롯한 폭정의 전초 기지들에 대해 정권 변환을 통한 자유 확산 전략을 갖고 있다는 것을 시사한다.

6장에서는 미국이 북한 핵 위기를 해결하기 위해 출범시킨 6자 회담에서 벌어져 온 북미 간의 치킨 게임을 조명한다. 6자 회담을 마지막 장에서 다룬 까닭은 6자 회담에서 형성된 전선(戰線, front)들 모두가 1장에서 5장까지 살펴본 사건 현장들에서 말미암은 것들이기 때문이다. 미국은 고농축우라늄 프로그램을 비롯한 모든 핵무기 프로그램의 검증 가능하고 불가역적인 폐기를 의미하는 CVID를 요구했고, 북한은 고농축우라늄 프로그램이 없다고 맞섰다. 이는 미국이 2002년 10월 4일 강석주와 켈리의 회담에서 북한이 고농축우라늄 프로그램 보유를 시인했다고 보는 반면, 북한은 이를 부인하기 때문에 발생해 온 대립이다.

더 중요한 것은 6자 회담에 임하는 미국의 전략이 9·11 사태 이후 변화한 대외 안보전략을 기반으로 하고 있다는 사실이다. 미국은 북한에 대해 핵무기 프로그램을 먼저 폐기해야만 관계 정상화를 논의할 수 있다는 강경 입장을 고수해 왔다. 그 배경에는 대화와 협상이 효과가 없으면 선제공격을 해서라도 대량살상무기의 확산을 막겠다는 안보전략이 있다.

내가 북한의 핵 위기와 직접 맞닿은 수많은 사건 현장들을 살펴보는 데 걸린 시간은 1년 남짓 된다. 그동안 나는 기존의 믿음을 뒷받침해 주는 증거를 새로이 찾거나, 전혀 생각하지도 못했던 시나리오를 가능하게 해 주는 사실에 맞닥뜨려 당혹해 하기도 했다. 어떤 것이든 진실을 알려 주는 똑같은 무게를 가진 사실로 숭배하려고 했다.

내가 진실을 알려고 하는 것만큼 이 책을 쓰면서 실현되기를 희망해 온 두 가지가 있다. 하나는 북한이 국제사회의 책임 있는 일원이 되기를 바라는 것이다. 핵무기를 가져야만 안보가 가능하다고 믿는 19세기적 강병(强兵)식 사고에서 벗어나, 주변국들과의 집단 안보를 지향하는 21세기적 사고로 전환하고, 시장경제를 비롯한 지구 표준(global standard)을 수용하기를 기대한다.

다른 하나는 한반도에서의 전쟁 예방이다. 대량살상무기의 확산을 막음으로써 좀더 안전한 지구 안보를 이루기 위해 미국이 북한의 핵무기 개발을 중단시키는 데 필요한 여러 차원의 압박을 하는 것은 이해한다. 하지만 한반도에서 수많은 인명 살상을 낳는 전쟁이 벌어지는 사태만큼은 발발하지 않기를 희망한다.

내가 미국의 발표와 전략을 살펴볼 수 있는 지혜를 부족하나마 가졌다면, 그것은 온전히 서울대 외교학과 하영선 교수님의 가르침 덕분이다.

북한에 대한 이해는 서강대학교 정치외교학과 김영수 교수님의 지도가 없었다면 어려웠을 것이다. 그리고 통일 부총리를 지내신 뒤 후학을 가르치고 계신 김덕 선생님의 격려에 깊은 감사를 드린다.

광범위한 독서를 통해 평생 공부를 실천하시다 가신 고(故) 정왕선 선생께서 그 같은 삶의 자세를 일깨워 주시지 않았다면, 이 책을 쓸 엄두를 내지 못했을 것이다. 농사일을 놓으신 후 한시 쓰기에 몰두하고 계신 아버지께는 자주 찾아뵙지 못해 늘 죄송스러운 마음뿐이다. 이 책이 세상에 나올 수 있었던 것은 김종수 사장님을 비롯한 도서출판 한울의 임직원 여러분 덕분이다.

아내 정유정에게 이 책을 바친다.

2005년 7월 10일
이교관

차례

서문 · 5

1장 세계를 뒤흔든 2002년 10월 미국 특사 방북, 무슨 일이 있었나

1. 부시 첫 특사의 7·10 방북 좌절과 북한의 6·29 서해 도발,
   그 의문의 관계 · 16
2. 미국, 언제 어떻게 왜 2002년 10월 3~4일 특사 방북을 다시 추진했나 · 26
3. 9·17 고이즈미 방북 취소를 요청한 미국의 진심과 미일 간의 긴장 · 34
4. 북한, 정말 미국 특사에 고농축우라늄 핵무기 개발 프로그램
   보유를 시인했나 · 44

2장 미국, 북한의 고농축우라늄 핵무기 개발 어디까지 확인했나

1. 미국의 북한 고농축우라늄 계획 보유 확신 시점에 얽힌 의혹 · 56
2. 의문의 CIA '2001년 7~12월 721 리포트', 어디까지 담고 있나 · 65
3. 파키스탄의 북한 고농축우라늄 핵무기 개발 지원, 이렇게 진행되었다 · 75
4. 북한의 핵무기 보유 여부에 관한 진실과 미국의 이상한 전략 · 84

3장 고농축우라늄 핵무기 개발과 핵무기 보유 선언에 감추어진 김정일의 전략

1. 김정일의 전략, 핵무기 보유인가 미국과의 협상인가 · 96
2. 왜 북한은 북미 불가침조약 체결을 요구했나 · 109
3. 진실의 시간, 2002년 10월 북핵 위기는 재발할 수밖에 없었다 · 117
4. 고농축우라늄 프로그램 보유 시인을 번복한 김정일, 그 모순의 내막 · 125

4장 미국의 21세기 군사전략 변환과 긴장하는 동북아

1. 미국의 21세기 군사전략 '변환'의 가공할 진상 · 134
2. 펜타곤의 21세기 위기 인식과 군사 변환의 6가지 목표 · 143
3. 9·11 사태에서 주한 미군의 감축까지: 한미 갈등으로 이어진 미군의 변환 전략 · 152
4. 안보 유동성 위기론과 동북아 균형자론의 충돌 · 163
5. 일본판 21세기 군사 변환 전략 '신방위대강'의 정체 · 172

5장 PSI, 선제공격으로의 미국 안보전략 이행 그리고 북한

1. 북한 겨냥한 PSI와 위기의 한반도 · 184
2. 봉쇄에서 선제공격으로 이행한 미국의 21세기 국가안보전략 · 193
3. '리비아 모델'의 성사 과정이 북한에 던지는 메시지 · 205
4. 북한의 레드 라인 위반 시 미국의 선택: 선제 군사공격인가 내부 봉기 유도인가 · 213

6장 6자 회담을 둘러싸고 벌어지는 북미 간 치킨 게임

1. 미국의 북핵 다자 회담 전략과 부시 행정부 내 파워 게임 · 228
2. 북한의 6자 회담 수용을 가능하게 한 미국의 3각 압박 · 236
3. 3자 회담에서의 북한의 '새롭고 대담한 해결 방도'와 폭탄 발언 · 244
4. 1차 6자 회담에서 평행선을 달린 북한과 미국: 일괄 타결 대 CVID · 250
5. 폐연료봉 재처리 감행한 북한의 2차 6자 회담 수용 배경과 예정된 결과 · 255
6. 3차 6자 회담에서 북한과 미국은 어떤 협상을 벌였는가 · 264

RED LINE

1장

세계를 뒤흔든 2002년 10월 미국 특사 방북, 무슨 일이 있었나

1 부시 첫 특사의 7·10 방북 좌절과 북한의 6·29 서해 도발, 그 의문의 관계

2002년 6월 27일 콜린 파월(Colin Powell) 미국 국무장관은 한반도 담당 대사인 잭 프리처드(Jack Pritchard)를 6월 14일에 이어 또다시 뉴욕으로 파견했다. 조지 W. 부시(George W. Bush) 대통령 특사의 북한 방문 문제에 관하여 북한 유엔 대표부의 박길연 대사와 회담을 갖도록 한 것이다.

국무부는 북미 간 공식 회담은 '큰 대화(big talks)'라고 하고, 이 같은 비공식 막후 회담은 '작은 대화(small talks)'로 부른다. 이날 국무부가 북미 간 막후 대화 통로인 이른바 '뉴욕 채널(New York Channel)'을 가동해 북한과의 '작은 대화'에 나선 목적은 이틀 전인 6월 25일 북한의 유엔 대표부에 전달한 메시지와 관련하여 후속 협의를 하기 위해서였다.

북한에서 부시 대통령의 대화 제의를 수용한다는 메시지가 온 것은 4월 29일의 일이었다. 부시 미 행정부로선 2001년 6월 6일 조지 W. 부시 대통령의 성명을 통해 북한에 대화를 제의한 지 11개월여 만에 북한으로부터 수용 의사를 들은 것이었다.

다음 날인 4월 30일 백악관 대변인은 대북 대화 재개 성명을 발표했다.

"조선민주주의인민공화국(북한의 공식 명칭)의 유엔 대표부가 국무부에 미국과 대화를 시작할 준비가 되었다고 통보해 왔다. 미국은 조만간 그 시기와 기타 자세한 것들을 결정하기 위해 작업할 것이다. 2001년 6월 대통령은 북한의 미사일 프로그램과 수출, 제네바 기본합의의 이행, 재래식 무력(武力) 태세, 그리고 기타 분야와 관련한 미국의 우려를 해소하기 위해 전제 조건 없는 대화를 제의했다."

그 후 국무부는 백악관 국가안보회의(NSC), 국방부, CIA 등 유관 기관들과 협의해 차관보 급 인사를 대통령 특사로 평양에 파견하도록 부시 대통령에게 건의했다. 당초 검토한 방안은 한국 김대중 정부의 제안대로 잭 프리처드 대사를 파견하는 것이었다. 그해 4월 3~5일 임동원 대통령 특보가 평양 방문에서 돌아온 직후, 김대중 정부는 임 특보가 방북(訪北) 시 김정일 북한 국방위원장을 설득해 북한이 미국 특사의 방북을 수용하도록 만들었다는 내용을 부시 행정부에 통보했다. 또한 임 특보가 북한 당국과 의견 접근을 본 것은 프리처드 대사를 특사로 하는 것이었다고 덧붙였다. 그러나 부시 대통령은 국무부와 유관 기관들의 건의에 따라 제임스 켈리 국무부 동아시아·태평양 담당 차관보를 대통령 특사로 임명해 보내기로 결정했다.

그로부터 달포 뒤인 6월 14일 국무부는 프리처드를 뉴욕에 파견했다. 이날 점심 무렵 박길연과 회동을 가진 프리처드가 대통령 특사의 평양 파견 시기가 언제가 좋은지 알려 달라고 요청한 데 대해 박길연은 원하는 날짜를 제안해 달라고 답변했다. 이에 부시 행정부는 열흘 남짓 유관 부처들 간 논의를 통해 특사 방북 시기를 결정했고, 국무부는 6월 25일 북한 유엔 대표부에 전화를 걸어 "북한에 대한 미국의 우려 표명과 미국의 대북 정책 설명을 위해 7월 10일 대통령 특사의 방북을 준비하겠다"라고 통보했다. 이날 양측은 전화 통화에서 6월 27일 프리처드와 박길연의 뉴욕 회동을 통해 후속 협의를 갖는다는 데 합의했다.

6월 27일 프리처드와 박길연의 뉴욕 회담은 이런 우여곡절을 거쳐 이루어진 것이었다. 그런데 이날 미국 국무부는 전혀 예상하지 못한 상황에 직면하게 되었다. 국무부가 이틀 전 전화 통화를 통해 건넸던 미국 대통령 특사의 7월 10일 방북 관련 제의에 대해 박길연은 어떤 답변도 내놓지 않았던 것이다.

미국으로선 당혹스러웠다. 북한의 제의에 따라 특사의 방북 일자를 결정했는데 이제 와서 아무런 답변도 내놓지 않는 북한을 납득할 수가 없었다. 프리처드는 곧 휴일이므로 대통령 특사 일행의 짐 운송 시간이 촉박하다는 것을 지적하며 방북 일자가 빨리 정해져야 한다고 박길연을 재촉했다.

그러나 이틀이 지나도록 북한 유엔 대표부에서는 아무런 응답이 없었다. 6월 28일만 해도 국무부는 전날 북한 유엔 대표부로부터 특사 방북 일자에 관한 구체적인 답변을 듣지 못한 것에 대해 비관적인 입장을 보이길 꺼렸다. 리처드 바우처(Richard Boucher) 대변인이 6월 28일자 브리핑에서 북한을 자극하지 않으려고 애쓰는 모습은 역력했다. "우리는 어제 뉴욕에서 북한 관리들과 실무 수준의 만남을 가졌다. 우리는 그 논의들이 건설적이었다고 평가하고 우리의 접촉이 계속 이루어지길 기대한다."

하지만 미국의 기대는 희망에 불과했다. 북한이 느닷없이 한반도 서해에서 군사 도발을 일으킨 것이다. 6월 29일 북한의 경비정 한 척이 서해 북방한계선(NLL)을 불법적으로 넘은 뒤 당시 경계하고 있던 한국 해군의 고속정 한 척에 함포 사격을 가해 격침시켰다. 이로 인해 한국 해군 6명이 전사(戰死)하고 19명이 전상(戰傷)을 당하는 피해를 입었다.

2002년 8월 21일 오후 서해 북방한계선 남방 5.4km 지점에서 같은 해 6월 29일 북한 경비정의 기습 도발로 침몰된 한국 해군 고속정 참수리 357호가 인양되고 있다./연합뉴스

이 사건은 미국을 혼란스럽게 했다. 만약 의도적인 것이었다면 북한은 미국으로부터 미 대통령 특사의 7월 10일 방북 제의에 대한 답변을 재촉 받고 있는 상황에서 그 같은 시급한 문제를 미뤄둔 채 한국에 군사 도발을 감행한 것이 되기 때문이다. 이러한 분석이 맞다면 이는 부시 행정부가 북한의 진의를 파악한 다음, 특사 방북을 계속 추진할 것인지 여부를 검토해야 함을 의미했다.

그렇다면 6·29 서해 도발은 과연 북한이 의도적으로 일으킨 것이었을까? 당시 김대중 정부의 외교안보팀 인사들은 이 사건을 우발적인 것이었다고 주장했고, 김대중 대통령의 햇볕정책을 지지하는 친여(親與) 학자들은 이 주장을 적극적으로 지지했다. 그들이 자신들의 견해를 뒷받침하는 근거로 내놓으며, 언론에 흘린 것은 김정일 북한 국방위원장의 유감 표시였다. 사건 직후 김정일 위원장이 남북 간 직통전화를 통해 김대중 대통령에게 북한의 해군 사령관이 함경도로 휴가를 간 사이 서해 함대 사령부에서 우발적으로 사건을 일으켰다고 해명하며 유감의 뜻을 전해 왔다는 사실이다.

그러나 6·29 서해 도발은 한국 측 인명 손실이 적지 않았고 자칫 전면전으로 치달았을 수도 있는 사건이었다. 설령 김정일 위원장이 계획한 의도적인 사건이라 할지라도, 피해 당사자인 한국에 유감을 표시하는 과정에서 진실을 밝히기 어려운 사안이라고 본다면, 김 위원장의 해명을 있는 그대로 믿을 수만은 없는 일이다.

김정일 위원장의 해명에 신뢰를 두기 어려운 근본적인 까닭은 북한 체제의 고유한 특성에서 찾아야 한다. 북한은 '수령제 사회주의' 국가로서 '수령' 1인 지배 체제이다. 이는 북한이 국가 위에 노동당이 있고 노동당은 수령에 의해 영도받는 국가로서 수령의 지시가 없으면 누구도 마음대로 할 수 없는 체제라는 것을 의미한다.

현재 북한의 수령은 북한의 무력을 책임지고 있는 국방위원회 위원장직과 노동당 총비서직을 겸하고 있는 김정일 위원장이다. 따라서 김 위원장의 승인 없이는 어떤 군사 도발도 할 수 없는 것이 북한 체제이다. 김 위원장의 승인 없이 일개 함대 사령관이 마음대로 한국에 대한 군사 도발을 할 수 있고 그 도발이 전면전으로까지 치달을 수 있다면, 그것은 북한의 선전포고 권한을 수령인 김 위원장이 더 이상 독점하지 못하고 있을 수 있다는 것을 의미한다. 그러나 당시 김 위원장이 지닌 수령의 권위가 도전받고 있다는 징후는 포착되지 않았다.

자유민주주의 국가인 한국에서도 해군 참모총장이나 함대 사령관이 자의적으로 대북 군사작전을 감행한다는 것은 말이 되지 않는다. 하물며 수령으로서 절대적인 권위를 행사하는 김정일 위원장의 리더십이 유지되고 있는 북한에서는 더더욱 상상할 수 없는 일이다. 그렇다면 6·29 도발은 서해 함대 사령부가 해군 사령관이 휴가를 떠난 사이에 우발적으로 일으킨 것이라는 김 위원장의 해명은 신뢰하기 어렵다고 보는 것이 옳다.

문제는 김 위원장이 미국으로부터 대통령 특사의 7월 10일 방북 제의에 대한 답변을 촉구받고 있는 상황에서 그것을 미룬 채 6·29 도발을 일으킨 이유가 무엇이냐는 것이다.

분명한 것은 미국에 답변을 미룬 것과 도발을 일으킨 것 간에 상관관계가 있다는 것이다. 북한이 미국과 대화를 앞두고 일시적으로 긴장을 고조시킴으로써 대화에서 기선을 잡기 위해 6·29 서해 도발을 감행했을 가능성이 높다. 북한은 대화 기조로 가기로 결정했다고 하더라도 상대편이 예상하지 못한 긴장을 조성해 대화에서 주도권을 잡는 전술을 자주 펴 왔다는 것이다.

2000년 6월 남북한 정상회담이 예정된 날짜보다 하루 늦게 개최된 것도 비슷한 사례로 평가할 수 있다. 당초 남북한이 합의했던 정상회담 개최 날짜는 6월 12일이었다. 그런데 회담을 이틀 앞둔 6월 10일, 북한은 갑작스럽게 남측에 긴급 전화 통지문을 보내, "기술적인 문제로 불가피하니 하루 늦춰 김대중 대통령이 평양을 방문토록 변경해 줄 것"을 요구했다.

당시 북한이 연기를 요구한 이유 중 하나는 평소 철저한 보안에 부쳐 온 '1호 동지' 김정일 위원장의 일정이 일부나마 한국 측 언론에 의해 공개돼 그의 신변 경호가 어려워진 데서 찾을 수 있다는 분석도 있다. 그런 이유도 있었을 것이다.

그러나 가장 중요한 이유는 다른 데 있었다고 봐야 한다. 즉, 북한의 의도는, 설마 가능하겠느냐고 생각해 온 남북한 정상회담의 실현을 앞두고 들떠 있는 한국 측에게 상상도 못했던 회담 연기를 요구함으로써 한국을 긴장하게 만들어 기선 제압을 하는 데 있었다고 보는 것이 좀더 적확한 분석일 것이다.

어쨌든 북한은 6·29 서해 도발을 일으킨 지 이틀이 지나도 미국이 기다리는 미 대통령 특사의 7월 10일 방북 제의에 대해 일체의 회신을 하지 않았다. 그러나 6·29 도발이 미 특사의 방북을 무산시킬 것 같지는 않아 보였다.

7월 1일 미 국무부는 6·29 도발에 대한 유감을 표명하면서도 북한의 회신을 기대하고 있다는 입장을 분명히 했다. 이날 바우처 대변인은 이렇게 말했다. "우리는 분명히 인명 손실과 부상을 유감스럽게 생각한다. 북한과의 대화에 관해서 우리는 우리가 우려하는 사안들에 대해 북한에 얘기할 준비가 되어 있다고 말해 왔다. 우리는 추가 논의를 위한 우리의 제의에 대해 북한 관계자들로부터 아직 회신을 듣지 못하고 있다. 우리는 그들의 반응을 기다리고 있다."

그러나 미국의 이 같은 입장은 하루를 넘기지 못했다. 이날 오후 미 국무부는 북한 유엔 대표부에 전화를 걸어 대통령 특사의 방북을 철회한다고 통보한 것이다. 당시 국무부가 북한 유엔 대표부에 전한 메시지는, 바우처 대변인이 7월 2일 브리핑에서 밝혔다. "6·29 서해교전 사태는 (북미 간에) 대화할 수 있는 분위기를 조성하지 못하게 했다. 평양으로부터 제시간에 응답을 받지 못해 대통령 특사의 7월 10일 방북은 진행하지 못하겠다."

그렇다면 부시 행정부가 대통령 특사의 7월 10일 방북을 취소하게 된 데 가장 큰 영향을 미친 요인은 무엇이었을까?

이 문제는 중요하다. 북한이 6·29 도발을 일으킨 것과 미국 대통령 특사의 7월 10일 방북 제의에 대한 회신을 지연시킨 것 간에 함수관계가 있는지 여부를 가름해 주는 문제이기 때문이다. 만약 6·29 도발 때문에 미국이 특사 방북을 취소했다면, 북한으로선 미 특사의 방문을 앞두고 제한적인 군사 도발을 통해 심리적으로 미국의 대북 정책 결정자들을 제압하는 효과를 거두었다는 것을 의미한다.

북한은 애초부터 미국이 6·29 도발을 문제 삼아 특사 방북을 취소하더라도 얼마 지나지 않아 유감을 표명하고 특사 방북의 수용 의사를 밝히면 미국 측에서 다시금 이 문제를 추진할 수밖에 없으리라고 판단했던 것 같다. 부시 미 행정부가 북한과 대화하려는 이유가 2001년 9월 11일 뉴욕과 워싱턴에 대한 테러, 즉 9·11 테러 이후 미국이 최우선 국정 목표로 삼고 있는, 핵무기와 미사일 등 대량살상무기(WMD)의 확산방지와 관련돼 있음을 김정일 정권이 모르지 않았을 것이기 때문이다.

미국은 대통령 특사의 7월 10일 방북 계획을 취소한 사유를 공식적으로 밝히지 않았다. 그러나 7월 2일 바우처 대변인의 브리핑을 보면, 간접적으로 그 사유를 시사했음을 발견할 수 있다. 이날 한 기자가 "6월 29일 서해에서 남북한 간 군사 충돌이 없었다면, 그들(북한)이 7월 4일 이전에 회신하지 않았다고 해서 그 여행(대통령 특사 파견)을 취소했겠느냐?"라고 물었다. 그러자 바우처 대변인은 "아마도 취소하지 않았을 것이다"라고 대답했다. 6·29 도발 사건이 특사 파견을 취소하게 된 결정적 요인이 됐다고 시인한 것이다.

그렇다면 한 가지 의문이 제기된다. 대체 북한이 미 특사의 방북을 어떤 의미로 이해했기에 특사 방북에 앞서 군사 도발을 감행하면서까지 기선 제압을 시도했느냐는 것이다.

적어도 북한은 그 의미를 2000년 6월 12일 남북 정상회담보다는 크게 받아들인 것이 분명하다. 그 근거는 북한이 미 특사의 방북에 앞서 동원한 기선 제압 전술이 남북한 정상회담을 앞두고 채택한 것보다 더 큰 위기 감수(risk-taking)를 요구하는 것이었다는 사실이다. 실제 전사·전상자의 규모와 관계없이 자칫 남북한 간에 전면전으로까지 비화할 가능성이 있는 군사 도발이 남북한 정상회담을 하루 연기하자고 요구한 것보다는 규모와 의미에서 한 수 위였다. 그것은 곧 북한이 남북한 정상회담보다 미 특사의 방북에 더 큰 '판돈'을 걸었다는 것을 보여 준다.

당시 미국이 특사를 파견하려는 목적은 2001년 6월 6일 부시 대통령이 대북 대화 재개 방침을 밝히면서 제기한 4가지 의제(議題)를 논의하는 것으로 알려져 있었다. 그 의제들은 핵 개발 행위와 관련한 제네바 기본합의의 이행 문제, 미사일 개발과 수출 금지 문제, 인권 문제, 재래식 무력 감축 문제 등이었다. 그조차도 수용하기 싫어서 대화를 거부해 온 북한이

2002년 4월 3일 평양을 방문한 임동원 한국 대통령 특사의 권유를 계기로 4월 29일 미국에 대화 제의를 수용하겠다고 통보했다. 부시의 북미 대화 제의 이후 약 11개월 만이었다. 김대중 대통령의 생각에 따라 당시 임 특사가 북한에 제의한 것은 잭 프리처드 미국 국무부 한반도 담당 특별대사의 방북을 수용하라는 것이었다. 따라서 북한이 미국에 대화 제의를 수용하겠다고 한 것은 프리처드 대사의 방북을 받아들이겠다는 뜻이었다. 그러나 앞에서 살펴본 대로, 미국은 나중에 프리처드 대신 제임스 켈리 국무부 동아시아·태평양 담당 차관보를 북한에 파견하기로 결정했다.

만약 북한이 미 특사의 방북에 앞서 미국에 기선을 제압하려고 6·29 도발을 일으킨 것이라면 그 까닭은 무엇이겠는가? 당시 북한은 미 특사의 방북 목적이 단순히 4가지 의제를 논의하는 것에만 있는 것이 아니라 더 많은 것을 압박하기 위한 것이라고 판단했기 때문일 수 있다. 단지 의제 논의가 목적이라면 북한이 6·29 도발을 감행하지 않았을 개연성이 크다. 왜냐하면 이 논의라는 것은 북한과 미국이 서로의 입장을 조율한다는 것을 의미하는 만큼, 어떤 위험을 감수해야 할 상황이 발생할 가능성은 낮다고 볼 수 있기 때문이다.

따라서 북한 해군이 6·29 도발을 일으켰다는 사실은 김정일 정권이 미 특사의 방북 목적을 간단치 않은 것으로 판단했다는 것을 의미한다. 적어도 그 목적이 당초 부시 대통령이 제기한 4가지 의제에서 북한의 양보를 받아 내기 위한 최후통첩을 전달하는 데 있다고 보았을 가능성이 있다.

그 같은 가능성을 전제로 한다면, 다음과 같은 한 가지 추정을 해볼 수 있다.

김정일 정권은 한국 김대중 정부의 권고를 받아들여 2002년 4월 29일 부시 행정부에 부시 대통령이 2001년 6월 6일 발표한 대화 제의를 수용하겠다고 통보했다. 그때까지만 해도 김정일 정권은 부시 행정부의 특사 파견 목적이 부시 대통령이 대화를 제의하면서 제시한 4가지 의제에 있는 것으로 알고 있었다. 그러나 북한은 미국과 미 특사의 방북 문제를 협의하는 과정에서 미 특사의 방북 목적이 북미 관계에 큰 영향을 미치는 중대한 문제를 제기하는 데 있다는 것을 읽었다. 그것은 4가지 의제의 논의에 더하여 북한을 압박하는 내용이었다. 따라서 북한은 그 후 미 특사의 방북을 지연시키면서 기선을 제압할 필요성을 강하게 느꼈다. 이를 위해 김정일 위원장으로서는, 여전히 불안한 한반도 정전 체제의 원인이 미국에 있음을 보이고 안정적인 평화 체제를 수립하기 위해서는, 북미 간 평화협정 또는 불가침조약이 체결되어야 한다는 논리를 뒷받침할 수 있는 사건을 만들 필요가 있었다. 그래서 김정일 정권이 1953년 한국전쟁 종전 이후 늘 말썽이 끊이지 않아 왔던 서해 북방한계선을 문제의 사건 현장으로 선택하고 6·29 도발을 감행한 것이다.

  이 같은 추정을 뒷받침해 주는 근거가 한 가지 있다. 북한이 6·29 도발 직후 미국의 책임을 제기하고 나온 것이다. 이는 북한이 미 특사의 방북에 앞서 6·29 도발을 통해 한반도의 근본적인 불안정성은 미국에 그 원인이 있다는 식으로 국제 여론을 환기시켜 대미(對美) 협상에서 기선을 제압하려 했을 개연성을 간접적으로 보여 준다.

2 미국, 언제 어떻게 왜 2002년 10월 3~4일 특사 방북을 다시 추진했나

조지 W. 부시 미국 대통령이 대북 특사 파견을 다시 본격적으로 추진하기 시작한 때는 2002년 9월 중순이다. 그해 7월 10일자로 평양에 특사를 보내려다 북한의 6·29 서해 도발로 특사 파견을 철회한 지 2개월 남짓 지났을 때였다.

부시 행정부가 대통령 특사의 방북 문제를 북한 측과 언제 다시 논의하기로 방침을 정했는지는 밝힌 적이 없다. 그러나 9월 18일자 국무부 대변인의 브리핑을 보면, 그 즈음에 미국이 특사의 방북을 재추진하는 문제를 심각하게 고민하고 있음을 암시하는 대목이 발견된다.

이날 바우처 대변인은 "북한과 적절한 시기에 논의하기를 기대하는 몇 가지 문제가 있다"라고 밝혔다. 이어 그는 "이번 여름 초 이들 논의를 시작하려고 시도한 후에, 우리는 이들 논의를 다시 할 수 있는 시기가 언제가 적절한지 지금 고려하고 있다"라고 덧붙였다.

미국이 특사의 방북을 다시 추진하기 위해 북한과 접촉하고 있다는 사실을 공개한 시점은 그로부터 일주일 지난 9월 25일이었다. 국무부가 대변인 브리핑을 통해 9월 23일과 24일, 이틀에 걸쳐 뉴욕에서 북한 측과 접촉했다고 밝힌 것이다.

이날 바우처 대변인은 "내 생각에는 부시 대통령이 (이 문제를) 한국의 김대중 대통령에게 얘기했고 백악관은 이 문제에 대해 브리핑을 가질 것이다"라고 밝혔다. 그는 이어 "그리고 만약 우리가 발표할 것이 있다면 그것을 적절한 시기에 발표할 것이다"라고 덧붙였다. 이 같은 부연 설명에도 불구하고 '특사 방북 시기가 언제냐'는 기자들의 질의가 이어지자, 바우처 대변인은 "발표할 것이 있다면 적절한 시기에 적절한 방법으로 발표할 것이다"라는 말만 되풀이했다.

그 적절한 시기와 적절한 방법이 언제이고 무엇인지가 확인되기까지는 하루밖에 걸리지 않았다. 9월 26일 백악관이 대변인 성명을 통해 대통령 특사가 10월 3~5일 북한을 방문한다고 전격 발표한 것이다.

스콧 매클렐런(Scott McClellan) 백악관 대변인은 "대통령이 국무부 동아시아·태평양 담당 차관보인 제임스 켈리와 범정부 대표단에 10월 3~5일 평양을 방문해 줄 것을 요청했다"라고 밝혔다. 그는 이어 "켈리 차관보는 북한과 포괄적인 대화를 추구하려는 대통령의 공개된 의지와 한국과 일본의 긴밀한 협의에 기반해서 미국의 정책을 설명할 것이고, 미국과 국제사회의 오랜 우려 사안들에 관한 진전을 추구할 것이다"라고 덧붙였다.

그렇다면 북한한테 일방적으로 당했던 미국이 대통령 특사의 방북을 다시 추진한 까닭은 무엇이었을까?

당초 7월 10일로 추진하던 대통령 특사의 방북이 북한의 답변 연기와 6·29 서해 도발 때문에 무산된 것과 관련해, 미국은 북한으로부터 어떠한 형태의 사과도 받지 못했다. 북한이 취한 조치라고는 기껏해야 미국이 국무부 대변인 명의로 특사 방북 철회를 발표한 지 약 한 달이 지난 7월

26일, 미국이 특사를 다시 보내겠다고 하면 받아들이겠다는 입장만 내놓은 것이 고작이다.

북한은 이 같은 입장을 조선중앙통신 기자의 질문에 대한 외무성 대변인의 대답에서 밝혔다. "미국에서 부시 행정부가 출현한 이후 조(북)미 대화는 지금까지 중단된 상태에 있다. 얼마 전에 미국이 조미 대화 재개 입장을 설명하기 위해 특사를 평양에 보내겠다고 제기해 온 데 대하여 우리가 동의를 준 바 있다. 미국이 특사로 누구를 보내는가 하는 것은 그들 자신의 일이다. 서해 사건 이후 특사 파견이 취소되었지만 앞으로 조건이 마련되어 미국 측이 다시 특사를 보내겠다면 우리는 일관된 입장에서 대할 것이다."

북한의 6·29 서해 도발로 직접적인 피해를 입은 한국도 미국과 크게 다르지 않았다. 7월 25일 북한은 남북 장관 급 회담 북측 단장인 김영성의 명의로 당시 남한의 정세현 통일부 장관에게 보낸 전화 통지문에서 "6·29 서해 무력 충돌 사건에 대해 유감스럽게 생각한다"라면서 "서울에서 7차 북남 상급(장관 급) 회담을 개최하자"라고 제의했다. 가해자가 피해자에게 사과는 고사하고 재발 방지를 위해 노력하겠다는 약속조차 빠진 채 가치중립적인 유감 표명만 한 것이다.

그러나 미국은 북한이 6·29 도발의 책임을 지고 간접 피해자인 미국과 직접 피해자인 한국에 각각 유감과 사과 표명을 할 것인지 여부를 중요시하지 않았다.

오히려 미국은 북한을 자극하지 않으려는 듯한 행보를 보였다. 7월 29일 미국 국무부 부대변인인 필립 리커(Philip Reeker)는 "우리가 보건대 북한의 최근 성명들은 긍정적이다"라고 논평했다. 여기서 '북한의 최근 성명들'이란 7월 25일 북한이 김영성 북남 상급 회담 수석대표 명의로 한국 측 수석대표인 정세현 통일부 장관에게 보낸 전화 통지문과 7월 26일 북한 외무성 대변인의 '대답'을 말한다.

이틀 뒤인 7월 31일 브루나이에서 열린 아세안지역안보포럼(ARF)에서 콜린 파월 미 국무장관은 15분간 백남순 북한 외무상과 만났다. 여기서 파월 국무장관은 북한의 최근 성명들을 지적한 뒤, 북한과의 포괄적 대화를 추구하는 부시 대통령의 정책을 재차 설명하고, 향후 (북한과의) 논의들에서 미국이 (다루길) 원하는 것을 협의했다고 국무부는 밝혔다.

그러나 7월 25일 북한의 대남(對南) 전화 통지문과 7월 26일 북한 외무성 대변인의 미 특사 방북 수용 재천명 모두 내용상 한국과 미국이 만족할 만한 수준의 사과나 유감 표명이 아니다.

그럼에도 불구하고 미국은 북한의 이러한 입장을 긍정적인 것으로 평가하고 북한과 대화를 다시 추진하는 계기로 삼았다. 미 국무부 부대변인이 7월 29일 브리핑에서 행한 논평이나 파월 국무장관이 7월 31일 백남순 북한 외무상과 만나 한 언급 모두 이를 뒷받침한다.

이는 미국이 6·29 도발에 대한 북한의 입장 표명을 만족스러운지 여부로 판단하지 않았다는 것을 보여 준다. 오히려 부시 행정부는, 그것들이 최소한 북한의 6·29 도발을 합리화하는 것이 아닌 것만 해도 다행이라는 심정으로, 그것들을 대통령 특사의 방북을 재추진하기 위한 계기로 삼으려고 애썼다.

여기서 한 가지 짚고 넘어갈 것이 있다. 미 국무부가 7월 1일 북한에 대통령 특사의 7월 10일 방북 계획을 철회한다고 통보한 다음 날 가진 브리핑에서 철회 사유로 북한의 6·29 서해 도발을 들었다는 사실이다. 그런데 그로부터 한 달도 지나지 않은 7월 26일 진솔한 사과와는 거리가 먼 북한의 미진한 입장 표명이 떨어지자마자 미국은 마치 기다렸다는 듯 환영하고 나왔다. 곧이어 미국은 대통령 특사의 방북을 다시 추진하기 시작했고 그 결과 6·29 서해 도발이 발생한 지 약 3개월이 지난 9월 26일, 북한과 대통령 특사의 10월 3~5일 방북을 합의한 사실을 발표하기에 이르렀다.

여기서 제기되는 한 가지 의문은 북한의 적극적인 유감 표명이 이루어지지 않았는데도 미국이 다시 특사 방북을 서둘러 추진하게 된 이유는 무엇인가 하는 점이다.

물론 미국이 애초부터 7·10 특사 방북의 답변 지연과 6·29 도발에 대한 북한의 유감 표명 여부를 중요한 문제로 여기지 않았을 것이라고 가정해 볼 수 있다. 만약 그랬다면 미국으로선 7월 10일 대통령 특사의 방북 계획을 철회할 필요가 없었을 것이다. 그러나 미 국무부는 7월 2일 브리핑에서 분명히 7월 10일 특사 방북 계획의 철회 이유로 북한의 6·29 서해 도발을 들었다. 더구나 외교 관례를 중시하는 미국이라는 나라가 굳이 그럴 필요가 없는데도 북한의 6·29 서해 도발을 이유로 들어 특사, 그것도 대통령 특사의 방북을 철회했다고 보는 것은 설득력이 낮다.

그렇다면 미스터리와도 같은 이 의문의 해답은 어디에서 찾을 수 있을까? 논리적으로 유추해 보면, 7월 10일 특사 방북 계획을 철회한다고 북한에 통보한 7월 1일과 북한이 외무성 대변인을 통해 미 특사 방북 수용 방침을 재천명한 7월 26일, 두 시점 사이에 미국의 입장에 변화가 생겼다고 볼 수 있다. 미국으로 하여금 6·29 서해 도발에 대한 북한의 입장 표명이 어떻든 간에 대통령 특사를 빨리 방북시켜 북한과 논의할 필요를 느끼게 만든 어떤 중대한 요인이 발생했기 때문이라고 할 수 있다.

7월 1일과 7월 26일 사이에 대체 무슨 일이 있었을까? 이 의문은 10월 3~5일 제임스 켈리 미 국무부 동아시아·태평양 담당 차관보가 대통령 특사로서 범정부 대표단을 이끌고 평양을 방문하고 돌아온 11일 후인 10월 16일 백악관의 발표와 관련이 있다. 이날 백악관 대변인은, 켈리 특사가 방북 기간에 비밀 고농축우라늄(HEU: highly-enriched uranium) 핵무기 개발 프로그램을 보유하고 있느냐고 묻자 김정일 국방위원장의 측근인 강석주 북한 외무성 제1부상이 인정했다고 발표했다.

왜 백악관의 10·16 발표가 앞의 의문과 관련이 있다고 볼 수 있는가? 백악관 발표 다음 날 국무부 바우처 대변인은 미국이 북한의 고농축우라늄 핵무기 개발 프로그램 보유 사실을 확인한 시점이 언제이냐는 기자들의 질의에 "2002년 여름"이라고 밝혔다. 그러나 바우처는 구체적으로 몇 월인지는 말하지 않았다. 당시 바우처는 "이번 여름을 지나면서 우리의 CIA 분석관들은 점증하는 증거 덕분에 북한이 비밀 우라늄 농축 프로그램을 추구하고 있다는 것을 확신하게 됐다"라고 말했다. 그 여름이란 7월 1일과 7월 26일 사이일 가능성이 높다(미국이 북한의 고농축우라늄 핵무기 개발 프로그램 보유를 확신하기 시작한 시점에 관해서는 2장 1절을 참조).

그렇게 볼 수 있는 근거는 리처드 아미티지(Richard Armitage) 국무부 부장관의 일정에서 찾을 수 있다. 군 출신인 아미티지는 2000년 북한과의 전면전은 그 승패를 속단하기 힘든 만큼 해상 봉쇄와 같은 제한적인 공격이 필요하다는 '아미티지 보고서'를 낸 인물로 파월 국무장관과는 친구 사이다.

아미티지 부장관이 아시아 순방을 떠난 것은 그해 8월 5일이다. 그는 8월 28일 마지막 기착지인 일본에 도착, 고이즈미 준이치로(小泉純一郎) 수상을 면담했다. 이 자리에서 그는 고이즈미 수상으로부터 9월 17일 평양을 방문해 김정일 국방위원장과 북일 정상회담을 가질 예정이라는 통보를 받았다. 이에 아미티지는 고이즈미 수상에게 북한의 고농축우라늄 핵무기 개발 프로그램 보유 사실을 알려 주었다.

면담 직후 아미티지는 기자회견을 갖고 가까운 장래에 켈리 차관보를 특사로 북한에 보낼 것이라는 의사를 밝혔다. 당시 아미티지는 켈리 차관보를 특사로 방북시키는 목적이 북한의 고농축우라늄 핵무기 개발 프로그램 보유 문제 때문이라고는 밝히지 않았다.

8월 5일 아시아 순방에 나선 아미티지는 8월 28일 일본에 도착하기까지 미국으로 돌아간 적이 없다. 또한 부시 행정부가 북한의 이 같은 프로그램 보유 사실을 확인한 뒤, 켈리 특사의 방북으로 이 문제를 해결하겠다는 데 내부적으로 합의하기 위해서는 적어도 1~2주일이 걸린다고 볼 수 있다. 따라서 아미티지는 부시 미 행정부가 북한의 고농축우라늄 핵무기 개발 프로그램 보유 사실을 확인한 뒤 내부적으로 켈리 특사를 조속한 시일 안에 방북시켜 해결한다는 계획을 숙지하고 아시아 순방에 나선 것이 분명하다.

그렇다면 아미티지가 아시아 순방을 시작한 8월 5일로부터 2주 정도 거슬러 올라간 시점이 미국이 북한의 고농축우라늄 핵무기 개발 프로그램 보유 사실을 확인한 시점이 된다는 결론이 나온다. 바로 7월 1일과 7월 26일 사이, 즉 7월 중순 전후가 되는 것이다.

따라서 부시 대통령이 외교안보팀과 논의를 거쳐 자신의 특사를 북한에 파견하기로 다시 결심한 시점은 7월 하순이라는 해석이 가능하다. 아미티지 국무부 부장관이 아시아 순방을 떠나기 직전인 것이다. 그러나 문제가 있었다. 부시 미 행정부가 특사 파견을 다시 추진하기 위해서는 7·10 특사 파견 계획의 철회 사유인 북한의 6·29 서해 도발에 대한 김정일 정권의 유감 표명이라는 명분이 필요했던 것이다. 그런데 공교롭게도 김정일 정권이 그 즈음인 7월 25일과 7월 26일 각각 대남 전화 통지문을 통한 유감과 외무성 대변인의 '대답'을 통해 미국 특사의 방북 수용 의사 재확인을 표명했다.

이 같은 사실은 북한이 6·29 도발에 대해 유감 표명을 하지 않았는데도 미국이 서둘러 대통령 특사의 북한 파견을 다시 추진한 배경이 무엇인지를 암시해 준다. 2002년 여름인 7월 중순, 북한이 비밀리에 고농축우라늄 핵무기 개발 프로그램을 추진해 오고 있다는 것을 확신한 부시 행정부로서는 핵 확산을 막기 위해서 하루라도 빨리 김정일 정권이 그 같은 프로그램을 폐기하게끔 유도할 필요성이 있었던 것이다.

그런데 부시 행정부가 북한의 고농축우라늄 프로그램 보유를 확신한 시점이 7월 중순보다 이른 6월일 가능성도 있다. 미국의 탐사 보도 전문 저널리스트인 세이무어 M. 허쉬(Seymour M. Hersh)는, 2003년 1월 27일 미국 주간지 뉴요커(The New Yorker)에 실은 글에서 "CIA는 북한이 무기급(weapons-grade) 우라늄을 생산하기 위한 수단들을 비밀리에 입수함으로써 국제법과 미국·한국과의 합의들을 위반했다는 내용의 대외비 보고서를 2002년 6월 부시 대통령과 그의 고위 참모들에게 제출했다"라고 주장했다. 허쉬에 의하면, 당시 CIA 보고서의 가장 민감한 정보는 파키스탄에 관한 것이다. 1997년 이후 파키스탄이 고난도 기술, 탄두 디자인 정보, 그리고 무기 시험 데이터를 북한과 공유해 왔다는 내용이 CIA 보고서에 들어 있었다고 허쉬는 주장했다.

그러나 이 같은 주장이 사실이라고 해도 미국이 6월 말까지 대통령 특사의 7월 10일 방북을 성사시키기 위해 노력했다는 것은 부시 행정부가 문제의 CIA 보고서를 신경 쓰지 않았을 수 있다는 것을 의미한다. 그러다가 북한의 6·29 도발로 대통령 특사의 방북 계획이 7월 1일 좌절되자 부시 행정부는 비로소 CIA 보고서를 주목했을 개연성이 크다. 그렇다면 부시 행정부가 북한의 고농축우라늄 프로그램 보유를 확신한 시점은 결국 7월 중순이 정확하다고 볼 수 있다.

3   9·17 고이즈미 방북 취소를 요청한 미국의 진심과 미일 간의 긴장

2002년 8월 5일 아시아 순방을 떠난 리처드 아미티지 미국 국무부 부장관이 일본 도쿄(東京)에 도착한 것은 그달 28일이었다. 도착 즉시 그는 주일 미국 대사와 함께 고이즈미 준이치로 수상을 예방했다.

조지 W. 부시 미 행정부가 북한의 고농축우라늄 핵무기 개발 프로그램 보유와 관련한 정보를 고이즈미 일본 내각과 공유한 것은 바로 이때였다. 아미티지 부장관이 고이즈미 수상을 면담하는 자리에서 북한이 그 같은 프로그램을 가동해 오고 있다고 통보한 것이다.

부시 행정부가 처음부터 아미티지 부장관의 고이즈미 수상 면담을 통해 문제의 북한 핵 정보를 통보할 계획이었는지는 밝혀진 적이 없다.

부시 행정부에게 북한의 우라늄 핵무기 개발 문제는 어차피 동맹국들과 협의하지 않고는 안 될 성질의 것이었다. 그러나 부시 행정부가 문제의 북한 핵 정보를 확보한 시점은 그해 여름인 7월 중순 전후이다. 그로부터 한 달여 만인 8월 28일 일본에 그 정보를 제공했다는 것은 시간상 빠르다고 볼 수 있다. 부시 행정부의 치밀한 전략에 따른 것이 아니었을 가능성이 있는 것이다.

이날 고이즈미와 아미티지 회동에서 무슨 일이 있었던 것일까?

부시 행정부가 북한의 우라늄 핵무기 개발 정보를 전달한 시기가 빨랐다면 그 까닭은 한 가지밖에 없다. 이날 회동에서 고이즈미 수상이 아미티지 부장관에게 문제의 정보를 말하지 않을 수 없도록 만든 계기를 제공했기 때문이다.

그 계기는 부시 행정부의 입장에서 보면 충격적인 것이었다. 고이즈미 수상이 9월 17일 평양에서 김정일 위원장과 양국 간 사상 첫 정상회담을 가질 예정이라고 전격 공개한 것이다. 일본이 (외무성을 통해 북한과 비밀 교섭으로 성사시킨) 북일 정상회담 개최 사실을 공개한 것은 아미티지에게 한 것이 처음이었다.

김정일 위원장이 고이즈미 수상과의 회담에 응한 데는 수십억 달러에 달할지도 모르는 전후 보상금을 받아 내기 위해 협상에 착수하려는 목적이 크게 작용했다. 만약 북일 정상회담을 계기로 그 같은 협상이 성공해 북한이 일본에게서 막대한 돈을 받아 낼 경우, 미국으로서는 생각하기도 싫은 상황이 연출될 가능성이 높았다.

한국의 김대중 정부는 2000년 6월 남북 정상회담 전후로 적지 않은 경제적 지원을 북한에 제공해 왔다. 이 때문에 경제적 압박을 통해 북한의 대량살상무기 개발과 확산을 막는 것은 이미 어려워질 대로 어려워져 있었다. 그런데 일본까지 북한에 수십억 달러에 달하는 전후 보상금을 제공하고 수교할 경우, 경제제재는 대북 압박 수단이라는 효용 가치를 잃게 될 것이라는 것이 미국의 우려였다. 북일 정상회담의 개최가 부시 행정부에게 충격적일 수밖에 없는 것은 바로 이 때문이다.

2002년 9월 17일 평양을 방문한 고이즈미 준이치로 일본 총리(왼쪽)가 김정일 북한 국방위원장과 양국 정상회담에서 공동선언문에 서명한 후 악수를 나누고 있다. 당시 고이즈미는 미국의 방북 취소 요청을 거부하고 방북했다. 게다가 김 위원장에게 고농축우라늄 프로그램 문제를 지적해 달라는 미국의 요청도 끝내 들어주지 않은 것으로 드러났다./AP-연합뉴스

하지만 당시 아미티지 부장관이 북일 정상회담의 추진 사실에 대해 전혀 몰랐을 가능성은 낮다. 일본 정부가 제아무리 북한과의 협상을 보안에 부치려고 애썼다 하더라도 기술 정보와 인간 정보 등 모든 정보에서 세계 최고의 수집 능력을 자랑하는 미국 CIA의 촉수를 완벽하게 피하기는 어려웠을 것이다.

그런 상황에서 고이즈미 수상을 만난 아미티지 부장관은 북일 정상회담 개최 소식을 듣고 한 가지 결론에 도달했을 개연성이 적지 않다. 그것은 북한의 우라늄 핵무기 개발 프로그램 보유 문제를 해결하기 전에 북일 정상회담이 열리면 문제 해결이 더욱 힘들어질 수 있다는 판단이었을 것이다.

아미티지 부장관이 고이즈미 수상에게서 북일 정상회담이 9월 17일

평양에서 개최된다는 소식을 듣자마자 북한의 우라늄 핵무기 개발 정보를 통보한 것은 이 때문이다. 아미티지 부장관은 이 정보만 건네는 데 그치지 않고 한 가지 요구도 덧붙였다. 고이즈미 수상에게 방북을 취소해 줄 것을 요청한 것이다. 북한의 메시지를 서방에 전달하는 역할을 맡아 온 미국의 한반도 문제 전문가인 샐리그 해리슨(Selig Harrison)은, 당시 아미티지 부장관이 고이즈미 수상에게 방북 취소를 요청했었다는 일본 관료들의 증언을 담은 글을 2004년 9월 한국의 일간지 한겨레신문에 기고하기도 했다.

고이즈미 수상에게 방북 취소를 요청하는 것은 아미티지 부장관 단독으로 결정할 사안이 아니다. 따라서 고이즈미 수상의 방북 저지는 아미티지 부장관이 일본을 방문하기 전에 이미 부시 행정부가 내린 결정이었다고 봐야 한다. 그렇다면 당시의 사태 전개는 이렇게 정리할 수 있을 것이다. CIA를 비롯한 미국 정보기관들은 7월 중순 이전에 북한의 우라늄 핵무기 개발을 뒷받침하는 정보를 확보했다. 또한 중국 베이징(北京)을 비롯한 제3국에서 일본 외무성과 북한 외무성이 극비 접촉하여 북일 정상회담을 갖기로 합의한 것에 대해 미국은 회담의 일시가 언제인가까지 파악했다. 부시 대통령은 이 두 가지 문제를 어떻게 해결할 것인지에 대해 콘돌리자 라이스(Condoleezza Rice) 국가안보보좌관, 콜린 파월 국무장관, 도널드 럼스펠드(Donald Rumsfeld) 국방장관, 그리고 조지 테닛(George Tenet) CIA 국장 등이 참여하는 전쟁 내각(war cabinet)에 논의를 부쳤다. 그 결과 부시 대통령은 아미티지 부장관이 고이즈미 수상을 만날 때 북한의 고농축우라늄 핵무기 개발 프로그램 보유 정보를 통보한 뒤 평양 방문을 취소해 줄 것을 요청함으로써 그의 방북을 무산시킨다는 결정을 내렸던 것이다.

진실이 무엇이든 간에 한 가지 사실만큼은 명백하다. 8월 28일 아미티지 부장관은 고이즈미 수상을 만나 북한의 고농축우라늄 핵무기 개발 정보를 통보한 뒤 9월 17일 평양 방문 취소를 요청했다는 것이다.

그러나 고이즈미 수상은 아미티지 부장관의 요청을 거부했다. 당시 고이즈미 수상이 부시 행정부의 우려를 몰랐을 리는 없다. 오히려 고이즈미 내각은 9·11 사태 이후 미일 군사동맹을 강화하면서 부시 행정부의 반(反)테러전과 대량살상무기 확산방지 노력을 적극 지원해 왔다.

그런데도 고이즈미 수상이 아미티지 부장관의 요청을 거부한 것은 북한과의 관계 정상화를 통해 자민당 정권의 국내 정치적 기반을 강화해야 하는 목적이 있었기 때문이다. 말하자면 고이즈미 내각은 상대적 자율성(relative autonomy)을 갖고 있었다. 물론 미국이라는 세계 유일의 초강대국과의 관계를 감안할 때, 일본에게는 국제 문제에서 뭐든 마음대로 할 수 있는 절대적 자율성(absolute autonomy)이 없다. 그러나 일부 사안은 원하는 대로 할 수 있는 상대적 자율성조차 없는 것은 아니었다.

그러나 고이즈미 수상이 거부했다고 해서 아미티지 부장관이 그냥 손을 들고 나온 것은 아니다. 그는 군 출신으로는 보기 드물게 대(對)동아시아 정책가로 성장한 인물이다. 아미티지 부장관은 마지막으로 고이즈미 수상에게 김정일 위원장과의 정상회담에서 고농축우라늄 핵무기 개발 프로그램 문제를 제기해 줄 것을 요청했다.

고이즈미 수상은 이 같은 요청도 곤혹스러운 것으로 여겼을 테지만 수용하지 않을 수 없었다. 정상회담 의제들은 이미 북한과 논의가 끝난 상태였다. 하지만 일본은 핵무기 확산방지라는 의제에 관해 미국의 입장을 지지해 왔다. 따라서 고이즈미로서는 아미티지의 마지막 요청을 거절할 수 없었다.

고이즈미 수상은 아미티지 부장관을 면담한 뒤 같은 날 부시 대통령에게 전화를 걸어 평양 북일 정상회담 개최 사실을 통보했다. 이날 전화 통화에서 부시 대통령은 고이즈미 수상에게 방북 취소를 요청하지 않은 것으로 보인다. 다만 아미티지 부장관과 마찬가지로 북한의 고농축우라늄 핵무기 개발 프로그램 보유 문제를 북일 정상회담 때 제기해 줄 것을 요청한 것은 분명하다. 바우처 국무부 대변인은 2002년 10월 17일 브리핑에서 "부시 대통령과 고이즈미 수상이 고이즈미 수상의 9월 17일 방북 이전에 그 이슈(북한의 고농축우라늄 핵무기 개발 프로그램 문제)를 논의했다"라고 밝혔다.

그러나 고이즈미 수상이 부시 대통령에게 전화를 걸었던 8월 28일, 당일 백악관은 양 정상의 통화 내용 중에 북한의 고농축우라늄 핵무기 개발 프로그램 보유 문제가 포함됐다는 사실을 공개하지 않았다. 당시 스콧 매클렐런 백악관 대변인은 "(고이즈미) 수상이 그의 외교적 노력들을 논의하려고 (부시) 대통령에게 전화했고, 내 생각에는 그 통화는 간단한 대화였으며, 대통령은 수상의 (9월 17일 북일 정상회담 개최 사실의) 사전 통보에 감사했다"라고 말했다.

어쨌든 바우처 대변인과 매클렐런 대변인의 말을 종합하면 다음과 같다. 부시 대통령은 8월 28일 고이즈미 수상이 전화를 걸어 와 9월 17일 북일 정상회담을 갖는다는 사실을 통보하자 북한이 고농축우라늄 핵무기 개발 프로그램을 보유하고 있다는 정보를 알려 주었다. 그 뒤 이 문제를 김정일 위원장에게 제기해 줄 것을 요청했고 고이즈미 수상은 이 같은 요청을 수용했다.

그렇다면 관심의 초점은 한 가지로 모아진다. 고이즈미 수상이 9월 17일 평양을 방문해 가진 북일 정상회담에서 부시 대통령의 요청대로 북한의 고농축우라늄 핵무기 개발 프로그램 보유 문제를 제기했느냐는 것이다.

북일 정상회담 후 이 문제와 관련해 부시 행정부와 고이즈미 내각 어디에서도 공식적인 입장을 내놓은 적은 없다. 그런데 고이즈미 수상과 김정일 위원장이 합의한 9월 17일 북일 평양 선언의 내용을 보면, 북한의 고농축우라늄 핵무기 개발 프로그램 문제가 포함되지 않았다. 북한의 핵 문제와 관련된 내용은 이 선언의 4항에 적시돼 있다. 그러나 그것은 부시 행정부가 원했던 고농축우라늄 핵무기 개발 프로그램에 관한 것이 아니었다. 문제의 조항은 북한의 발표문에 다음과 같이 되어 있다. "쌍방은 조선반도 핵 문제의 포괄적인 해결을 위하여 해당하는 모든 국제적 합의들을 준수할 것을 확인하였다. 또한 쌍방은 핵 및 미싸일(미사일의 북한식 표현) 문제를 포함한 안전보장상의 제반 문제와 관련해 유관국들 사이의 대화를 촉진하여 문제 해결을 도모해야 할 필요성을 확인하였다."

매우 원론적인 내용인 것이다. 이 같은 사실에 비추어 보면 고이즈미 수상이 그 문제를 김정일 위원장에게 제기하지 않았을 개연성이 높다고 할 수 있다.

이 문제를 푸는 데 도움이 될 만한 단서는 북일 정상회담이 끝난 지 한 달이 지나서 나왔다. 그것도 미국 측에서 제공한 것이다. 10월 17일 미 국무부 브리핑 시간이었다. 당시 한 기자가 "고이즈미에게 북한에 고농축우라늄 핵무기 개발 프로그램 보유 문제를 제기하도록 요청했느냐"라고 질의했다. 그러자 바우처 대변인은 "일본 측에 확인하는 것이 좋겠다"라며 답변을 피했다.

그러나 관련 질의가 계속 이어졌다. 그러자 바우처 대변인은 브리핑 말미에 "우리는 동맹국들이 북한과 어떤 관계를 갖고 있든 간에 고농축우라늄 핵무기 개발에 대한 우려를 북한에 분명히 할 것을 요구했다"라고 털어놓았다. 그는 이어 "이는 아마도 '고이즈미 문제'에 대한 답변이 될 것이다"라고 덧붙였다.

도대체 무슨 말인가. 바우처의 말은 부시 행정부가 고이즈미 수상에게 북한에 고농축우라늄 핵무기 개발 문제를 제기해 줄 것을 요청했다는 것은 인정하면서도 고이즈미 수상이 그 요청을 이행했는지는 말하고 싶지 않다는 의미였다. 바우처의 말을 더욱 적극적으로 해석하면, 고이즈미 수상이 그 같은 요청을 이행하지 않았기 때문에 거기에 대해서 답변하고 싶지 않으니 굳이 그것을 알고 싶다면 일본 측에 확인하라는 것이 된다.

실제 9월 17일 북일 정상회담 직후 발표된 평양 공동선언에서 북한의 우라늄 핵무기 개발 문제가 포함되지 않은 데서 유추가 가능한 것처럼, 고이즈미 수상은 김정일 위원장에게 그 문제를 제기하지 않은 것으로 확인된다.

이 때문에 고이즈미 수상이 평양 방문을 마친 뒤 부시 대통령에게 여러 차례 전화를 걸어서야 비로소 통화를 할 수 있었다고 한다. 부시 대통령은 고이즈미 수상이 자신의 요청을 무시하고 북한의 우라늄 핵무기 개발 문제를 제기하지 않은 것으로 확인되자 심기가 불편했다. 그래서 그는 비서실에 고이즈미 수상의 전화를 한동안 연결하지 못하게 함으로써 불만을 표시했다.

미일 관계가 북한의 우라늄 핵무기 개발 문제 때문에 균열을 보일 때, 한미 관계에서는 외부적으로 그 같은 파열음이 들리지 않았다. 그러나 부시 행정부가 북한의 우라늄 핵무기 개발 정보를 확보한 뒤 이를 한국의 김대중 정부에게도 통보했는지 여부는 공개되지 않았다. 다만 한미 정보기관들 간에 협의는 이루어졌다. 2002년 10월 16일 미 백악관이 북한의 고농축우라늄 핵무기 개발 프로그램 보유 시인 사실을 공개한 뒤, 국가정보원(이하 국정원)이 국회 정보위원회에서 비공개로 그해 8월에 있었던 한미 간 정보 협력회의에서 문제의 정보를 논의한 적이 있다고 밝혔다.

그렇다면 부시 행정부가 켈리 특사의 방북 목적을 알려 주지 않더라도, 한국 정부가 충분히 짐작할 여지는 있었다고 봐야 한다. 그러나 그해 10월 2일 켈리 특사 일행이 일본을 거쳐 평양으로 가기 전 서울에 1박 2일 일정으로 들렀을 때 한국 정부가 보인 모습은 전혀 딴판이었다. 당시 한국 정부의 외교안보 분야 고위 인사들이 짧은 대화에서나마 켈리 특사에게 말하려고 애썼던 중심 의제는 켈리 특사의 입장에서 보면 어처구니가 없는 것이었다. 평양에 가면 북한 관리들에게 잘 말해서 김정일 위원장이 빨리 서울을 답방(答訪)할 수 있도록 도와 달라는 것이었다.

그때마다 켈리 특사는 한국 정부의 인사들에게 자기는 부시 행정부의 입장을 전달하기 위해 북한에 가는 것이라며, 북한 관리들과 논의하는 것은 방북 목적이 아니라고 밝혔다. 만약에 켈리 특사가 이 같은 입장을 분명히 했는데도 한국 정부의 인사들이 그에게 김정일 위원장의 답방을 도와 달라고 요청했다면 그것이 의미하는 바는 분명하다. 켈리 특사의 방북 이전에 한미 간에는 북한의 우라늄 핵무기 개발 문제에 관한 정보는 물론, 정책 협력도 없었다는 것이다.

그것이 사실이라면 중대한 의문이 제기된다. 부시 행정부는 북한이 1994년의 제네바 기본합의는 물론, 1991년의 남북한 비핵화 선언을 위반한 것을 확인했는데도 그것을 미국보다 더 직접적인 당사자라고 할 수 있는 한국 정부에 왜 알려 주지 않았느냐는 것이다. 그것은 어쩌면 2001년 10월 아프가니스탄 전쟁을 치르던 부시 행정부가 자발적으로 파병하고 싶다는 한국 정부의 의사를 거절한 사유와 같을지도 모른다.

한국의 정보 관계자들에 의하면, 당시 부시 행정부의 거절 사유는 한국군이 참전하면 미영을 비롯한 연합군의 전략과 전술이 탈레반 정권과 그들이 보호해 온 알카에다(Al Qaeda: 기지라는 뜻) 측에 누출될지 모른다고 우려했기 때문이었다. 이 같은 우려는 미국의 정보기관들이 남북한에 두고 있는 두 가지 혐의에서 말미암은 것이었다. 하나는 북한과 알카에다가 협력 관계에 있을지 모른다는 것이고, 다른 하나는 남북한이 2000년 남북 정상회담 이후 너무 가까워져 사실상 미국에 대항하는 내통 관계에 있을지도 모른다는 것이다. 따라서 당시 부시 행정부가 내린 결론은, 한국군을 참전시키면 연합군의 전략과 전술을 공유할 수밖에 없고, 그렇게 되면 만의 하나 연합군의 대알카에다 전략과 전술이 한국을 통해 북한에 넘어가, 결국에는 알카에다 측에게 누출될 지도 모르는 만큼 한국의 참전은 안 된다는 것이었다.

당시 미국이 왜 북한의 고농축우라늄 프로그램에 관한 정보를 한국과 공유하지 않았는지는 밝혀지지 않았다. 그러나 한 가지만큼은 분명했다. 한미 동맹 관계가 적어도 북한을 둘러싼 문제에서는 궤도를 이탈하고 있다는 것이었다.

 어쨌든 2002년 10월 초 한미 관계는 되돌리기 어려운 방향으로 치닫고 있었다.

 북한, 정말 미국 특사에 고농축우라늄 핵무기 개발 프로그램 보유를 시인했나

제임스 켈리 미국 대통령 특사가 이끄는 미국의 정부 대표단 9명이 2002년 10월 3~5일 평양을 방문했을 때 대체 무슨 일이 벌어졌던 것일까?

조지 W. 부시 미 행정부는 켈리 특사의 귀국 이후 11일째 되던 10월 16일, 백악관을 통해 켈리 특사의 충격적인 북한 방문 결과를 발표했다. 북한이 평양을 방문한 켈리 특사에게 고농축우라늄 핵무기 개발 프로그램을 보유하고 있다고 시인했다는 것이다.

이날 부시 행정부가 켈리 특사의 방북 결과를 서둘러 공개한 것은, 미국 최대 일간지 유에스에이투데이(USA Today)가 다음 날 이를 특종 보도한다는 것을 알았기 때문이다. 부시 행정부가 북한의 고농축우라늄 프로그램 보유 시인 사실을 10월 15일까지 공개하지 않은 이유는, 미 의회가 이라크에 대한 무력 사용 권한을 부시 행정부에 부여할 때까지 북한의 핵 문제가 불거지는 것을 막고 싶었기 때문이라고 당시 미국 언론은 의혹을 제기했다. 이에 대해 당시 콘돌리자 라이스 국가안보좌관은 부시 대통령이 10월 15일까지 (북한의 시인에 대한) 대응 방안을 결정하지 못했기 때문에 그 전에 켈리 특사의 방북 결과를 공개하지 못한 것뿐이라고 부인했다.

어쨌든 부시 행정부의 발표가 사실이라면, 이는 1993년 북한의 핵확산금지조약(NPT) 탈퇴 선언에 따른 1차 북한 핵 위기에 이어 10년 만에 2차 북한 핵 위기가 발발했다는 것을 의미했다.

그 까닭은 간단했다. 북한이 고농축우라늄 핵무기 개발 프로그램을 보유해 왔다는 사실은 1994년 10월 북미 간에 체결된 제네바 기본합의와 1991년 남북한 간에 합의된 한반도 비핵화 공동선언을 모두 위반한 것이 되기 때문이다.

특히 제네바 기본합의에 따라 북한이 핵 개발을 중단했다고 믿고 많은 것을 지원해 온 부시 행정부로서는, 북한이 고농축우라늄 핵무기 개발 프로그램을 추진해 왔다는 것을 도저히 용납할 수 없었다. 미국은 핵확산금지조약을 통해 핵무기의 확산을 방지하는 것을 탈냉전 시대 세계 안보의 주요 목표로 삼아 왔다. 따라서 북한의 핵무기 개발은 미국의 이 같은 세계 전략을 위협하는 것이다.

부시 행정부가 참을 수 없는 이유 중에는 감정적인 요인도 배제할 수 없다. 물론 북한이 영변의 흑연감속로 가동을 중단하는 대가로 해 줄 것을 약속한 경수로 2기의 건설에서 미국이 부담하는 비용은 한국과 일본의 그것보다 적다. 그러나 제네바 기본합의에 따른 대북 중유(重油) 공급 문제에서는 얘기가 달라진다. 그것은 오로지 미국의 몫이었기 때문이다.

경수로 2기가 완공될 때까지 매년 중유 50만 톤을 제공하기로 한 약속에 따라 1994년부터 2001년까지 빌 클린턴(Bill Clinton) 민주당 행정부는 물론이고 그 뒤를 이은 부시 행정부도 의회의 따가운 시선을 받아 가면서

꼬박꼬박 값비싼 중유를 북한에 제공할 수밖에 없었다. 2003년 중유 50만 톤의 시세는 미화 1억 달러였다. '그런데 이제 와서 제네바 기본합의를 위반하다니. 용서할 수 없다.' 이것이 북한의 고농축우라늄 핵무기 개발 프로그램 보유를 바라보는 부시 행정부의 정서였다.

북한은 미국의 발표가 나온 지 1주일 만인 10월 25일, 외무성 대변인 명의의 담화를 내고 강력하게 부인하고 나섰다. "아무런 근거 자료도 없이 우리가 핵무기 제조를 목적으로 고농축우라늄 핵무기 개발 계획을 추진하여 제네바 기본합의를 위반하고 있다고 주장하는 미국의 오만 무례한 태도는 놀라움을 자아내지 않을 수 없다."

그러나 이는 시작에 불과했다. 그 후 미국과 북한 간에는, 켈리 특사가 방북했을 때 북한이 과연 고농축우라늄을 이용한 핵무기 개발 프로그램의 보유를 시인했는지 여부를 둘러싸고 공방이 계속된 것이다. 문제는 북한 핵 문제 때문에 북미 간의 긴장이 고조되었을 뿐만 아니라 이 문제의 해법과 관련한 한미 간 이견이 노출돼, 마침내 양국의 동맹 관계는 전례 없는 위기에 직면했다는 데 있다.

그렇다면 2002년 10월 3일부터 5일까지 2박 3일 동안 평양에서 켈리 특사 일행과 북한 외무성의 고위 관료들 간에 어떤 대화가 오간 것일까? 미국의 발표대로 북한은 고농축우라늄 핵무기 개발 프로그램의 보유를 시인한 것일까? 아니면 북한의 반박대로 미국은 억지 주장을 편 것일까?

부시 미 대통령의 특사인 켈리 국무부 차관보 일행은 평양을 방문하기 전 도쿄와 서울을 각각 하루 정도씩 들렀다. 켈리 특사를 비롯한 대표 9명 모두는 백악관 국가안보회의, 국무부, 국방부 장관실, 합참 본부 등 북한 문제와 관련된 미 행정부 내 각 기관에서 파견 나온 북한 전문가들이었다. 부시 행정부가 켈리 특사 일행의 방북을 위해 준비한 비행기는 고급 군용기였다. 9월 31일 이 군용기를 타고 미국을 출발한 일행은 10월 1일 일본에 도착했다.

2002년 10월 3일부터 5일까지 3일간의 방북을 마치고 귀로에 일본에 들른 제임스 켈리 미국 특사가 일본 정부에 방북 결과를 설명한 뒤 나리타(成田) 공항에서 출국을 기다리고 있다./AP-연합뉴스

일본의 수도인 도쿄를 방문한 이들은 10월 2일 오전까지 그곳에 체류했다. 체류하는 동안 일행은 당시 다케우치 유키오(竹內行夫) 외무성 부상과 다나카 히토시(田中均) 아주국장 등 일본 외무성 관리들과 당시 후쿠다 야스오(福田康夫) 관방장관을 만났다.

이날 오후 도쿄를 떠난 켈리 특사 일행은 서울에 도착해 하룻밤을 묵었다. 일행은 서울에서 한국의 청와대와 외교통상부 인사들과 만나 의견을 교환하며 바쁜 일정을 보냈다.

켈리 특사의 일행이 평양에 도착한 때는 10월 3일 오후였다. 일행은 도착 직후 곧바로 북한 외무성으로 이동해 김계관 외무성 부상이 이끄는 북한의 협상단과 1차 회의를 가졌다. 이 회의에서 켈리 특사는 방북 목적과 관련해 일체의 머뭇거림을 보이지 않았다. 2002년 10월 17일 리처드 바우처 미 국무부 대변인의 브리핑에 의하면, 당시 켈리 특사는 "우리는 당신들이 핵무기를 만들기 위해 우라늄 고농축 프로그램을 가동하고 있음을 알고 있다"라고 지적했다. 다짜고짜 고농축우라늄 핵무기 개발 프로그램 보유 의혹을 제기한 것이다. 그러자 김계관 부상은 이를 부인했다.

그러나 당시 켈리 특사의 방북 목적이 북한의 고농축우라늄 핵무기 개발 프로그램 보유 여부를 확인하는 것이었다는 사실은 외부에 알려지지 않았다. 부시 행정부가 북한이 켈리 특사에게 고농축우라늄 핵무기 개발 프로그램의 보유를 시인했다고 발표한 다음 날인 10월 17일에서야 비로소 바우처 미 국무부 대변인은 켈리 특사의 방북 목적이 두 가지를 분명히 하는 데 있었다는 것을 공개했다.

첫 번째는 부시 대통령으로서는 미국이 우려하는 것들 중 많은 것을 북한이 중단했기 때문에 정치·경제적 조치들을 포함한 '대담한 접근(a bold approach)'을 추구할 준비가 돼 있다는 입장을 전달하기 위해서였다. 다른 하나는 켈리 특사가 북한이 고농축우라늄 핵무기 개발 프로그램을 추진하고 있다는 것을 의미하는 정보를 제시할 때, 그 같은 행위가 부시 대통령이 '대담한 접근'을 추진하는 것을 불가능하게 만드는 것임을 명백히 하는 것이었다.

켈리 특사가 자신의 방북 목적을 밝힌 시점은 2004년 7월 15일 미국 상원(上院) 외교위원회에 출석했을 때였다. 당시 그는 "나는 북한이 우라늄 농축 프로그램을 보유하고 있다는 우리의 평가를 가지고 북한 관리들과 맞서기 위해 대표단을 이끌고 2002년 10월 평양에 갔다"라고 증언했다.

켈리 특사의 이 같은 방북 목적이 공개되지 않은 채 그가 김계관 부상과 회담을 가진 방북 첫날인 10월 3일, 이날 바우처 국무부 대변인은 언론 브리핑에서 모호한 표현으로 켈리 특사와 김계관 부상 간의 회의 결과에 대해 설명했다. "1차 회의는 본질적인 문제에 들어가지 못해 4일에 계속 협상할 것이다."

켈리 특사의 방북 목적이 베일에 가려진 탓에 무엇이 본질적인 문제인지, 그리고 그 문제에 들어가지 못했다는 것은 무슨 의미인지 알 길이 없었다.

바우처의 브리핑에서 "본질적인 문제에 들어가지 못해"라는 표현은 "김계관 부상이 고농축우라늄 핵무기 개발 프로그램의 보유를 부인했다"라는 의미였다. 물론 이 같은 사실은 부시 행정부가 10월 16일 북한의 고농축우라늄 핵무기 개발 프로그램 보유 시인 사실을 발표한 뒤에야 바우처 대변인에 의해 공개됐다.

켈리 특사의 일행은 김계관 부상이 이끄는 북한 협상단과의 1차 회담에서 아무런 소득을 올리지 못하자, 다음 날 2차 회의를 갖기로 합의하고 일단 1차 회의를 마쳤다. 이날 저녁 북한은 켈리 특사 일행을 위한 비공식 만찬을 열었다.

10월 4일 켈리 특사는 대표단 일행과 함께 김정일 위원장의 측근으로 평가받는 강석주 제1부상과 2차 회담을 가졌다. 회의가 열린 곳은 동인도산 티크목 테이블이 기다랗게 놓여 있고 벽에는 김일성과 김정일 부자의 초상화가 나란히 걸려 있는 북한 외무성 본부 건물의 2호 회의실이었다. 2차 회담 장소가 외무성 2호 회의실이었다는 것은 도널드 그레그(Donald Greg) 전 주한 미국 대사와 존 오버도퍼(John Oberdorfer) 전 워싱턴포스트(Washington Post) 외교 담당 기자의 주장이다. 그들은 그해 11월 초 평양을 방문하고 귀국 전 서울에 들렀을 때 가진 기자회견에서 북한 관리들로부터 확인했다고 말했다.

그렇다면 문제의 10월 4일 회담에서 강석주 제1부상은 무슨 말을 했을까? 그가 어떤 말을 했기에 미국은 10월 16일 북한이 고농축우라늄 핵무기 개발 프로그램을 보유하고 있음을 시인했다고 발표한 것일까?

이 의문을 푸는 데 가장 중요한 열쇠의 반쪽은 북한으로부터 시인을 받았다는 당사자인 당시 특사 켈리 차관보가 갖고 있다. 켈리 차관보는 이와 관련된 증언을 두 번 한 적이 있다.

첫 번째 증언은 2004년 7월 15일 미국 상원 외교위원회 청문회에 출석했을 때 했다. 이날 켈리 차관보는 2002년 10월 4일 강석주 북한 외무성 제1부상과의 회담 때, 다시금 "우리는 당신들이 핵무기를 만들기 위해 우라늄 고농축 프로그램을 가동하고 있음을 알고 있다"라고 하자, 강석주 부상은 다음과 같이 대답했다고 증언했다. "미국 행정부의 적대 정책은 우리한테 그 같은 프로그램을 추구하는 것 이외의 다른 선택을 하도록 내버려 두지 않았다."

켈리 차관보는 이어 "10월 4일 회담에서 '북한이 수년간 그 같은 프로그램을 추구해 왔다'는 미국의 평가를 지적하자, 강석주 부상은 어떤 대답도 하지 않았다"라고 덧붙였다.

두 번째 증언은 2004년 2월 13일 워싱턴 D.C.(Washington D.C.)에서 개최된 한 국제 세미나에서 이루어졌다. 이 세미나는 한국의 일간지 조선일보와 미국의 보수적 싱크탱크인 미국기업연구소(AEI)가 공동으로 주최한 것이었다. 여기서 켈리 차관보가 한 증언은 같은 해 7월 15일 미 상원 외교위원회에서 한 것보다 훨씬 상세한 것으로 평가받는다.

이날 특별 연사로 초청받은 켈리 차관보는 "여기서 잠시 북한 사람들이 내게 한 그들의 우라늄 농축 프로그램 보유 시인 문제를 설명하게 해달라"라고 말했다. 그는 이어 "왜냐하면 나중에 그들이 언론에 약간 혼란을 야기하면서 그들이 그렇게 했다는 것을 부인했기 때문이다"라고 덧붙였다. 그리고 나서 그는 2002년 10월 4일 회담에 대해 증언했다.

먼저 켈리 차관보는 "(강석주 부상이 한) 그 시인은 나의 팀과 내가 북한 외무성의 2인자이자 김정일의 측근으로 얘기되는 강석주와 40분에 걸쳐 가진 회담의 전 과정에서 나온 것이다"라고 증언했다. 켈리는 또 "강석주의 언급들은 그의 통역자에 의해 영어로 통역되었고 그의 한국어 발표는 우리 측의 경험 있고 전문적인 통역관에 의해 모니터가 되었다"라고 지적했다. 통역상의 오해는 절대 없었다는 점을 분명히 한 것이다.

켈리 차관보는 자신만이 강석주가 고농축우라늄 핵무기 개발 프로그램의 보유를 시인했다고 본 것이 아니라 미국 대표단의 다른 구성원들도 그렇게 받아들였다고 지적했다. 켈리는 "강석주가 고농축우라늄 핵무기 개발 프로그램의 존재를 인정한 것은 나의 팀 멤버들 모두에게 매우 명백한 것이었다"라고 강조했다.

이날 세미나에서 켈리 차관보는, 강석주 부상이 시인했다는 자신의 주장을 뒷받침하는 근거로, 강석주 부상이 고농축우라늄 핵무기 개발 프로그램 문제에 관한 협상 조건을 제시하기도 했다고 증언했다. "북한은 만약 미국이 먼저 북한에 추가 혜택들을 제공하면 고농축우라늄 핵무기 개발 프로그램에 관한 우리의 우려들을 해결하는 것에 관해 협상할 생각이 있다고 했다."

이 같은 증언은 강석주 부상이 고농축우라늄 핵무기 개발 프로그램 보유를 시인한 뒤 켈리 차관보에게 다음과 같이 제안했다는 것을 의미한다. 미국이 북한에 추가 혜택들을 제공할 경우, 북한은 고농축우라늄 핵무기 개발 프로그램 문제를 해결하기 위해 미국과 협상할 수 있다는 것이다.

켈리 차관보는 강석주 부상이 시인했다는 것은 이처럼 명백하다고 말했다. 그랬기 때문에 "북한은 미국이 10월 16일 북한의 고농축우라늄 핵무기 개발 프로그램 보유 시인을 발표한 직후는 물론이고 그 후 약 2개월간 그 같은 시인 사실을 부인하지 못했다"라는 것이 그의 지적이다. 북한은 그 대신 다른 나라들에겐 (북한이 고농축우라늄 핵무기 개발 프로그램의 보유를 시인했다는 미국의 발표를) 확인도 부인도 않는 입장(NCND:

neither confirm nor deny)을 취했다고 켈리 차관보는 말했다.

북한이 미국의 발표를 부인하는 입장으로 돌아선 시기 및 배경과 관련해 켈리 차관보는 이렇게 설명했다. "나중에 고농축우라늄 핵무기 개발 프로그램 보유 시인이 대규모 국제적인 비난을 초래하는 주요 전술상의 실책인 것이 명백해졌을 때, 북한 관리들은 처음으로 미국이 자신들의 성명들을 오해했다고 주장하기 시작했다."

켈리 차관보는 이어 "그러다가 북한 관리들은 미국이 거짓말을 하고 있다고 주장하기 시작했다"라고 비판했다. 북한 관리들이 실질적으로 고농축우라늄 핵무기 개발 프로그램을 갖고 있지 않다고 주장하기 시작한 것은 훨씬 뒤였다는 것이 그의 지적이다.

그렇다고 해서 미국이 북한의 고농축우라늄 핵무기 개발 프로그램 보유를 믿는 것은 강석주 부상이 시인했기 때문이 아니라 미국 정보기관들이 확보한 정보 때문이라고 켈리 차관보는 말했다. "어떤 경우에서든 이 문제와 관련해 중요한 점은, 2002년 (10월) 나의 방북 직후 미국이 취한 조치들은 북한의 시인에 따른 반응에서가 아니라 북한의 우라늄 농축 프로그램에 관한 우리만의 정보에 기반한 것이다. 우리는 이 문제에 관한 우리의 정보가 매우 근거가 있다고 확신한다. 사실 파키스탄의 A. Q. 칸의 고백은 북한의 고농축우라늄 핵무기 프로그램이 좀더 오래됐고 우리가 평가한 것보다 더 진전된 것임을 의미한다."

A. Q. 칸은 파키스탄의 핵무기 개발을 성공시킨 핵 과학자로서 미국으로부터 북한에 고농축우라늄을 이용한 핵무기 개발 기술을 이전했다는 혐의를 받고 있다.

그러나 켈리 특사의 이 같은 증언들만으로는 2002년 10월 4일 그와 강석주 부상 간 회담에서 오간 대화의 진상을 완전히 밝혀내기 힘들다. 그 까닭은 무엇보다도 북한이 켈리 특사의 방북 결과에 대한 미국의 발표를 부인하고 있기 때문이다. 게다가 켈리 특사와 달리 강석주 부상은 문제의 회담에 대해 어떤 증언도 내놓지 않았다.

그럼에도 불구하고 켈리 차관보의 증언과 설명대로 켈리와 강석주 간 회담에 대한 북한의 부인 주장은 많은 부분에서 앞뒤가 맞지 않는 모순을 보이는 것이 사실이다.

RED LINE

2장

미국, 북한의 고농축우라늄 핵무기 개발
어디까지 확인했나

1 미국의 북한 고농축우라늄 계획 보유 확신 시점에 얽힌 의혹

　미국이 북한의 고농축우라늄 핵무기 개발 프로그램 보유를 확신한 시점은 언제일까? 이는 부시 행정부가 2차 북한 핵 위기 발발 시점을 사전에 조정한 것인지 아닌지를 밝혀주는 중요한 의미를 갖는 퍼즐이다.
　앞에서 살펴본 대로 미국이 북한의 고농축우라늄 프로그램 보유를 확신한 시점은 2002년 7월 중순이고 계절로는 여름일 가능성이 높다. 그것이 맞을 경우 특사 파견을 통한 문제의 프로그램 보유 의혹 제기를 비롯해 그 후 부시 행정부가 취한 일련의 대북 조치들은 자연스러운 것이 된다.
　그러나 미국이 확신한 시점이 그 전이라면 얘기가 완전히 달라진다. 그것은 부시 행정부가 북한의 고농축우라늄 핵무기 개발 프로그램 보유를 확신한 시점에 대해 거짓말을 했다는 것을 의미하기 때문이다. 더군다나 부시 행정부로서는 뭔가 전략적 목적을 위해 확신 시점을 조작했다는 비판에서 자유로울 수가 없게 된다.

만약 확신 시점이 2002년 여름 이전이라면 최소한 한 가지만큼은 분명해진다. 북한의 6·29 서해 도발이 일어나지 않아 부시 행정부가 당초 계획했던 대로 2002년 7월 10일에 특사를 북한에 파견할 수 있었다면, 그때에도 고농축우라늄 프로그램 보유 의혹을 제기했을 가능성이 높다는 것이다. 그렇다면 부시 행정부가 북한의 6·29 서해 도발 직후 7월 10일로 예정했던 특사 방북을 철회하면서 특사의 방북 목적이 부시 대통령이 제안한 '대담한 접근'을 논의하는 데 있었다고 설명한 것은 사실과 다른 것이 된다.

부시 행정부가 내놓은 북한의 우라늄 프로그램 보유 확신 시점에 대한 입장들을 꼼꼼히 확인할 필요가 있는 것은 이 때문이다.

가장 먼저 확신 시점에 관한 입장을 내놓은 곳은 국무부였다. 백악관이 북한의 우라늄 핵무기 프로그램 보유 시인 사실을 공개한 다음 날인 2002년 10월 17일 언론 브리핑에서 국무부가 공식적으로 밝힌 확신 시점은 같은 해 여름이다. 이날 바우처 국무부 대변인은 "북한의 고농축우라늄 핵무기 개발 프로그램에 관해 우리가 언급한 것은 최근에 얻은 것으로 생각한다"라고 말했다. 그는 이어 "나는 이번 여름을 지나면서 우리의 (북한 정보) 분석 요원들이 점증하는 증거 때문에 북한이 비밀 우라늄 농축 프로그램을 추구하고 있다는 것을 확신하게 됐다"라고 덧붙였다.

대통령 특사로서 북한의 시인을 받아 낸 당사자인 제임스 켈리 국무부 동아시아·태평양 담당 차관보도 바우처 대변인과 같은 증언을 했다. 이 증언은 2004년 2월 13일 한국의 일간지 조선일보와 미국의 미국기업연구소가 워싱턴 D.C.에서 공동 주최한 세미나에서 행한 연설을 통해 이루어졌다. 이 연설에서 켈리 차관보는 "2002년 여름에 미국은 북한이 제네바 기본합의 의무를 지키지 않았다는 것을 발견했다"라고 밝혔다. "우리는 결정적으로 북한이 플루토늄이 아닌 우라늄 농축에 기초한 비밀 핵무기 프로그램을 추구하고 있다는 것을 알게 됐다."

바우처 대변인과 켈리 차관보의 말을 종합하면 한 가지 결론에 도달할 수 있다. 그것은 바로 부시 행정부는 2002년 여름 이전에는 북한이 고농축우라늄 핵무기 개발 프로그램을 추구하고 있다는 것을 확신하지 못했다는 것이다.

그런데 국무부가 확신 시점을 2002년 여름이라고 밝힌 그해 10월 17일 브리핑을 자세히 들여다보면, 진실이 반드시 그렇지 않을 수 있다는 가능성을 보여 주는 근거를 찾을 수 있다. 바우처 대변인의 브리핑 내용에서 부시 행정부가 2002년 여름 훨씬 이전에 북한의 고농축우라늄 핵무기 프로그램 추진을 확신했을 개연성을 보여 주는 대목이 있는 것이다.

문제의 대목은 2002년 10월 17일 바우처 대변인의 브리핑 도중에 한 기자가 아주 평범한 질문을 던지면서 시작된다. 질문은 "미국은 지난 수년간 북한의 고농축우라늄 핵무기 개발 프로그램 보유 문제를 알고 있었느냐?"라는 것이었다. 그러자 바우처 대변인은 이렇게 답변했다. "우리가 (수년간) 알고 있었다는 것은 아니다. 우리는 그들이(북한이) 수년간 (고농축우라늄 핵무기 개발 프로그램을) 추구하고 있다는 것을 (최근에) 알았다는 것이다. 그것은 우리가 수년간 알고 있었다고 말하는 것과 다르다."

여기까지는 의심할 구석이 보이지 않는다. 그러나 바우처 대변인이 이같이 대답한 뒤에 받은 질문들에 대해 내놓은 답변들에서 석연치 않은 점들이 발견되기 시작한다.

다른 기자가 "미국은 북한이 배치 가능한 핵무기를 갖고 있다고 믿느냐?"라고 질문했다. 그러자 바우처 대변인은 "(북한의 핵무기 보유 관련 정보 보고서 중) 가장 최근 것은 2001년 1~6월분 721 리포트이다"라고 언급한 뒤, "이 리포트는 북한이 1~2개의 무기를 만들 수 있는 충분한 플루토늄을 갖고 있다고 보고했다"라고 말했다. 그러나 2002년 10월 17일 현재 미 CIA가 의회에 제출한 721 리포트 중 가장 최근 리포트는 2001년

1~6월분 721 리포트가 아니라 2002년 1~6월분 721 리포트였다. 게다가 이들 리포트 사이에 CIA는 2001년 7~12월분 721 리포트도 의회에 제출했다.

721 리포트는 CIA 국장이 1997년 회계연도 정보 권한 부여 법령의 721항에 따라 6개월에 한 번씩 의회에 제출하는 보고서를 말한다. CIA 국장은 이 리포트에 지난 6개월 동안 어떤 국가들이 대량살상무기(핵무기, 생화학무기, 첨단 재래식 무기 등)의 개발을 위해 전략 기술들을 획득했는지, 그리고 그 같은 획득 경향들을 보고한다. 예를 들면, 2001년 7~12월분 721 리포트는 2001년 7월1부터 12월 31일까지 발생한 대량살상무기 및 첨단 재래식 무기와 관련된 획득 행위들과 획득 경향들을 국가별로 요약한 것이다. 이 리포트는 CIA 국장 직속 무기정보·비확산·군비통제센터(WINPAC)에서 작성한다. 그러나 이 리포트는 (다른 대외비 리포트들과 의회 브리핑들에서도 알 수 있는) 대량살상무기와 선진 재래식 무기에 대한 미국의 정보 공동체(모든 정보기관들을 총괄한 표현) 평가의 자세한 내용은 담지 않는다.

문제는 뒤이어 또 다른 기자가 던진 "북한이 현재 개발하고 있는 고농축 우라늄을 무기화하는 데 얼마나 근접했느냐?"라는 질문이다. 왜냐하면 바우처 대변인이 바로 이 질문에 답변하면서 이상한 점들이 나타나기 시작했기 때문이다. 바우처 대변인은 "나는 그에 대한 평가를 내릴 위치에 있지 않다"라고 말했다. 그는 이어 "말한 바와 같이 우리가 (미국이 북한이 배치 가능한 핵무기를 갖고 있다고 믿느냐는 질문에 대해) 공식적으로 설명한 평가는 CIA가 내놓은 그 보고서(2001년 1~6월분 721 리포트)에 있고, 나는 현재 그 보고서의 어떤 수정안에 대해서도 알지 못한다"라고 덧붙였다. 이에 질문한 기자가 "거기에는 고농축우라늄 핵무기 개발 프로그램에 관한 대목이 없다"라고 지적했다. 그러자 바우처 대변인도 "나 역시 없다"라고 말했다.

그렇다면 바우처의 이 같은 답변들은 어떤 점에서 석연치 않은 것일까?

> 1 July Through 31 December 2001
>
> North Korea
> During this time frame, P'yongyang has continued attempts to procure technology worldwide that could have applications in its nuclear program. The North has been seeking centrifuge-related materials in large quantities to support a uranium enrichment program. It also obtained equipment suitable for use in uranium feed and withdrawal systems.
>
> North Korea probably has produced enough plutonium for at least one, and possibly two, nuclear weapons. Spent fuel rods canned in accordance with the 1994 Agreed Framework contain enough plutonium for several more weapons.
>
> North Korea also has continued procurement of raw materials and components for its ballistic missile programs from various foreign sources, especially through North Korean firms based in China. North Korea continues to abide by its voluntary moratorium

2002년 초 CIA가 의회에 북한이 2001년 하반기에 고농축우라늄 핵무기 개발 프로그램을 추진하고 있다는 내용을 담아 보고한 2001년 7~12월분 721 리포트 중 북한 관련 부분.

그 까닭은 바우처가 이 두 질문에 답변하면서 인용했어야 할 CIA의 보고서는 2001년 1~6월분 721 리포트가 아니라 2001년 7~12월분 721 리포트나 2002년 1~6월분 721 리포트여야 했기 때문이다. CIA는 2001년 1~6월분 721 리포트에는 북한이 고농축우라늄 핵무기 개발 프로그램 추구하고 있다는 정보를 담지 않았으나 2001년 7~12월분 721 리포트나 2002년 1~6월분 721 리포트에는 그 같은 정보를 담아 의회에 제출했다.

더구나 CIA는 2001년 1~6월분 721 리포트 전후에 작성해 의회에 제출한 거의 모든 721 리포트에서 "북한이 1~2개의 무기를 만들 수 있는 충분한 플루토늄을 갖고 있다"라는 정보를 담아 왔다. 따라서 바우처가 문제의 두 질문에 답변하기 위해 공신력이 있는 보고서를 인용하려고 했다면, 북한이 1~2개의 핵무기를 제조할 수 있는 플루토늄을 보유하고 있다는 정보와 고농축우라늄 핵무기 개발 프로그램을 추구하고 있다는 정보를 함께 담은 2001년 7~12월분 721 리포트나 2002년 1~6월분 721 리포트를 인용했어야 맞는 것이다.

바우처 대변인도 이 같은 사실을 모르지 않았을 것이다. 국무부 대변인이라는 직책이 CIA가 매년 2회 의회에 제출하는 721 리포트를 읽어보지도 않고 말해도 되는 자리가 아니기 때문이다. 그러나 결과적으로 보면 그가 그렇게 하지 않은 것으로 판단될 수 있는 구석이 있다. 그래서 석연치 않은 것이다. 왜 그랬을까.

국무부의 입장에서 본다면, 그 까닭은 CIA가 2001년 7~12월분 721 리포트나 2002년 1~6월분 721 리포트에 북한의 고농축우라늄 핵무기 개발 프로그램 관련 정보를 적시할 때까지만 해도 그것이 최종 확인된 것이 아니었기 때문일 수 있다. 바우처 대변인은 이미 10월 17일 브리핑 초반에 미국의 정보 당국이 북한의 고농축우라늄 프로그램 추구 사실을 확신한 시점은 2002년 여름이라고 밝혔다. 따라서 바우처 대변인으로서는 굳이 그 같은 확신 이전의 정보가 담긴 2001년 7~12월분 721 리포트나 2002년 1~6월분 721 리포트를 인용하는 것이 부담스러웠을 수 있다.

만약 그렇다면 국무부는 바우처 대변인을 통해 2001년 7~12월분 721 리포트를 언급한 뒤 북한의 고농축우라늄 핵무기 개발 프로그램 추구 의혹을 포착한 시점이 2001년 하반기라고 밝혔어야 옳았다. 그랬다면 바우처는 "미국은 지난 수년간 북한의 고농축우라늄 핵무기 개발 프로그램 추구 문제를 알고 있었느냐"라는 기자들의 질문에 '1년 전에 포착했으나 확신하게 된 것은 이번 여름'이라고 진실한 답변을 할 수 있었을 것이다. 그러나 그렇게 하지 않았다. 그 결과 바우처는 "우리는 그들(북한)이 수년간 (고농축우라늄 핵무기 개발 프로그램을) 추구하고 있다는 것을 (최근에) 알았다. 그것은 우리가 수년간 알고 있었다고 말하는 것과 다르다"라고 사실과 전혀 다른 답변을 한 것이다.

결국 문제는 바우처 대변인의 말의 진실이 무엇이었느냐는 것이다.

바우처 대변인이 미국 정보 당국이 이미 2001년 하반기에 북한의 고농축 우라늄 프로그램 추구 사실을 확인했다는 내용을 포함하는 2001년 7~12 월분 721 리포트나 2002년 1~6월분 721 리포트 대신 그 같은 내용이 전혀 없는 2001년 1~6월분 721 리포트를 가장 최근 721 리포트라고 브리핑한 것이 고의적이었는지 여부를 밝혀야 하는 것이다.

그 의도가 만약 부시 행정부가 북한의 고농축우라늄 핵무기 개발 프로그램 보유를 포착한 시점이 2001년 하반기라는 것을 감추려는 데 있었다면, 대체 이유는 무엇인지가 다음 문제로 남는다. 굳이 그 사실을 감추고 포착 시점이든 확신 시점이든 그것을 2002년 여름으로 바꾸면 무엇이 달라지기에 그랬냐는 것이다.

물론 바우처 대변인이 의도적으로 2001년 1~6월분 721 리포트가 가장 최근 것이라고 잘못 말한 것도 맞고, 확신 시점이 2002년 여름이라고 말한 것도 맞는 개연성을 배제할 수 없다. 왜냐하면 미국 정보 당국이 북한의 고농축우라늄 프로그램 추구 사실을 포착한 시점이 2001년 하반기인 것은 사실이지만, 북한이 우라늄 농축을 본격화한 것은 2002년 여름일 수 있기 때문이다.

이 점에서 당시 부시 행정부로서는 굳이 2001년 7~12월분 721 리포트를 거론해서 '그동안 뭐했느냐'거나 '포착한 지 1년 만에 의혹을 제기한 데는 무슨 의도가 있느냐'는 비판을 당하고 싶지 않았을 수 있다. 때문에 2001년 7~12월분 721 리포트 대신 그 직전 기간의 리포트를 언급하기로 한 결정은 바우처 대변인 개인 차원이 아니라 부시 행정부 차원에서 이루어졌을 가능성도 있다.

이 가정을 뒷받침해 주는 것으로는 2004년 10월 4일 일본 교도(共同)통신의 보도가 있다. 이 보도에 의하면, 부시 행정부가 2002년 10월 3~5일 켈리 특사를 북한에 보낸 것은 북한이 고농축우라늄 핵무기 개발 계획을 실험실 수준의 소규모 연구에서 대규모 개발로 확대하려는 것으로 보았기 때문이다. 따라서 그 같은 판단을 하게 된 시점이 바로 2002년 여름이라고 볼 수 있다.

이 보도가 사실이라면, 2001년 7~12월분 721 리포트에 적시된 북한의 고농축우라늄 프로그램과 관련된 내용은 실험실 수준의 소규모 연구에 관한 것이다. 반면 2002년 여름에 미국 정보 당국이 확보한 북한의 고농축우라늄 프로그램은 대규모 핵무기 개발을 위한 것이라는 얘기가 된다고 볼 수 있다.

그러나 바우처 대변인의 문제의 답변이 이와는 전혀 다른 차원에서 이루어졌을 개연성도 배제할 수 없다. 바로 부시 행정부가 북한의 고농축우라늄 핵무기 개발 프로그램 보유를 확신한 시점을 조작하기 위해 국무부에 그 시점을 틀리게 발표하도록 지시했을 개연성이 있다는 것이다.

만약 부시 행정부가 확신 시점을 조작하려 했다면 그 이유는 무엇일까? 이 의문은 중요하다. 해답의 여하에 따라서 2002년 10월 재발한 2차 북한 핵 위기의 정체가 달라지기 때문이다. 2002년 여름에 북한의 고농축우라늄 프로그램 보유를 확신한 뒤, 그해 10월에 방북한 특사를 통해 이 문제를 제기했는데 북한이 예상 밖으로 시인했다는 것이 2차 북핵 위기에 대한 미국의 공식 입장이다. 그런데 만약 2001년 7~12월분 721 리포트의 내용대로 확신 시점이 2001년 하반기인 것이 사실이라면 이는 부시 행정부가 고의로 북한에 고농축우라늄 프로그램 보유에 대한 문제 제기를 하는 시기를 1년가량 늦췄다는 것을 의미한다. 따라서 의문의 핵심은 부시 행정부가 그 시기를 왜 늦췄느냐는 것이다.

가능한 해답으로는 다음 두 가지 시나리오가 있을 수 있다. 하나는 2001년 10월 개시한 아프가니스탄 전쟁에 집중한 뒤 이라크 전쟁을 준비하기 위해 시간적 여유를 가질 필요가 있던 부시 행정부로서는, 이라크 전쟁을 마무리할 때까지 가급적 북한의 핵 위기라는 또 다른 전선을 만들고 싶지 않았기 때문일 수 있다는 것이다. 다른 하나는 북한에 고농축우라늄 프로그램 보유 문제를 제기하는 시점을 늦춤으로써 대화와 협상에 필요한 시간적 여유를 소진시켜 종국적으로 북한의 핵 위기를 선제 군사공격을 비롯한 비외교적 방법으로 해결하려는 부시 행정부의 전략에 따른 것일 수 있다는 것이다.

문제는 해답이 두 번째 시나리오가 되는 경우이다. 북한 핵 문제에 대한 부시 행정부의 전략이 음모일 수 있다는 것을 암시하기 때문이다.

이 같은 음모론이 성립하려면 부시 행정부가 북한 핵 문제를 해결하기 위해 다자간 회담으로 추진해 온 6자 회담도 북핵 위기의 비외교적 해결을 겨냥한 하나의 전술에 지나지 않는다는 것을 입증해야만 한다.

근거가 아주 없지는 않다. 부시 행정부가 2002년 말부터 6자 회담을 추진한 것은 계략(ruse)이라는 주장도 제기됐다. 게다가 2004년 6월까지 개최된 세 차례의 6자 회담을 들여다보면, 그 내용은 대화나 협상이 아니었다. 엄격히 말하면 부시 행정부는 6자 회담을 북한과의 대화를 위해 추진했다고 볼 수 없다. 그보다는 핵무기 프로그램을 먼저 폐기하면 그때 가서 대화나 협상을 할 수 있다는 메시지를 북한에 전달하기 위한 통로로 활용했다고 보는 것이 타당할 것이다.

그럼에도 불구하고 이런 근거들만으로 부시 행정부의 일련의 정책이 북한 핵 문제를 비외교적인 방법으로 해결하려는 음모라고 단정할 수는 없다. 그렇다고 해서 음모론을 완전히 부정할 수도 없는 것이 사실이다. 부시 행정부가 북한의 고농축우라늄 핵무기 프로그램 보유를 언제 확신했느냐에 관한 의혹이 2차 북한 핵 위기의 진실을 담고 있는 몇 안 되는 '사건 현장' 중의 하나인 것은 이 때문이다.

2 의문의 CIA '2001년 7~12월 721 리포트', 어디까지 담고 있나

"북한은 파키스탄에서 수입한 원심분리기로 2000년경부터 고농축우라늄 핵무기 개발 시설을 건설 중이고, 2005년께 완전 가동 단계로 진입이 가능할 것으로 추정된다."

2002년 12월 6일 미국 국방정보국(DIA)이 미국을 방문 중이던 한국의 이남신 합참의장에게 북한의 고농축우라늄 프로그램에 관해 브리핑한 정보의 일부이다. 당시 국방정보국은 북한이 파키스탄에서 수입한 원심분리기 2,000여 개로 연간 생산 가능한 핵무기는 이미 2~3개일 것이라고 추정했다.

펜타곤(Pentagon) 직속으로 현역 장군이 국장을 맡는 국방정보국의 이 같은 정보 브리핑은 켈리 특사가 북한에서 돌아온 지 2개월이 지난 시점에서 이루어진 것이다. 따라서 당시 국방정보국의 이 같은 정보와 추정은, 켈리 특사가 평양을 방문하기 전까지 미국의 정보기관들이 확보한 정보와 추정보다는 발전한 것일 가능성이 적지 않다.

따라서 관심은 켈리 특사가 북한을 압박할 때 갖고 있던 정보가 북한의 고농축우라늄 프로그램 보유를 어느 정도까지 뒷받침하는 것이었는지에 모아진다. 2002년 10월 3일 켈리 특사가 방북하기 전까지 미국 정보기관들이 북한의 고농축우라늄 프로그램에 관해 확보한 정보와 추정은 어느 정도 수준이었느냐는 것이다.

CIA와 국방정보국 등 미국의 정보기관들이 북한의 고농축우라늄 프로그램 추진 사실을 의회에 보고한 시점은 2002년 초였다. 이는 당시 미국 정보기관들을 대표하여 CIA가 직속 부서인 무기정보·비확산·군비통제센터한테 작성하게 한 뒤 의회에 제출한 2001년 7~12월분 721 리포트에서 확인된다. 따라서 이 리포트에 담긴 내용이 켈리 특사 방북 직전까지 부시 행정부가 확보한 정보와 추정이 된다.

문제의 리포트는 어떤 정보와 추정을 담고 있는 것일까? 대체 어떤 내용이기에 바우처 국무부 대변인은 2002년 10월 17일 언론 브리핑에서 북한의 고농축우라늄 프로그램 보유 사실을 확신한 시점을 그해 여름이라고 밝히며 가급적 언급하려 하지 않으려는 듯한 모습을 보였을까? 혹 부시 행정부가 이 리포트에 적시된 내용이 확인되지 않은 첩보 수준이라고 판단했기 때문일까?

그러나 이 리포트를 읽어 보면 미국의 정보기관들이 2001년 7~12월에 포착해 의회에 보고한 북한의 고농축우라늄 핵무기 개발 프로그램 관련 정보는 결코 첩보 수준이 아니라는 것을 알게 된다. 첩보는 대개 확인되지 않은 내용인 만큼 가능성이나 개연성에 중점을 두는 표현을 쓴다. 반면 정보는 확인된 것인 만큼 단정적이다.

이 리포트에는 북한의 대량살상무기 개발과 관련한 부분에 적시된 문제의 내용이 다음과 같이 단정적으로 씌어 있다. 확실한 정보인 것이다. "이번 기간(2001년 7~12월)에 평양은 핵 프로그램에 적용할 수 있는 기술을 전 세계적으로 획득하기 위한 시도들을 계속해 왔다. 북한은 우라늄 농축(uranium enrichment) 프로그램을 뒷받침하기 위해 원심분리기(centrifuge) 관련 물자들을 많이 구입해 왔다. 또 북한은 우라늄 투입 및 배출 시스템에 사용하는 데 적합한 장비를 구입했다."

미국의 정보기관들은 2001년 말 북한이 고농축우라늄 핵무기 개발 프로그램을 추진하고 있다는 사실을 어디까지 확인했을까?

한국의 정보 관계자들에 의하면, 미국 CIA에서 북한이 가스 원심분리기 약 1천 대를 갖춘 시설을 여러 군데 건설하려는 계획을 세운 뒤 가스 원심분리기와 주요 부품을 도입하기 시작했다고 보는 시점은 1997년경이라고 한다. 그해 CIA가 북한이 파키스탄에서 우라늄을 고농축하는 데 필요한 핵심 장비인 가스 원심분리기와 고강도 알루미늄 튜브(aluminum tubing) 같은 주요 부품을 구입한 것을 파악했다는 것이 이들 관계자의 설명이다. 그러나 CIA는 당시 북한이 부품 부족으로 가스 원심분리기를 가동하는 데는 실패한 것으로 판단하고 있는 것으로 알려졌다.

또 CIA는 1999년 초 북한이 일본에서 가스 원심분리기의 모터를 작동하는 데 필요한 주파수변환기를 구입하려는 것을 한국의 국정원과 협력해 저지했다고 한국의 정보 관계자들은 말했다. 이즈음 미국 에너지부도 북한의 한 무역 회사가 일본에 주파수변환기 2기를 주문한 사실과 함께 북한이 파키스탄과 고농축우라늄 생산 기술의 공동 개발을 추진하고 있다는 사실을 확인했다. 당시 미국 에너지부가 북한이 향후 6년 내에 파키스탄과 유사한 기술로 고농축우라늄 생산 능력을 확보할 것으로 전망하는 내부 보고서를 작성해 이를 빌 클린턴 대통령에게 제출한 것으로 알려졌다.

문제는 CIA가 왜 미국 정보기관과 행정 부처들이 확보한 이들 정보를 2001년 1~6월분 721 리포트 작성 때까지는 적시하지 않고 2001년 7~12월분 721 리포트 때부터 담기 시작했느냐는 것이다.

가장 가능성이 높은 시나리오는 2001년 7~12월에 미국 정보 당국의 정보 수집에서 큰 진전이 이루어졌을 경우이다. 다시 말해서 이 시기에 미국의 정보기관들은 북한의 고농축우라늄 프로그램 추진에 대한 실체가 있는 것으로 의회에 보고할 만한 정보를 확보했을 수 있다. 그래서 이들 기관이 2001년 7~12월분 721 리포트에서 이 문제를 다루기 시작했을 가능성이 있다는 것이다.

미국의 정보기관들이 이렇게 판단하도록 만든 정보는 무엇이었을까? 그 정보의 파악은 2001년 7~12월분 721 리포트에 담긴 북한의 고농축우라늄 프로그램 관련 정보와 미국의 정보기관들이 1997년부터 2001년 상반기까지 확보한 정보를 비교·분석할 때에만 가능하다.

CIA가 2001년 7~12월분 721 리포트에 적시한 북한의 고농축우라늄 프로그램 관련 정보는 모두 세 문장에 불과하다. 그러나 이들 문장은 미국의 정보 당국이 이 기간에 북한이 고농축우라늄 프로그램을 가동하기 위해 원심분리기 관련 물자를 많이 구했으며 이 중에는 우라늄의 투입과 배출 시스템 장비도 포함돼 있다는 것을 확인했음을 보여 준다. 미국 정보 당국의 판단에 따르면, 북한이 1997년과 1999년 각각 파키스탄과 일본 등지서 구입했거나 구입을 시도했던 가스 원심분리기와 고강도 알루미늄 튜브 등 관련 물자는 양과 질적인 측면에서 부족했다. 그랬기 때문에 미국의 정보 당국으로서는 북한이 고농축우라늄 프로그램을 추진하고 있다고 당시의 721 리포트에 적시할 수가 없었던 것이다.

그러다가 미국의 정보기관들은 북한이 2001년 하반기에 이르러 마침내 고농축우라늄 프로그램을 가동하는 데 충분한 양의 가스 원심분리기뿐만 아니라 우라늄 투입 및 배출 시스템과 같은 핵심 장비를 입수했다는 것을 뒷받침하는 정보들을 확보하는 데 성공했다. 그 결과 CIA는 미국의 정보기관들이 확보한 북한의 고농축우라늄 프로그램 추진 관련 정보들을 취합해 2001년 7~12월분 721 리포트에서부터 담은 뒤 이를 의회에 보고할 수 있었던 것이다.

그러나 미국의 정보기관들은 그로부터 반년 후인 2002년 1~6월에는 북한의 고농축우라늄 프로그램 관련 정보 수집에서 큰 진전을 보지 못한 것으로 보인다. 이는 CIA가 이 기간에 작성해 의회에 제출한 2002년 1~6월분 721 리포트에 적시된 북한의 고농축우라늄 프로그램 추진 관련 정보가 그 직전의 리포트에 담긴 내용과 거의 똑같다는 데서 알 수 있다.

2002년 1~6월분 721 리포트에 담긴 북한의 고농축우라늄 프로그램 관련 정보는 다음과 같다.

"미국은 북한이 수년 동안 우라늄 농축을 계속해 왔다는 혐의를 갖고 있다. 그러나 우리는 북한이 최근까지 원심분리기 시설을 건설하기 시작했다는 것을 보여 주는 분명한 증거를 확보하지 못했다. 2001년에 북한은 원심분리기 관련 물자들을 대량으로 구입하기 시작했다. 또한 북한은 우라늄 투입과 배출 시스템에 적합한 장비를 획득했다. 북한의 목표는 완전 가동될 때 핵무기를 매년 두 개 또는 그 이상 만들 수 있는 충분한 무기급 우라늄을 생산할 수 있는 공장을 건설하는 것으로 보인다. 우리는 북한의 폐쇄된 사회와 그 프로그램의 비밀스런 속성을 감안할 때, 어려운 정보 수집 대상으로 남아 있는 북한의 핵무기 노력을 계속 감시하고 평가하겠다."

부시 행정부는 2002년 7월 10일에 대통령 특사를 방북시키려고 했을 때 특사를 통해 북한 당국과 논의하려고 했던 의제 중에 북한의 고농축우라늄 프로그램 보유 의혹 문제는 들어 있지 않았다고 주장했다.

그러나 2001년 7~12월과 2002년 1~6월에 작성된 두 721 리포트에는 북한의 고농축우라늄 프로그램 추진을 뒷받침하는 제법 구체적인 정보들이 적시돼 있다. 때문에 부시 행정부가 이 문제를 2002년 7월 10일 특사 방북 시 제기할 계획이 없었다고 하는 것은 믿기 어렵다.

그런데도 부시 행정부는 2002년 여름에 북한의 고농축우라늄 프로그램 보유를 확신한 뒤 이 문제를 그해 10월 3~5일 특사 방북을 통해 북한에 제기했다고 주장했다. 만약 이 같은 주장이 사실이라면, 이는 2002년 7~12월에 CIA를 비롯한 미국의 정보기관들이 북한의 고농축우라늄 프로그램 추진을 입증하는 좀더 명확한 정보를 확보했다는 것을 의미한다.

따라서 관심의 초점은 미국 정보기관들이 2002년 7월부터 켈리 차관보가 특사로 방북하기 전인 10월 3일까지 확보한 북한의 고농축우라늄 프로그램 관련 정보가 무엇이냐는 데 모아진다.

요컨대 부시 행정부가 2002년 여름인 7월 중순 전후에 북한이 고농축우라늄 핵무기 개발 프로그램을 추진하고 있다고 확신하게 된 문제의 정보가 무엇이냐는 것이다. 우선 그 직전 기간인 2002년 1~6월분 721 리포트에서 단서가 포착될 가능성이 존재한다. 단서가 될 만한 것은 "우리는 북한이 최근까지 원심분리기 시설을 건설하기 시작했다는 것을 보여 주는 분명한 증거를 확보하지 못했다"라는 대목이다. 이는 부시 행정부가 2002년 상반기에 북한의 고농축우라늄 프로그램 문제를 제기하지 않은 까닭이 북한이 원심분리기 시설을 건설했다는 증거를 확보하지 못했기 때문일 수 있다는 것을 의미한다. 만약 그렇다면 부시 행정부가 2002년 여름에 확보한 문제의 정보는 북한이 원심분리기 시설을 건설하기 시작했다는 것을 뒷받침하는 명백한 증거일 가능성이 높다.

그러나 미국의 정보기관들이 2002년 여름에 확보한 정보는 그것이 아니었다. CIA가 켈리 차관보의 방북 이후인 2003년 초 의회에 보고한 2002년 7~12월분 721 리포트에 따르면, 미국의 정보기관들은 이 기간에도 북한이 원심분리기 시설을 건설하기 시작했다는 것을 입증하는 명백한 정보를 입수하지 못했다.

2002년 7~12월분 721 리포트에 적시된 북한의 고농축우라늄 프로그램에 관한 정보는 다음과 같다.

"미국은 북한이 수년 동안 우라늄 농축을 계속해 왔다고 의심해 왔다.

그러나 우리는 북한이 2002년 중반까지 원심분리기 시설을 위한 물자와 장비를 구입하기 시작했다는 것을 보여 주는 명백한 증거를 확보하지 못했다. 2001년에 북한은 원심분리기 관련 물자를 대량으로 구입하기 시작했다. 또한 북한은 우라늄 투입 및 배출 시스템에 사용하기에 적합한 장비를 획득했다. 북한의 목표는 완전 가동될 때 핵무기를 매년 두 개 또는 그 이상 만들 수 있는 충분한 무기 급 우라늄을 생산할 수 있는 공장을 건설하는 것으로 보인다. 우리는 북한의 폐쇄된 사회와 그 프로그램의 비밀스런 속성을 감안할 때, 어려운 정보 수집 대상으로 남아 있는 북한의 핵무기 노력을 계속 감시하고 평가하겠다. 2002년 12월에 북한은 1994년 북미 기본합의에 의해 동결돼 왔던 영변 소재 핵 시설들의 가동을 재개하겠다는 의사를 발표했다. 국제원자력기구(IAEA)의 봉인들과 감시 장비들은 제거되고 망가졌으며 국제원자력기구 요원들은 그 나라에서 추방되었다."

2002년 여름에 미국의 정보기관들이 포착한 결정적인 정보는 무엇일까? 한국의 국정원과 일본의 정보기관 관계자들에 의하면, 당시 CIA가 포착한 것은 북한과 파키스탄의 커넥션이었다고 한다. CIA가 북한이 1997년부터 구입해 온 가스 원심분리기와 그 부품들의 판매 경로를 추적한 끝에 판매자가 파키스탄이라는 것을 확인했다는 것이다.

미국 CIA는 북한과 파키스탄의 핵무기 커넥션을 확인한 뒤 이를 지렛대로 삼아 파키스탄 정부로부터 중요한 정보를 확보했다. 그러나 그 과정은 쉽지가 않았다.

무엇보다도 파키스탄이 9·11 사태 이후 미국의 중요한 동맹국으로 자리 잡았기 때문이다. 파키스탄의 페르베즈 무샤라프(Pervez Musharraf) 정부는 아프가니스탄과 가까운 관계이고 이슬람 국가인데도, 2001년 10월 부시 미 행정부의 아프가니스탄 침공을 적극 지원해 탈레반 정권과 알카에다 네트워크를 붕괴시키는 데 큰 기여를 했다. 이 때문에 부시 행정부로서는 북한의 핵 문제가 중요하더라도 파키스탄을 무조건 압박할 수 없었다. 따라서 부시 행정부는 파키스탄의 책임은 가급적 덮어 두는 대신 무샤라프 정부로부터 북한의 우라늄 농축 프로그램에 관한 정보만 제공받았다.

그 결과 CIA는 파키스탄의 무샤라프 정부로부터 A. Q. 칸 박사가 북한에 우라늄 핵무기 개발 기술을 이전했다는 사실을 확인했다. 칸 박사가 북한에 농축우라늄 원료인 6불화우라늄(UF6)과 원심분리기 실물 20대, 그리고 설계도를 공급했다는 정보를 받은 것이다. 칸 박사는 핵무기 개발을 성공적으로 이끌어 파키스탄이 인도와의 핵무기 경쟁에서 밀리지 않게 해 준 인물이다. 그래서 파키스탄의 핵무기 아버지로 불려 왔다.

2002년 여름 미국이 북한의 고농축우라늄 프로그램 추진 사실을 확신하게 된 데는 러시아에서 입수한 정보가 결정적이었다는 분석도 있다. 당시 CIA가 북한이 러시아 내 한 소스(source)로부터 고강도 알루미늄(high-strength aluminum)을 구입하려고 시도한다는 사실을 확인했다는 것이다. 부시 행정부가 켈리 차관보를 서둘러 방북시켜 북한에 고농축우라늄 핵무기 개발 프로그램 문제를 제기하기로 결정하게 된 데는 이런 정보 확인 과정이 있었다는 얘기다.

일본 아사히(朝日)신문의 2005년 6월 5일 보도에 의하면, 북한이 우라늄 농축용 원심분리기 2,600대분에 상당하는 고강도 알루미늄관 150톤을 러시아의 업자로부터 입수한 사실을 CIA를 비롯한 미국 정보 당국이 2002년 6월에 파악했다. 당시 북한이 입수한 고강도 알루미늄관은 우렌코(Urenko: 영국·독일·네덜란드가 합병하여 설립한 우라늄 농축 기업)가 개발한 원심분리기에 사용되는 알루미늄관과 동일한 소재이며 치수도 일치했다.

또 북한은 독일 업자로부터 고강도 알루미늄관 200톤을 입수하려고 했지만, 독일 당국이 2003년 4월 이 업자의 무허가 수출 기도를 적발하면서 미수에 그쳤다고 아사히신문은 보도했다.

이 두 가지 분석을 종합하면 다음과 같이 정리할 수 있다.

CIA는 북한과 파키스탄의 커넥션을 확인한 데 이어, 북한이 가스 원심분리기를 만들기 위해 러시아에서 고강도 알루미늄 도입을 시도한다는 사실까지 확인하고, 이를 테닛 국장을 통해 부시 대통령에게 보고했다. 그 시점은 2002년 6월이다. 그러나 그해 6월 중순 미 국무부는, 북한과 대화를 재개하기 위해 대통령 특사를 평양에 파견하기로 한 부시 대통령의 결정에 따라, 특사의 7월 10일 방북 문제를 북한 유엔 대표부와 협의해서 추진하기 시작했다. 당시 부시 행정부가 CIA의 북핵 보고서를 중요시하지 않은 것인지 아니면 대통령 특사의 방북 시 이 보고서에 적시된 고농축우라늄 핵무기 개발 의혹을 제기하려고 했었는지는 밝혀지지 않았다. 분명한 것은 부시 행정부가 대통령 특사의 7월 10일 방북 계획이 좌절된 7월 1일 이후 북한의 고농축우라늄 핵무기 개발 의혹 문제에 주목하기 시작했다는 것이다. 그 결과 7월 중순경 부시 대통령이 라이스 국가안보보좌관, 파월 국무장관, 럼스펠드 국방장관, 테닛 CIA 국장 등과 논의하여, 북한에 고농축우라늄 핵무기 개발 의혹을 제기하기 위해 대통령 특사의 평양 방문을 다시 추진하기로 결정한 것으로 보인다. 켈리 차관보를 서둘러 평양에 보내 북한의 고농축우라늄 핵무기 개발 프로그램에 대해 '맞선다'는 부시 행정부의 결론은 이렇게 해서 내려졌다.

그러나 이같이 정리하는 것은 북한의 고농축우라늄 프로그램 보유 확신 시점이 2002년 여름이라는 부시 행정부의 공식 입장을 수용할 때에 가능하다. 따라서 이 같은 정리가 북한의 고농축우라늄 프로그램 보유에 대한 부시 행정부의 확신 시점에 관한 의혹(2장 1절 참조)까지 해소시켜 주는 것은 아니다. CIA가 북한의 러시아산 고강도 알루미늄관 150톤 입수 사실을 포함해 좀더 상세한 북한의 고농축우라늄 프로그램에 관한 보고서를 부시 대통령에게 제출한 때는 2002년 6월이 맞을 것이다. 그러나 이 같은 사실이 부시 행정부의 확신 시점을 변경시키지는 못한다. 2001년

7~12월분 721 리포트는 부시 행정부가 이미 2001년 하반기에 북한의 고농축우라늄 프로그램 보유를 확신했다는 것을 뒷받침하기 때문이다.

3 파키스탄의 북한 고농축우라늄 핵무기 개발 지원, 이렇게 진행되었다

2004년 10월 4일 뉴욕의 미국 외교협회(CFR: Council on Foreign Relations). 이날 도널드 럼스펠드 미국 국방장관은 이곳에서 행한 연설에서 파키스탄의 A. Q. 칸 박사가 북한의 핵무기 개발을 지원했다고 주장했다. "불량한 파키스탄의 과학자 A. Q. 칸의 핵 확산 네트워크가 리비아와 북한 같은 나라들에 치명적인 지원을 제공해 왔다. 현재 이 네트워크는 드러나 해체되었고 더 이상 가동되지 않고 있다."

럼스펠드 장관은 이로부터 약 한 달 전인 9월 10일 미국 내셔널 프레스 클럽(National Press Club)에서 가진 연설에서도 같은 주장을 폈다. 북한, 이란, 그리고 리비아의 핵무기 개발 프로그램을 도운 인물이 있는데 그가 바로 '불량배(the rogue)' A. Q. 칸이라는 것이다.

포터 고스(Porter Goss) CIA 국장도 2005년 2월 16일 미 상원 특별위원회에 출석해 "북한은 계속해서 우라늄 농축 능력을 추구하고 있다"라고 지적했다. 그는 이어 "이는 파키스탄의 A. Q. 칸 박사의 불법적인 핵 네트워크의 도움으로 알게 된 것이다"라고 강조했다. 고스 국장은 공화당 하원의원으로 일하다가 2004년 말에 이라크의 대량살상무기 개발에 대한 부정확한 정보 논란으로 사임한 조지 테닛 국장의 후임자로 임명됐다.

2004년 2월 28일 당시 백악관 국가안보보좌관이던 콘돌리자 라이스 국무장관도 칸 박사가 북한에 핵 기술을 제공했다고 말했다. "수년 동안 칸과 그의 협력자들은 핵 기술과 지식을 북한과 이란을 포함한 세계에서 가장 위험한 정권들 중 몇몇에 팔았다."

럼스펠드 장관과 고스 국장, 그리고 라이스 장관이 앞서거니 뒤서거니 하면서 북한과 칸 박사의 관계를 이처럼 단정적으로 주장할 수 있었던 근거는 무엇일까? 이들의 주장은 모두 사실인 것일까?

만약 사실이라고 한다면 두 가지 의문이 제기된다. 하나는 칸 박사의 연구실험실인 KRL(Khan Research Laboratory)을 중심으로 한 비밀 핵 확산 네트워크(secret nuclear proliferation network)가 언제부터 어떻게 북한이 고농축우라늄 핵무기 개발 프로그램을 추진할 수 있도록 지원해 왔는가 하는 의문이다. 다른 하나는 그 같은 지원을 칸 박사가 개인적으로 해 왔던 것이냐 아니면 파키스탄 정부 차원에서 이루어져 왔던 것이냐는 의문이다.

북한이 고농축우라늄 핵무기 개발을 위해 파키스탄과 협력하기 시작한 시점은 1994년이라는 것이 미국 정보 당국의 평가이다. 1994년은 북한이 50MW 규모의 흑연감속로 1기 가동을 중단하는 대신 1000MW 규모의 경수로를 2기 제공받기로 미국과 제네바 기본합의를 체결한 해이다. 당시 클린턴 미 행정부는 이 합의로 플루토늄을 이용한 북한의 핵무기 개발을 저지했다고 평가했다. 미국이 그 같은 자축을 벌이던 해에 북한이 파키스탄의 협력을 받아 고농축우라늄을 이용한 핵무기 개발에 나섰던 것이다.

북한에 대한 고농축우라늄 핵무기 제조 기술 이전을 비롯한 핵 확산 혐의로 2004년 1월 31일 파키스탄 정부 고문직에서 해임된 파키스탄 핵무기의 아버지 A. Q. 칸 박사./AP-연합뉴스

세계 안보 문제 전문 사이트인 글로벌 시큐리티(www.globalsecurity.org)에 따르면, 북한과 파키스탄의 협력은 1994년 베나지르 부토(Benazir Bhutto) 수상이 압둘 와히드(Abdul Waheed) 파키스탄 육군 참모총장의 요구로 방북하면서 시작되었다.

글로벌 시큐리티의 한 보고서에 의하면, 그로부터 몇 개월 뒤 A. Q. 칸 박사는 과학자와 군 장교로 구성된 파키스탄 대표단의 일원으로 첫 번째 방북을 했다. 그 이후 모두 13번에 걸쳐 방북했다. 당시 그와 함께 북한을 방문한 인물 중에는 와히드 총 참모총장의 군 작전 담당 국장이던 무샤라프(현 대통령)가 있었다. 무샤라프는 방북했을 때 미사일 기술 분야를 북한으로부터 지원받는 대가로 우라늄 농축에 관련된 시설 건설과 디자인 분야에서 도움을 주었다.

이 같은 배경 때문에 후에 칸 박사가 북한을 도운 것은 군사령관 두 명과 무샤라프가 포함된 군 지휘부의 지시에 따른 것이라고 고백했다는 것이 글로벌 시큐리티의 주장이다. 영국의 권위지 가디언(Guardian)도 2004년 2월 4일 "외교관들과 분석가들은 A. Q. 칸이 파키스탄 군부 엘리트의 사전 인지 없이 (북한 등에) 핵(무기 개발) 기술을 이전할 수 없었을 것으로 보고 있다"라고 보도했다.

1996년 1월 와히드 총 참모총장을 대체한 카라마트(Karamat) 장군도 1997년 비밀리에 방북했다. 글로벌 시큐리티의 한 보고서에 의하면, 카라마트 장군도 파키스탄이 1998년 4월 가우리(Ghauri) 미사일을 시험 발사하는 데 성공한 뒤 북한과 파키스탄 간에 미사일 기술 지원과 고농축우라늄 핵무기 개발 기술을 맞바꾸는 구상무역에 대해 잘 알고 있었다고 칸은 주장했다. 무샤라프도 1998년 10월 군 총 참모총장이 됐을 때 가우리 프로그램에 대해 보고를 받았다면 그 역시 북한과 파키스탄의 합의를 알았을 것이라는 주장들이 제기됐다.

북한은 파키스탄에 미사일 기술을 제공한 대가로 1998~2000년에 칸 박사가 주도하는 네트워크로부터 고농축우라늄 핵무기 개발 기술을 지원받았다. 또 북한이 1997~1999년에 P-1 원심 분리기의 부품들을 제공받았다는 것이 글로벌 시큐리티 보고서의 결론이다.

북한과 파키스탄이 미사일 기술과 고농축우라늄 핵 개발 기술을 교환했다는 의혹은 2002년 7월 말에 발발한 사건으로 더욱 증폭됐다. 당시 파키스탄의 C-130 화물 비행기가 평양에서 부품을 싣고 있는 것이 미국의 첩보 위성에 포착된 것이다. 그러자 파키스탄이 북한으로부터 장거리 미사일 기술과 부품을 제공받았다는 의혹이 커졌다.

그러나 무샤라프 대통령은 당시 C-130 화물 비행기가 싣고 있었던 화물은 파키스탄이 북한에서 구입한 지대공(地對空, surface-to-air)미사일 이었다고 말했다. 당시 파키스탄 외무부 대변인 마수드 칸(Masood Khan)도 그 같은 비행에 대해서는 인정하면서도 "파키스탄은 (C-130 화물 비행기에) 단지 견착 대공미사일들만 실었다"라고 말했다. "거기에는 어떤 핵 기술도 없었으며 그 같은 의혹은 완전히 난센스다."

무샤라프 대통령과 마수드 칸 외무부 대변인 모두 북한에 고농축우라늄 기술을 제공한 대가로 장거리 미사일 기술과 미사일 부품을 받았다는 의혹을 일축한 것이다. 단지 북한에 돈을 주고 대공미사일을 구입했다는 것이 그들의 주장이었다.

그러나 이 같은 주장은 사실과 다르다. 미국의 한 정보 보고서에 의하면, 칸 박사는 북한에 P-1과 P-2 원심 분리기들을 이전했을 뿐만 아니라 이들 원심 분리기의 설계와 스케치, 기술 자료에다 추출된 6불화우라늄 가스까지 제공했다고 한다. 6불화우라늄은 기체로서 천연우라늄에 플루오르를 화합하여 만든 것이다. 6불화우라늄은 농축우라늄 제조법 중 하나로서 원심력을 이용하는 원심분리법에 의해 무게가 다른 6불화우라늄 235와 6불화우라늄 238로 분리돼서 농축된다.

이 보고서는 2003년 4월에 발발한 한 사건에 의해 뒷받침된다. 당시 수에즈 운하를 통과하는 한 화물선을 독일이 나포했다. 독일이 나포한 까닭은 문제의 화물선이 알루미늄 튜브를 싣고 북한으로 향하고 있다고 판단했기 때문이다. 그 튜브들의 설계 명세서에 의하면, 그것들은 A. Q. 칸이 사용한 것처럼 P-2 원심 분리기의 외부 케이스로 사용하기 위해 제작됐다. 이 같은 사실은 북한이 우라늄을 고농축하기 위해 채택한 원심 분리기의 설계가 칸에게서 지원받았다는 것을 의미하는 것이다.

2003년 3월 부시 미 행정부는 파키스탄에 대한 제재에 착수했다. 당시 미 국무부는 북한과 파키스탄 간에 2002년 7월에 있었던 문제의 미사일 거래를 불법으로 규정하고 북한의 창광신용회사와 칸 박사의 연구소인 KRL에 대해 제재 조치를 취했다. 창광신용회사는 북한의 최대 수출 품목으로서 한 해 10억 달러의 수입을 올리는 미사일 수출을 전담하고 있다.

문제는 창광신용회사와 함께 미국으로부터 제재를 받은 곳이 칸 박사의 KRL이라는 사실이다. 무샤라프 대통령의 주장대로 2002년 7월 하순 평양에서 파키스탄 화물 비행기가 인수한 것이 지대공미사일이고 그것이 불법이라면, 미국의 제재를 받아야 할 곳은 파키스탄 정부이거나 군부여야 한다. 그런데 정작 제재를 받은 곳은 미사일과 관련이 없는 KRL이었다. 이는 2002년 7월 하순 평양에서 있었던 북한과 파키스탄의 거래에서 파키스탄 당사자는 KRL이었다는 것을 의미한다. 이 같은 사실은 KRL이 제재받은 이유가 북한으로부터 미사일과 부품을 제공받는 대가로 고농축 우라늄 핵무기 개발 기술과 원심 분리기, 그리고 부품을 건넨 데 있다는 것을 보여 준다.

그렇다면 어떻게 해서 북한, 리비아, 이란 등 여러 국가들의 핵무기 개발을 지원해 온 칸 박사의 비밀 핵 확산 네트워크의 실체가 드러나 가동이 중단된 것일까?

2004년 1월 10일, 이날 미국의 고위 관리들이 무샤라프 대통령을 면담했다. 당시 미국 관리들이 CIA를 비롯한 정보기관들이 작성한 A. Q. 칸 박사에 관한 리포트를 무샤라프 대통령에게 건넨 것으로 알려졌다. 이 리포트에는 칸 박사의 핵 확산 네트워크, 이른바 '핵 암시장'에 관한 상세한 증거들이 포함됐다. 파키스탄 정부는 이 면담 직후 칸 박사에 대한 조사에 착수해야 한다는 압력을 받았다고 당시 파키스탄 언론 매체들은 보도했다.

그러나 부시 미 행정부가 파키스탄 정부에 공개적으로 칸 박사를 조사할 것을 요청하지 못했다는 사실을 주목할 필요가 있다. 부시 행정부는 2001년 9월 11일 오사마 빈 라덴이 이끄는 이슬람 테러 조직 '알카에다'가 뉴욕과 워싱턴에 테러 공격을 감행한 이후, 핵 물질과 같은 대량살상무기의 확산방지를 테러와의 전쟁(war on terror)에서 가장 중요시 여겨 왔다. 그런 부시 행정부가 무샤라프 대통령에게 칸 박사에 대한 조사를 하도록 압력을 넣었다는 것은 북한, 이란, 그리고 리비아의 핵무기 개발을 도와온 칸 박사 문제를 비교적 온건하게 접근한 것으로 볼 수 있다. 더구나 미국은 칸 박사의 배후에 무샤라프 대통령을 비롯한 파키스탄 군부 엘리트가 있다는 것을 인식하고 있었으나, 이 문제는 털끝 하나 건들지 않았다. 미국이 그렇게 한 까닭은 9·11 테러 직후 영국과 함께 감행한 아프가니스탄 공격 시 무샤라프 대통령에게서 많은 도움을 받았고 향후 이슬람 문제를 풀어 가는 데 그의 협력이 절실하다고 판단했기 때문이다.

미국이 파키스탄에 A. Q. 칸을 조사하도록 압력을 넣은 지 약 한 달째인 2월 3일, 이날 칸 박사는 자신의 주도로 우라늄을 이용한 핵무기 제조 기술이 확산됐다는 점을 인정하는 대국민 연설을 했다. 이 연설에서 칸 박사는 "파키스탄 정부는 최근 지난 20년간 분명히 파키스탄 사람들과 외국인들의 소행인 것으로 주장되는 확산 행위들과 관련해, 몇몇 나라들이 국제기구들에 제기한 폭로와 증거들에 따라 조사에 착수했다"라고 밝혔다. 이어 그는 "그 조사에서 알려진 확산 행위들의 다수가 실제 일어났고, 그 같은 행위들은 나의 지시에 의해 불가피하게 시작됐다고 결론지었다"라며 "정부 관리들과의 인터뷰에서 나는 그런 결론의 많은 부분이 사실이고 정확하다는 점을 자발적으로 인정했다"라고 털어놓았다.

그러나 이 연설에서 칸 박사는 자신과 파키스탄 정부의 연계 혐의는 부인했다. "또한 나는 정부가 이들 (확산) 행위에 어떠한 승인도 하지 않았음을 명백히 하고 싶다."

이 같은 부인은 칸 박사가 조사받을 때 파키스탄 정부와의 연계 혐의를 부인하는 조건으로 정부로부터 사면을 받는다는 암묵적인 합의에 따른 것으로 보인다. 칸 박사는 대국민 연설 하루 전날 무샤라프 대통령을 만나 사면 요청을 했다. 당시 파키스탄 정부는 "칸이 KRL의 핵심에서 일하는 기간에 그에 의해 행해진 모든 핵 확산 행위들에 대해 모든 책임을 수용했다"라며 "칸은 대통령에게 자비 탄원을 제출하고 사면을 요청했다"라고 발표했다. 무샤라프 대통령과의 면담과 관련하여, 칸은 2월 3일 대국민 연설에서 "나는 그(무샤라프)에게 무엇이 일어났고 무엇이 일어나고 있는지를 얘기했다. (이에) 무샤라프는 내가 그에게 보여 준 솔직함에 대해 감사해 했다"라고 말했다.

칸의 사면과 관련하여, 무샤라프 대통령의 측근인 미르자 아스람 베그(Mirza Aslam Beg) 전 참모총장은 이렇게 말했다. "칸은 너무 많이 알고 있기 때문에 법정 밖에 있어야 한다. 법정에 출두하면 많은 것이 드러날 것이고 그것은 무샤라프에게 매우 위험한 것이다."

그러나 칸 박사는 대국민 연설에서 자신의 핵무기 기술과 지식을 받은 국가들의 이름을 구체적으로 밝히지 않았다. 다만 그는 이렇게 반성했다. "조국에 안전한 안보를 제공해 온 나의 업적이 심각한 위기에 처했다. 승인받지 않은 확산과 관련된 이들 행위는 선한 믿음에 기인한 것이었으나 판단 실수였다."

칸 박사와 파키스탄 정부의 부인에도 불구하고 칸 박사의 네트워크에 의한 북한으로의 핵무기 개발 기술 이전은 파키스탄 정부의 승인 없이는 불가능한 것이다. 물론 파키스탄의 입장에서 보면, 핵무기 개발을 성공한 칸 박사는 파키스탄이 경쟁국인 인도에 대한 핵무기 억지 능력을 갖추게 한 공로자인 것은 분명하다. 그렇다고 해도 핵무기 개발 기술의 수출은 칸 박사 개인이 마음대로 할 수 있는 것이 아니다. 설령 파키스탄 정부가 승인하지 않았더라도, 칸 박사의 핵무기 개발 기술 이전 행위를 파키스탄 정부가 사전 인지조차 못했다고 보는 것은 어불성설이다.

물론 미국의 공식 입장은 칸 박사의 네트워크와 파키스탄 정부 간 연계에 혐의를 두지 않고 있다는 것이다. 2005년 3월 17일 미 국무부

아담 에럴리(Adam Ereli) 부대변인은 "칸의 네트워크가 미국 정부도 모르게 가동돼 왔었다는 것이 미국 정부의 입장인가?"라는 질문에 이렇게 답했다. "우리는 (칸의 네트워크와) 파키스탄 지도부의 어떤 연계도 모른다."

그러나 칸 박사의 핵 확산 행위가 발견될 때마다 부시 행정부는 이 문제를 처리하는 과정에서 파키스탄 정부만큼은 어떻게든 감싸려 한다는 의혹을 불러 일으켰다.

미국 언론에 의하면, 그 같은 사례 중 가장 대표적인 것으로는 2005년 초 부시 행정부가 북한 핵 문제에 관한 정보를 왜곡해서 한국과 일본, 그리고 중국에 제공했다는 혐의가 꼽힌다.

2005년 3월 20일 미국의 일간지 워싱턴포스트는 마이클 그린(Michael Green)과 윌리엄 토비(William Tobey) 등 백악관 국가안보회의 고위 관리들이 그해 1월 말과 2월 초 사이에 한·중·일을 방문, 북한이 리비아에 6불화우라늄이라는 핵 물질을 판매했다는 정보를 제공했는데 이는 왜곡된 정보였다고 보도했다. 이 보도에 의하면, 미 정보기관들이 처음 넘겨준 정보는 북한이 파키스탄에 문제의 물질을 공급했고 이 물질을 리비아에 판매한 것은 파키스탄이라는 내용이었다. 그런데 북한이 조속히 6자 회담에 복귀하도록 압박하기 위해 부시 행정부가 이 정보를 사용하는 과정에서 마치 북한이 6불화우라늄을 리비아에 판매한 것처럼 왜곡했다는 것이 이 신문의 주장이었다. 또 이 신문은 부시 행정부가 파키스탄을 문제 삼지 않은 것은 알카에다를 추적하는 데 파키스탄이 협력해 주었기 때문이라고 지적했다.

그러나 미국 국무부는 이 같은 보도가 사실이 아니라고 부인했다. 마이클 그린 백악관 국가안보회의 아시아 담당 선임 국장이 그해 1월 말~2월 초 한국과 일본, 그리고 중국을 각각 방문해, 각 정부에 파키스탄이 리비아에 판매한 6불화우라늄이 북한에서 생산된 사실을 강조했다는 것이 국무부의 해명이었다.

북한의 핵무기 보유 여부에 관한 진실과 미국의 이상한 전략

2차 북한 핵 위기가 발발한 지 햇수로 3년째 되던 2005년. 연초부터 콘돌리자 라이스 국가안보보좌관이 국무장관에 임명되면서 부시 대통령의 2기 행정부 외교 라인이 점차 진용을 갖추어 가고 있었다. 따라서 전년도 9월 4차 6자 회담 개최 합의를 파기했던 북한의 6자 회담 복귀는 시간문제라는 시각이 힘을 얻고 있었다. 게다가 부시 대통령도 재취임 연설에서 북한을 직접 자극하는 것을 자제했다. 그 결과 북한에게는 6자 회담 복귀 외에 대안이 없다는 주장들이 국내외 신문의 사설과 칼럼에서 주류를 이루고 있었다.

그런 상황에서 2월 10일 북한이 난데없는 수수께끼를 던지면서 국면은 순식간에 예측할 수 없는 방향으로 바뀌었다. 이날 북한이 외무성 대변인 담화를 통해 핵무기 보유를 공식 선언한 것이다. 미국 국무부는 한국, 일본, 중국, 러시아 등 6자 회담 참가국들과 함께 북한의 6자 회담 복귀를 위해 모든 외교적 노력을 기울이기 시작했다.

그러나 한국과 미국의 정보기관들의 관심은 다른 데 있었다. 한국의 국정원과 미국의 CIA는 북한이 과연 핵무기 개발에 성공했는지, 그리고 만약 그렇다면 몇 개를 만들었는지를 파악하기 위해 발 빠르게 움직였다.

사실 북한의 핵무기 보유 주장은 새로운 것이 아니었다. 북한은 그 전에도 자신들의 고농축우라늄 핵무기 개발 프로그램 문제를 해결하기 위한 다자간 회담(3자 회담과 3차례의 6자 회담)과 외교관의 기자회견 등을 통해 그 같은 주장을 펴 왔다. 다만 2·10 외무성 담화가 그동안의 주장들과 다른 점은 대외적으로 핵무기 보유를 공식 선언했다는 것이다.

북한이 비공식적으로 처음 핵무기 보유를 주장한 때는 2003년이었다. 북한의 고농축우라늄 핵무기 개발 프로그램 보유 문제를 해결하기 위한 북한·미국·중국 간 3자 회담이 그해 4월 23~25일 베이징에서 열렸을 때였다. 그러나 당시 북한 측 회담 대표의 주장은 단순한 핵무기 보유에 관한 것이 아니었다. 제3국으로 수출할 수도 있고 핵실험도 할 수 있다는 공갈 협박이었다.

미국의 3자 회담 수석대표였던 제임스 켈리 국무부 동아시아·태평양 담당 차관보는 2004년 7월 15일 미국 상원 외교위원회 청문회에 출석해 이렇게 증언했다. "북한 대표들이 나를 옆으로 끌어다 놓고 그들이 핵무기를 보유하고 있고 그것들을 폐기하지 않을 것이며 이전하거나 과시할 수도 있다는 것을 말한 것은 그 포럼(3자 회담)에서였다."

그러나 당시 미국 국무부의 반응은 과연 북한에게서 공갈 협박을 받았는지조차 알아채지 못할 정도로 차분했다. 북한으로부터 그 같은 주장을 접한 다음 날인 2003년 4월 24일 브리핑 때 이와 관련한 질문이 쏟아지자, 리처드 바우처 국무부 대변인은 애매모호한 답변으로 넘기려고 애썼다. 당시 한 기자가 "전날 열린 3자 회담 첫 회의 때 그들(북한 대표단)이 '핵무기를 보유하고 있다'고 한 말을 들었느냐?"라는 질문을 했다. 그러자 바우처 대변인은 "우리는 여러 해 동안 북한이 핵무기를 갖고 있다고 생각한다고 분명히 말해 왔다"라고 대답했다. 이어 바우처 대변인은 "그래서 그들이 그 같은 것을 말한다고 해서 그렇게 놀랄 일은 아니다"라고 덧붙였다. 그런데도 "북한이 그런 말을 했느냐"라는 질문은 계속 이어졌다. 하지만 바우처 대변인은 한사코 "그렇다"라는 대답을 하지 않았다. 또한 그는 "그렇지 않다"라고 말하지도 않았다.

대신 그는 모호한 말로 답변을 갈음했다. "그것은 게임이다. 진지해지자. 그들은 많은 것을 말했으며 그것들은 주의 깊은 분석을 요하는 것으로 지금 당장 '이것은 저것을 의미하고 저것은 이것을 의미한다'고 말하는 것은 바람직하지 않다. 그들이 핵무기를 가지고 있을 수 있다는 생각은 우리 어느 누구에게도 매우 놀랄 일은 아니다. 우리는 수년 동안 그것을 말해 왔다."

국무부는 북한이 2·10 외무성 대변인 담화를 통해 핵무기 보유 선언을 하기 직전까지도 같은 입장을 되풀이했다. 한국 시간으로 2월 10일인 2월 11일 국무부 언론 브리핑 시간, 한 기자는 마치 이날 북한의 핵무기 보유 선언이 나오리라고 예상이라도 한 듯한 질문을 던졌다. "북한이 핵무기를 한 개에서 다섯 개 정도 보유해 왔다고 우리는 일정 시간 동안 알고 있었거나 적어도 우리의 정보는 그렇게 말해 왔다." 그러자 바우처 대변인은 이렇게 답했다. "1990년대 초 우리는 그들(북한)이 핵무기를 만들 수 있는 물질을 충분히 갖고 있다는 결론에 도달했다. 그래서 그때 이후로 우리의 정책은 실제로 그들이 아마도 (핵무기 개발을) 했다는 생각을 전제로 행해져 왔다."

부시 행정부가 북한의 핵무기 보유 선언을 접하고 보인 반응은 "새로울 것이 없다"라는 것이었다. 3자 회담에서 나온 북한 대표의 핵무기 보유 및 과시 발언 이후 유지돼 온 국무부의 입장은 한 치의 오차도 없이 같은 것이었다. 특히 콘돌리자 라이스 국무장관과 스콧 매클렐런 백악관 대변인 등은 북한의 핵무기 보유 선언을 대수롭지 않게 여기는 반응을 보이며, 6자 회담을 통한 북한 핵 문제의 평화적이고 외교적인 해결을 계속 추구하겠다고 밝혔다.

당시 룩셈부르크에서 유럽연합(EU) 지도자들과 함께 기자회견을 가진 라이스 장관은 "한반도에서 우리의 억지 능력으로 미국과 동맹국들은 북한의 어떤 잠재적 위협도 다룰 수 있다. 그리고 북한은 그것을 알고 있다고 본다"라고 말했다. 라이스 장관은 "그러나 우리는 북한에 다른 길을 주었다"라면서 "북한 지도자들이 그 길을 택해야 한다"라고 말했다. 이어 그는 "우리는 이전부터 북한이 핵무기를 약간은 보유할 수 있는 능력이 있다고 생각했다"라면서 북한의 핵무기 보유 선언의 의미를 평가 절하했다.

부시 대통령을 수행해 노스캐롤라이나(North Carolina) 주를 방문 중이던 매클렐런 백악관 대변인도 북한의 핵무기 보유 선언과 관련한 기자들의 질문에 "그것은 우리가 예전에 들어왔던 말이다"라고 심드렁하게 대답했다. 이어 그는 "우리는 6자 회담을 계속 추구할 것"이라고 덧붙였다.

북한의 핵무기 보유 주장에 이은 보유 선언에 대해 부시 행정부가 공식·비공식적으로 내보인 이 같은 반응들은 두 가지 의문을 낳는다. 하나는 북한이 핵무기를 보유하고 있다면 그 수는 몇 개이고, 아직 보유하고 있지 않다면 현재의 핵무기 개발 수준은 어느 정도이냐는 것이다. 다른 하나는 미국이 북한이 핵무기를 갖고 있다고 판단하는지, 그리고 갖고 있다고 본다면 왜 그 같은 판단을 한 직후부터 그것을 문제 삼지 않았느냐는 것이다.

그렇다면 북한은 2005년 2월 10일 나온 외무성 대변인 담화와 그 전의 주장대로 이미 핵무기 개발에 성공한 것일까 아니면 현재 개발하고 있는 단계에 있는 것일까?

앞에서 살펴본 대로 북한은 2003년 4월 23일 베이징 3자 회담에서 핵무기 보유 주장을 편 이후에도 비슷한 주장을 계속해 왔다. 특히 주목을 끄는 것은 2004년 9월 27일 미국 뉴욕 시에 위치한 유엔 본부를 방문한 최수헌 북한 외무성 부상의 주장이다. 이날 최수헌 부상은 기자회견에서 "2003년 7월 8일 미국에 폐연료봉 8,000개의 재처리 완료를 통보하면서 재처리를 통해 얻은 농축우라늄을 무기화했다는 것을 선언했다"라고 말했다. 만약 이 주장이 사실일 경우, 이는 당시 북한이 미국에 폐연료봉 8,000개의 재처리 완료와 함께 이를 통해 얻은 농축우라늄으로 핵무기를 개발했다고 알린 것을 의미한다.

문제는 최수헌 부상의 주장을 신뢰할 수 있느냐는 것인데 이를 뒷받침하는 근거가 있다. 최 부상의 주장이 제기된 시점과 비슷한 시기에 부시 행정부 내부에서 그 같은 주장의 신빙성을 높여 주는 움직임이 포착된 것이다.

바로 2004년 7월 미국 CIA가 부시 행정부 고위 관리들의 회람용으로 만든 '북한 핵 리포트'에서 북한의 핵무기 개발 능력이 크게 향상됐을 가능성을 인정한 것이다. 그 전까지 미국은 '북한은 핵무기 1~2개를 만들 충분한 플루토늄을 보유하고 있을 것으로 추정된다'는 입장을 견지해 왔다. 그러나 그해 8월 7일 미국의 권위지인 뉴욕타임스(New York Times)는 이렇게 보도했다. 2003년 초 이후 CIA는 문제의 리포트에서 북한의 폐연료봉 8,000개의 저장 장소에 대해 미스터리라는 것을 인정했다. 그리고 CIA는 북한이 그 연료봉들을 추가 핵무기 6~8개의 제조에 필요한 충분한 플루토늄으로 재처리하기 위해 많은 시간을 가져 왔다고 결론 내렸다.

또 이 보고서는 북한이 핵무기 한 개를 실험할 수 있는 플루토늄을 확보했다고 지적했다. 뉴욕타임스 보도에 의하면, 이 보고서는 "북한이 지금쯤 아마도 미래에 핵무기 한 개를 시험할 수 있는 충분한 무기 급 플루토늄을 갖고 있고 그것은 그들의 (핵무기 개발) 능력을 과시할 수 있도록 허용할 것이다"라고 전망했다.

이 점에서 이 보고서를 특종 보도한 데이비드 생거(David Sanger) 기자는 북한이 핵무기 보유국이 되는 것을 용납하지 않겠다는 부시 대통령의 말을 비판하고 있다. "그 같은 말은 최소한 공개적으로 북한이 이미 그 지위(핵무기 보유국 지위)에 도달했다는 거의 확실한 사실을 무시하는 것이다."

생거 기자에 의하면, CIA를 비롯한 미 정보기관들의 많은 분석가들은 북한이 실제로 폐연료봉 8,000개를 재처리한 것으로 믿고 있다. 이들이 그 같은 믿음의 근거로 삼는 증거 중 하나는 2003년 미국의 첩보기가 북한의 한 해안에서 검출한 핵 부산물에서 나는 향이나 연기였다고 생거 기자는 지적했다. 북한이 미국에 '폐연료봉 8000개 재처리 완료'를 통보한 때는 2003년 7월 8일이었다. 그로부터 2주일이 지난 7월 20일 뉴욕타임스는, 미국이 북한의 비밀 핵 시설에 대한 추가 정보를 입수하고 그 즈음 북한 상공에서 늘고 있는 크립톤(krypton) 85라는 이름의 물질의 진원지(source)가 이 시설인 것 같다고 보도했다. 크립톤 85는 폐연료봉이 플루토늄으로 전환될 때 검출되는 가스이다.

뉴욕타임스 보도에 의하면, 바람이 한반도를 가로지를 때 크립톤 85가 움직이는 패턴은 그 물질의 진원지가 영변 핵 시설일 가능성을 배제하는 것 같았다고 한다. 이 같은 사실은 아직 확인되지 않은 제2의 핵 시설의 존재를 암시했다. 가장 설득력 있는 설명은 산속 어딘가 지하에 위치한 시설일 수 있다는 것이다.

미국의 시사주간지 뉴스위크(Newsweek)도 2003년 7월 28일자에서 북한이 핵무기를 3~4개 정도 보유하고 있는 것으로 추정된다고 보도했다. 2005년 3월 16일 일본의 지지(時事)통신은, 파키스탄의 핵무기 전문가 A. Q. 칸 박사가 북한이 핵무기를 보유하고 있는 것으로 안다고 증언했다는 사실을 보도했다. 칸 박사가 파키스탄 군 당국의 조사에서 "북한의 많은 핵 개발 과학자들로부터 북한은 사용 가능한 핵무기를 보유하고 있다는 말을 들었고, 핵무기 숫자는 최소한 1개 이상이며, 보관 장소는 모른다"라고 증언했다는 것이다. 칸 박사는 2004년 2월 파키스탄의 핵무기 제조 기술을 북한으로 이전한 것을 시인한 뒤 군 당국의 조사를 받았다. 또 칸 박사는 북한이 핵탄두의 미사일 탑재가 가능한지 여부에 대해서도 "탑재할 수 있다고 들었다"라고 밝혔다. 이와 관련, 미국 CIA는 6월에 북한이 핵탄두를 탄도미사일에 탑재할 수 있을 만큼 충분히 작게 만들기 위해 기술을 개발하고 있다고 결론 내렸다고 뉴욕타임스는 2004년 7월 1일 보도했다. 이 같은 기술 개발은 북한이 한국, 일본, 그리고 이들 국가의 미군 기지들에 재래식 공격뿐만 아니라 핵 공격도 가능하게 해 주는 것이다.

그렇다면 CIA가 2003년 7월 8일 이후의 북한의 핵무기 개발 능력에 대해 핵무기를 8~10개 만들었거나 즉각 만들 수 있는 충분한 플루토늄을 갖고 있다고 평가한다는 결론이 나온다. 어쩌면 북한이 핵무기를 보유하고 있다고 봐야 한다. 워싱턴포스트는 2004년 4월 28일 미국의 정보기관들은 북한이 핵무기를 적어도 8개 보유하고 있다고 믿는다고 보도했다.

문제는 북한이 핵무기를 보유하고 있다고 선언하기 전에 개최된 일련의 다자간 회담들에서 미국이 왜 이 문제를 의제로 삼지 않았느냐는 것이다.

CIA는 1994년 10월 북미 간 제네바 기본합의가 체결되기 전부터 2003년 7월 8일 북한에게서 폐연료봉 8,000개 재처리 완료 통보를 받을 때까지 줄곧 북한이 핵무기를 1~2개 개발했거나 만들 수 있는 플루토늄을 확보했다고 평가했다. 그런데도 1992년 1월 출범해 2001년 1월까지 집권한 클린턴 민주당 행정부는, 이 문제를 제네바 기본합의 과정에서는 물론이고 그 이후 가진 일련의 북한과의 협상에서도 의제로 삼지 않았다.

미국의 이 같은 입장은 클린턴 행정부에 이어 부시 공화당 행정부가 출범한 이후에도 변하지 않았다. 2002년 10월 3~5일 켈리 국무부 차관보가 대통령 특사로서 평양을 방문해 북한 당국에 제기한 우려 사안 목록 중에는 북한이 이미 만들었을 가능성이 있는 핵무기 1~2개나 그것들을 제조할 수 있는 충분한 플루토늄에 관한 우려는 없었다. 그 같은 우려는 부시 행정부가 켈리 차관보의 방북으로 확인된 북한의 고농축우라늄 핵무기 개발 프로그램 문제를 해결하기 위해 개최된 3자 회담과 6자 회담 등에서도 제기되지 않았다.

더군다나 미국은 2003년 7월 8일 북한으로부터 폐연료봉 8,000개 재처리 완료 통보를 받은 직후에도 그 같은 우려를 북한과의 협상 의제에 포함시키지 않았다. 즉, 부시 행정부는 CIA를 통해 북한이 폐연료봉 8,000개의 재처리를 완료함으로써 만들 수 있는 핵무기가 1~2개에서 8~10개로 증가했다는 결론에 도달했는데도 이를 그 후 개최된 6자 회담에서 문제 삼지 않았던 것이다.

북한이 이미 개발했을 가능성이 높은 핵무기들이나 그것들을 만들 수 있는 플루토늄을 미국이 문제 삼지 않은 까닭은 무엇일까?

그것은 소량의 핵무기는 묵인할 수 있으나 핵무기의 대량생산은 허용할 수 없다는 정책에서 비롯됐다. 클린턴 민주당 행정부가 1994년 제네바 기본합의를 체결하면서 '과거 핵', 즉 북한이 그 전에 영변의 흑연감속로에서 추출했을 가능성이 높은 플루토늄을 규명하지 않고 흑연감속로 가동을 중단시키는 데 주력했던 것은 핵무기의 대량생산만은 막겠다는 정책 때문이었다. 부시 행정부가 2002년 10월 3~5일 켈리 차관보를 방북시켜 고농축우라늄 핵무기 개발 계획만 집중적으로 문제 삼은 것도 고농축우라늄 프로그램이 핵무기의 대량생산을 가능하게 만든다고 인식했기 때문이다.

이 같은 사실은 북한 핵 문제를 둘러싼 한국과 미국의 입장이 다르다는 것을 보여 준다. 한국의 입장에서는 북한이 핵무기를 1개 보유하든 대량생산을 할 수 있든 간에 어떤 경우가 되더라도 안보상의 위협을 받는다. 반면 미국은 북한이 핵무기 몇 개를 가지더라도 미 본토까지 그 핵무기를 쏘아 보낼 수 있는 장거리 미사일을 개발하지 못하면 위협적이라고 여기지 않는다. 미국이 위협으로 받아들이는 것은 북한이 핵무기를 대량생산해서 중동 국가들과 테러 조직들에 팔거나 핵무기를 장거리 미사일에 장착해 미 본토를 공격하는 경우이다.

그러나 제네바 기본합의부터 2005년 2월 10일 북한의 핵무기 보유 선언 이전까지 한국의 어떤 정부도 미국과 차별성을 갖는 북한 핵 정책을 추진하지 못했다. 김영삼 정부는 물론이고 김대중 정부나 그 뒤를 이은 노무현 정부 모두 북한이 (고농축우라늄 프로그램과 별도로) 이미 개발해 놓았거나 확보한 핵무기와 플루토늄을 문제 삼지 않았다. 그러다가 북한의 핵무기 보유 공식 선언이 나오자 노무현 정부는 북한의 어떠한 핵무기 보유도 수용할 수 없다는 입장을 천명하고 나섰다.

따라서 북한 핵 사태의 올바른 해결 방향은 단 한 가지이다. 먼저 북한은 고농축우라늄과 플루토늄 핵무기 개발 프로그램을 모두 폐기해야 한다. 이와 함께 북한은 독자적으로 개발한 핵무기들과 그것들을 만들 수 있는 무기 급 플루토늄도 폐기해야 한다.

잭 프리처드 전 미국 국무부 한반도 담당 특별대사는 2004년 1월 북한을 방문, 영변 핵 시설을 돌아보고 온 뒤 이렇게 결론 내렸다. 2차 북한 핵 위기가 시작된 이후 "북한은 핵무기 수를 네 배나 늘렸을지도 모른다"라는 것이다. 만약 북한이 핵무기 수를 12개나 그 이상으로 늘린다면 어떻게 되는 것일까? 그때는 김정일 정권으로 하여금 그 같은 핵무기들을 포기하고 비핵 국가 지위로 돌아오게 하는 것이 거의 불가능해진다.

프리처드의 이 같은 전망을 입증이라도 하려는 듯 북한은 2005년 6월 8일 평양을 방문한 미국 ABC 방송을 통해 핵무기를 추가 제조하고 있다고 주장하고 나섰다. 이날 ABC 방송은 밥 우드러프(Bob Woodruff) 기자가 김계관 북한 외무성 부상과 한 인터뷰를 보도했다. 인터뷰에서 김 부상은, 북한은 핵무기를 갖고 있느냐는 우드러프 기자의 질문에 "그렇다"라고 한 뒤, 핵무기 보유 숫자에 대해서는 "미국의 공격으로부터 우리를 방어하기에 충분한 핵무기가 있다"라고 대답했다. 이어 우드러프 기자가 "지금 더 많은 핵무기를 제조 중이냐"라고 묻자 김 부상은 "그렇다"라고 시인했다.

RED LINE

3장

고농축우라늄 핵무기 개발과 핵무기 보유 선언에
감추어진 김정일의 전략

1 김정일의 전략,
핵무기 보유인가 미국과의 협상인가

2002년 10월 3일 밤, 김정일 국방위원장은 생애 최대의 난제일지도 모르는 문제에 직면했다. 이날 평양의 순안 비행장에 군용기로 도착한 제임스 켈리 미국 대통령 특사 때문이었다. 이날 저녁 김정일 위원장은 켈리 특사와 회담을 가졌던 김계관 외무성 부상으로부터 긴급 보고를 받았다. 켈리 특사가 미국은 북한이 고농축우라늄 핵무기 개발 프로그램을 보유하고 있다는 것을 알고 있다고 말한 뒤 이를 시인할 것을 요구했다는 것이다.

그리스인들은 성격이 운명을 결정짓는다고 믿었다. 이날 오후 일행 8명과 함께 외무성에 도착한 켈리 특사와 그의 북한의 첫 번째 상대역인 김계관 부상 간 회담의 운명을 결정지은 것은 고농축우라늄에 대한 북한의 선택적 친화력(selective affinity)이었다. 주변국들과의 네트워크를 통해 자국 안보를 추구하는 21세기의 지구 표준을 도외시하고 핵무기 개발이라는 강병 건설을 통해 자국 안보를 추구하는 19세기의 시대착오적인 표준을 선호하는 것도 북한의 성격, 즉 정치·군사적 성격이다. 문제는 탈냉전 이후 대량살상무기의 확산을 방지함으로써 지구의 안보 수호를 역사적 임무로 스스로 떠맡은 미국이 그 같은 핵 물질에 대해 본능적인 거부감을 갖고 있다는 데 있었다. 따라서 북한의 운명은 켈리 특사의 방북 이전에 이미 결정됐다고 해도 틀린 말이 아닐 것이다. 켈리 특사는 김계관 부상에게 단도직입적으로 말했다. "우리는 당신들이 핵무기를 만들기 위해 고농축우라늄 핵무기 개발 프로그램을 가동하고 있음을 알고 있다." 즉, 순순히 자백하는 것이 좋다는 의미였다.

그러나 켈리 특사의 시인 요구를 수용할지 말지는 김계관 부상이 결정할 성질의 것이 아니었다. 그 권한은 수령 1인 지배 체제인 북한에서 김정일 위원장 단 한 사람만이 갖고 있다. 따라서 김계관 부상으로서는 일단 부인한 뒤 다음 날 2차 회담을 갖기로 합의하고 1차 회담을 서둘러 끝내는 수밖에 없었다. 회담 직후 이 문제는 외무성 차원에서 즉각 김정일 위원장에게 보고됐다.

그날 밤 김 위원장은 강석주 제1부상과 김계관 부상, 그리고 이형택 미주국장으로 이어지는 외무성의 대미 라인은 물론이고 측근 인사들까지 불러 대응 방안을 논의했다.

문제의 10월 3일 밤, 외무성 관계자들은 밤을 새웠다. 같은 해 11월 초 도널드 그레그 전 주한 미국 대사와 함께 북한을 방문하고 귀로에 서울을 방문한 존 오버도퍼 전 워싱턴포스트 기자(현 존스홉킨스대 국제관계대학원 SAIS 교수)에 따르면, 10월 3일 켈리 특사가 김계관 부상에게 고농축우라늄 프로그램 보유 의혹을 제기한 탓에 그날 북한 외무성 관계자들이 한숨도 못 잤다는 말을 들었다고 전했다. 김정일 위원장의 결정이 내려지지 않았기 때문에 외무성 관계자들이 밤을 새웠다면 김 위원장도 잠을 자지 못했다는 것을 의미한다.

따라서 김정일 위원장이 외무성에 켈리 특사가 제기한 의혹을 시인하라는 결정을 내린 시점은 10월 3일 밤과 10월 4일 새벽 사이라고 보는 것이 정확하다.

어쨌든 김 위원장의 결정이 내려지자 외무성은 켈리 특사와의 2차 회담 준비에 필요한 작업에 착수했다. 특히 고농축우라늄 프로그램의 보유를 시인하기로 한 만큼 어떤 식으로 시인할 것인지, 그리고 켈리 특사에게 어떤 요구를 할 것인지 등에 관한 전략을 짜야 했다. 외무성으로서는 그 시인에 북한의 운명이 걸려 있는 만큼 고도의 전략과 전술로 대응해야 했던 것이다.

고농축우라늄 핵무기 개발 프로그램의 보유를 시인하기 위해 켈리 특사의 2차 회담 카운터파트로 나온 북한 외무성의 관리는 강석주 제1부상이었다. 그는 1994년 10월 당시 로버트 갈루치(Robert Gallucci) 미 한반도 담당 특사와 협상을 벌여 북한에 유리한 제네바 기본합의를 이끌어 낸 인물로 김 위원장의 측근이다. 이날 회담의 중대성에 비춰 김 위원장이 켈리 특사의 상대로 측근을 선택한 것이다.

2004년 7월 15일 켈리 국무부 동아시아·태평양 담당 차관보는 상원 외교위원회에 출석, 당시 상황에 대해 증언했다. 10월 4일 회담에서 전날에 이어 자신이 다시 고농축우라늄 핵무기 개발 프로그램 의혹을 제기하자, 강석주 부상이 "미 행정부의 적대 정책은 조선(북한)이 그 같은 프로그램을 추구하는 것 이외의 다른 선택을 하도록 내버려 두지 않았다"라고 대답했다는 것이다. 그리고 강석주 부상이 미국이 대북 적대 정책을 폐기하면 핵 문제를 해결할 용의가 있다며 일괄 타결을 요구했다는 것이 켈리의 증언이다. 이 언급은 외무성이 써 준 대사(臺詞) 중 하이라이트였다. 강 부상의 대답이 끝난 뒤 켈리는 "북한이 수년간 그 같은 프로그램을 추구해 왔다"라는 미국의 평가를 지적했으나 강 부상은 어떤 대답도 하지 않았다고 한다.

강석주 부상은 김정일 위원장의 재가를 받아 준비해 온 가장 중요한 말들 외에는 말을 하지 않았다. 그러자 켈리 특사는 두 가지 메시지를 분명히 밝혔다. 2002년 10월 17일 리처드 바우처 국무부 대변인의 브리핑에 의하면, 당시 켈리 특사는 이렇게 말했다. "나는 우리(미국과 북한 간)의 관계를 증진시키기 위해, 그리고 (양국 간 현안과 관련된) 몇 가지 이슈를 해결하기 위해 '한 대담한 접근'에 관해 말해 주려고 여기에 왔다. 그러나 그것은 만약 여러분(북한)이 이(고농축우라늄) 프로그램을 작동하는 한 불가능하다."

그러나 강석주 부상은 켈리 특사의 이 같은 지적에 아무런 반응을 보이지 않았다. 따라서 강석주 부상의 고농축우라늄 핵무기 개발 프로그램 보유 시인으로 북한의 운명은 결정됐다. 1993년 3월 핵확산금지조약 탈퇴를 선언해 미국과 군사 충돌 직전까지 갔던 북한은 그 다음 해 가까스로 미국과 제네바 기본합의를 체결해 사태를 수습했다. 그런 북한이 8년 만에 다시 제네바 기본합의를 위반하고 우라늄 핵무기 개발의 추진 사실을 시인한 뒤, 그 책임을 미국의 대북 적대 정책에 뒤집어씌움으로써 미국을 상대로 일전을 감행한 것이다.

부시 행정부는 강석주 부상의 시인이 있은 지 약 2주가 지난 10월 16일 북한의 고농축우라늄 핵무기 개발 프로그램 보유 시인 사실을 공개했다. 그리고 미국은 북한에 '선(先) 핵 포기·후(後) 대화'라는 북한 핵 문제의 해결 원칙을 표명했다. 또 미국은 한·중·일·러 등과 협력하여 사태 해결을 모색하기 시작했다.

그러나 북한은 10월 25일, 북미 직접 협상을 통한 불가침조약 체결을 수용할 경우 핵 문제 해결 의사가 있다고 밝혔다. 그러나 미국은 이를 거부하고 중유 공급과 경수로 건설을 중단했다. 그러자 북한은 2002년 12월 12일 핵 개발 재개를 발표한 데 이어 이듬해 1월 10일 핵확산금지조약 탈퇴를 선언했다. 미국의 거부에 자극받은 북한이 수년에 걸쳐 나누어

쓸 분량의 초대형 벼랑 끝 전술들을 단기간에 소진하며 반격에 나선 것이다.

북한의 우라늄 프로그램 보유 시인 직후, 북미 양국 간의 정치·군사적 긴장을 한껏 고조시킨 2차 북한 핵 위기는 2003년 4월 3자 회담에 이어 8월 6자 회담이 열리면서 외교적 해결 국면으로 들어섰다.

그럼에도 불구하고 북한 핵 문제의 가장 중요한 의문은 풀리지 않았다. 그 의문은 바로 문제의 2002년 10월 3일 밤과 4일 새벽 사이에 김정일 위원장은 무슨 생각으로 고농축우라늄 핵무기 개발 프로그램의 보유를 시인하기로 결정했느냐는 것이다.

한 번의 승리를 거두기 위해 병력을 나누는 것보다는 차라리 한 지방을 잃는 것이 더 낫다고 프리드리히(Friedrich) 대제는 말했다. 모든 것을 얻으려다간 아무것도 얻지 못하니 원하는 분야에 집중해야 한다는 것이다.

김정일 위원장이 2002년 말과 2003년 초 사이의 짧은 시간 안에 여러 초특급 벼랑 끝 전술들을 소진했다는 사실은 프리드리히 대제의 아포리즘을 떠올리게 한다. 대체 고농축우라늄 프로그램 보유 시인, 핵 개발 재개, 국제원자력기구의 봉인 제거와 감시 요원 추방, 핵확산금지조약 탈퇴 선언 등 인화성이 강한 그 많은 벼랑 끝 전술들을 단기간에 총동원함으로써 김 위원장이 얻으려 했던 목표는 무엇이었을까?

이 의문을 풀기 위해 반드시 넘어야 할 장애물이 하나 있다. 켈리 특사가 아무런 물증을 제시하지 않았는데도, 김정일 위원장이 순순히 시인한 이유가 무엇이냐는 것이다.

6·25 남침은 물론이고 서해 북방한계선의 고질적인 위반 사례 등 분명한 증거가 있는 사안들에도 북한은 자신들의 책임을 시인한 적이 거의 없다. 몇몇 나라의 언론 보도와 달리 켈리 특사는 강석주 부상에게 어떤 물증도 제시하지 않았다. 바우처 국무부 대변인은 백악관이 북한의 고농축우라늄 핵무기 개발 프로그램 시인 사실을 공개한 다음 날인 2002년 10월 17일

브리핑에서 "이때 미국 측 정보와 북한 측 정보에 대해서 집중적인 논의는 없었다"라고 밝혔다.

그런데도 북한이 시인하고 나섰다는 것은 이례적인 것으로 평가받는다. 부시 행정부가 "기대하지 않았는데 예상 밖"이라는 반응을 보인 것은 이 때문이다. 이날 바우처 대변인은 "그들(북한 관리들)은 처음엔 그것(고농축우라늄 핵무기 개발 프로그램)을 부인했고 그 다음 날에는 (놀랍게도) 그것을 시인했다"라고 말했다. 당시 콘돌리자 라이스 백악관 국가안보보좌관의 반응보다 부시 행정부의 놀라움을 잘 표현하는 것도 드물 것이다. "놀라운 것은 북한에 고농축우라늄 핵무기 프로그램이 있다는 것이 아니고 북한이 그 같은 프로그램을 보유하고 있다고 인정한 것이다."

켈리 특사의 구두 의혹 제기에 김정일 위원장이 하룻밤 만에 시인하기로 한 것은, 북한이 미국의 정보 수집 능력을 인정했기 때문이었을까 아니면 김 위원장으로서는 대미 협상용으로 고농축우라늄 핵무기 개발 프로그램을 추진해 온 만큼 미국의 의혹을 시인하고 미국에게서 얻으려는 것을 관철시키기 위해 대미 협상을 시작할 시기로 당시가 적절하다고 판단했기 때문이었을까?

이 두 가지 시나리오 중 어느 쪽이 더 가능성이 높은지를 알기 위해서는 강석주가 문제의 10월 4일 켈리 특사와의 회담 말미에 내놓은 제안을 살펴볼 필요가 있다. 당시 강석주는 켈리에게 고농축우라늄 핵무기 개발 프로그램을 포함해 핵, 미사일, 재래식 무력 등 미국이 말하는 '안보상의 우려 사안들(security concerns)'과 북한이 요구하고 있는 적대 정책 철회 등을 대화를 통해 한꺼번에 해결하자는 '일괄 타결안' 또는 '동시 이행안'을 제시했다.

이 같은 사실은 김정일 위원장이 부인하기 보다는 시인해서 이를 미국과의 협상의 발판으로 삼자고 결정했을 개연성이 높다는 것을 간접적으로 뒷받침해 준다. 미국이 이미 북한의 고농축우라늄 핵무기 개발 프로그램 추진 사실을 인지하고 있는 상황에서 계속 부인해 봤자 소용이 없다고 판단, 전격적으로 시인했다는 것이다. 따라서 두 가지 분석이 모두 맞다고 볼 수 있다.

이 같은 분석이 김정일 위원장의 결정 배경을 어느 정도 파악할 수 있도록 도와주는 것은 사실이다. 그러나 그것만으로는 고농축우라늄 핵무기 개발 프로그램을 추진해 이를 대미 협상에 활용하려는 북한의 근본적인 목적을 이해하기 어렵다.

북한이 고농축우라늄 프로그램 보유를 시인했다는 것은, 1991년 한국과 합의한 한반도 비핵화 공동선언은 물론이고 1994년 미국과 체결한 제네바 기본합의도 위반한 것을 의미한다.

북한은 제네바 기본합의에 따라 핵무기 급 플루토늄을 얻을 수 있는 영변 흑연감속로의 가동을 중단하는 조건으로 미국으로부터 경수로 2기와 매년 중유 50만 톤을 제공받기로 약속받았다. 이에 따라 미국이 중단할 때(북한의 고농축우라늄 핵무기 개발 프로그램 보유 시인 이후)까지, 북한 신포에서 경수로 건설은 본격적으로 이루어지고 있었다. 게다가 북한은 미국에게서 매년 미화 1억 달러어치에 해당하는 중유 50만 톤을 꼬박꼬박 받아 왔다.

다만 차질이 빚어진 것은 경수로 건설이 북한 내 건설부지 선정 문제나 노동력 공급 문제 등 때문에 늦춰져 제네바 기본합의에 적시된 목표시한(target date)을 맞추기 어려운 상황 정도뿐이었다. 따라서 미 특사가 2002년 10월 3일 방북하기 전까지 북한의 상황은, 경수로 1기의 건설이 대략 2005년경에 완료된다는 전제하에 2~3년 정도 걸리는 핵 사찰을 수용하라는 미국의 요구를 받아들이면 아무 문제가 없는 것이었다.

그런데 미국의 정보에 의하면, 북한은 1990년대 말부터 고농축우라늄 핵무기 개발 프로그램을 추진해 왔다. 2002년 10월 4일 미국이 이 문제를 추궁하자 북한은 전격 시인했다. 북한은 이어 고농축우라늄 핵무기 개발 프로그램 추진 사실 시인을 미국에게서 무엇인가 얻어 내기 위해 대미 협상에 활용하고 나섰다.

따라서 김정일 위원장의 고농축우라늄 핵무기 개발 프로그램 보유 시인 결정 배경을 이해하기 위해선 먼저 두 가지 의문을 풀어야 한다. 하나는 북한이 왜 제네바 기본합의에 따른 이득을 거의 차질 없이 챙겨 왔으면서도 비밀리에 고농축우라늄 핵무기 개발에 착수했느냐는 것이다. 다른 하나는 북한이 그것을 미국에 시인한 시점이 하필이면 2002년 말이냐는 것이다.

이들 의문을 동시에 풀어 주는 단초는, 북한이 시인한 지 20여 일이 지난 10월 25일 외무성 대변인의 담화에서 찾을 수 있다. 이 담화에서 북한은 "미국이 불가침조약을 통해 우리에 대한 핵 불사용을 포함한 불가침을 확약한다면 우리도 미국의 안보상 우려를 해소할 용의가 있다"라고 밝혔다. 또 북한은 "조선(한)반도의 핵 문제는 반세기 전부터 미국이 대조선(북한) 적대 정책을 추구하면서 산생된 문제이다"라며 "조(북)미 불가침조약 체결이 핵 문제 해결의 합리적이고 현실적인 방도이다"라고 주장했다.

이는 김정일 위원장이 고농축우라늄 핵무기 개발 프로그램 보유를 시인함으로써 부시 행정부에게서 얻어 내려는 것이 대북 적대 정책 폐기, 즉 북미 불가침조약 체결이라는 것을 보여 준다.

이 같은 사실은, 1994년 제네바 기본합의 당시 북한이 궁극적으로 미국한테 원했던 것은 경수로 2기와 매년 중유 50만 톤을 제공받는 것이 아니었다는 것을 의미한다. 북한이 1차 핵 위기 때 목표했던 것이나 2차 핵 위기를 의도적으로 일으킴으로써 목표로 한 것은 북미 불가침조약 체결인 것이다.

만약 북한이 1993년 1차 핵 위기 때 주장했던 대로 문제가 됐던 영변의 흑연감속로가 핵무기 개발용이 아니라 전력 생산용이었다는 것이 사실이라면, 제네바 기본합의에 따른 경수로 2기와 매년 중유 50만 톤을 제공받는 것은 만족스러운 것이라고 할 수 있다. 게다가 미국이 이 두 가지 대가를 북한에 제공하는 상황에서 군사적으로 북한을 공격할 가능성은 거의 없었다. 따라서 북한이 미국의 적대 정책 때문에 우라늄 핵무기 개발 프로그램을 추구하는 것 외에 다른 선택이 없었다고 합리화하는 것은 납득하기 힘들다.

설령 북한이 주장하는 대로 2002년 1월 29일 부시 대통령이 북한을 이란, 이라크 과 함께 악의 축(axis of evil)으로 규정한 것을 대북 적대 정책으로 보더라도 문제는 달라지지 않는다. 왜냐하면 부시의 악의 축 연설 시점이 북한의 고농축우라늄 핵무기 개발 프로그램 추진 착수 시기보다 훨씬 뒤이기 때문이다.

더욱이 부시 대통령이 북한을 악의 축의 하나로 지목한 까닭이 핵물질과 미사일 같은 대량살상무기 확산, 마약과 위조지폐 유통 등 불법행위 지속 때문이라는 것을 북한 스스로 잘 알고 있다. 그리고 미국 로스엔젤레스타임스가 2002년 3월 9일 보도한, 북한과 시리아 등 7개국을 핵 선제공격 대상으로 선정하고 소형 전술 핵무기를 개발하기로 했다는 내용의 핵태세검토보고서(NPR)도 북한이 고농축우라늄 핵무기 개발 프로그램에 착수한 시기보다 훨씬 뒤에 나왔다.

그런데도 북한은 2002년 10월 25일 외무성 대변인 담화를 통해 마치 악의 축 발언과 핵태세검토보고서 때문에 고농축우라늄 프로그램을 추진할 수밖에 없었다는 듯이 주장했다. "부시 행정부가 우리를 악의 축으로 규정하고 핵 선제공격 대상에 포함시킨 것은, 명백히 우리에 대한 선전포고이자 우리에 대한 핵 선제공격을 정책화한 것이다."

2005년 1월 20일 부시 대통령의 2기 행정부 출범과 함께 김정일 위원장이 핵무기 개발을 대미 협상 카드(bargaining chip)로 활용하면서 노리는 주요 목표가 한 가지 더 늘어났다.

부시 대통령은 이날 재취임 연설에서 전 세계의 폭정(tyranny) 종식을 자신의 2기 행정부가 추진할 대외 안보 목표로 선언했다. 이를 위해 모든 국가와 문화에서의 민주적인 운동들과 기관들의 성장을 추구하며 지원할 것이라고 그는 밝혔다. 부시 대통령은 이어 그 같은 추구와 지원은 반드시 무력으로 해결해야 하는 것은 아니라고 덧붙였다. 부시 대통령의 '폭정 종식론'은 그의 연설이 있기 이틀 전인 1월 18일 미 상원 인준 청문회에서 북한을 비롯한 몇몇 나라를 폭정의 전초기지(outpost)라고 규정한 콘돌리자 라이스 국무장관 지명자의 언급의 연장선에 있다.

부시 대통령과 라이스 국무장관의 이 같은 언급들을 요약하면, 북한 같은 폭정 체제에 대한 미국의 궁극적인 목표는 군사 침공에 의한 김정일 정권의 교체(regime change)를 추구하는 것이 아니다. 그 대신 북한 내 반김정일 세력의 봉기를 지원해 그들 스스로 정치·경제 체제를 변화시키는, 이른바 김정일 정권의 변환(regime transformation)을 추구하겠다는 것이 부시와 라이스의 전략이다.

이에 따라 부시 2기 행정부의 온건 정책을 기대했던 김정일 위원장은 부시 행정부의 반김정일 세력 지원에 따른 내부 봉기 같은 위기를 차단해야 할 상황에 처했다. 북한 당국이 2005년 2월 10일 외무성 대변인 담화를 통해 핵무기를 이미 보유하고 있다고 선언한 것은 이 때문이다. 이 선언을 통해 김정일 정권이 겨냥한 목표는, 부시 행정부가 반김정일 세력 지원을 통한 북한의 정권 변환 시도를 중단하게 함과 동시에 북미 불가침조약 체결에도 응하게 하려는 데 있다. 미국이 그렇게 하지 않으면 핵무기 보유를 공식화함으로써 미국이 냉전 종식 이후 세계 안보의 핵심 축으로 삼아 온 핵확산금지체제를 와해시키겠다는 것이 김정일 정권의 위협인 셈이다.

김정일 위원장도 2005년 6월 17일 북한의 궁극적인 목적은 핵무기 보유가 아니라고 밝혔다. 이날 남북 장관 급 회담 참석차 평양을 방문 중이던 한국의 정동영 통일부 장관과 만난 자리에서 김 위원장은 한반도 비핵화 선언은 여전히 유효하며 이는 고(故) 김일성 주석의 유훈(遺訓)이라고 강조했다. 이어 그는 "북한은 핵무기를 가져야 할 이유가 없다"라며 "다만 미국이 업수이 여겨 자위적 차원에서 맞서야 하겠다고 생각했다"라고 밝혔다는 것이 정동영 장관의 전언이다.

물론 김 위원장의 언급 중 '자위적 차원에서 맞서야 하겠다'는 대목은 북한의 목적이 핵무기 보유에 있는 것이 아니냐는 의혹을 낳는다. 그러나 김 위원장은 문제의 언급 직후 다음과 같이 밝혔다. "핵 문제 해결 시 핵확산금지조약에 복귀하고 국제원자력기구 사찰을 포함한 모든 국제사찰을 수용해 철저하게 검증받을 용의가 있다. 하나도 남길 이유가 없다. 모든 것을 공개해도 좋다." 여기서 '핵 문제 해결'이라는 대목은 미국과의 협상을 통한 북미 불가침조약 체결을 의미한다고 볼 수 있다. 그렇다면 김 위원장이 핵무기 개발을 강행하는 움직임을 보임으로써 추구하는 궁극적인 목표는, 핵무기 보유보다는 미국과의 협상을 통한 북미 불가침조약 체결과 미국의 김정일 정권 변환 시도 중단일 가능성이 높다.

그런데 만일 북한의 고농축우라늄 핵무기 프로그램이 미국과의 협상용이 아니라면 어떻게 되는 것인가? 김정일 위원장이 핵 카드를 추구함으로써 궁극적으로 달성하려는 목표가 핵무기 보유국이 되는 것이라면 한국과 미국 등은 어떻게 대응해야 하느냐는 것이다.

실제로 북한이 핵 카드를 통해 북미 불가침조약 체결과 미국의 북한 정권 변환 시도 철회 같은 목표들을 관철한다고 하더라도 궁극적으로 핵무기 기술을 완전히 포기하지 않을 가능성이 꾸준히 제기되고 있다. 김정일 위원장이 이 두 가지 목표를 관철하기 위해 핵무기 프로그램을 폐기할 수 있다는 협상 의사를 보이고 있으나 그것도 완전히 믿을 수는 없다는 것이다.

오랫동안 설득력을 지녀 온 이 시나리오는 북한의 핵무기 보유 선언 후 얼마 지나지 않아 미국 CIA 국장과 국방정보국 국장에 의해 다시금 제기됐다.

2005년 3월 17일 미 상원 군사위원회 청문회에 출석한 국방부 산하 국방정보국 로웰 자코비(Lowell E. Jacoby) 국장은 이렇게 전망했다. "북한은 핵무기를 자신들의 생존에 결정적인 것으로 간주한다. 북한은 미국과 남한에 대한 전쟁 억지력을 유지하기 위해 핵무기 기술을 모두 포기하지는 않을 것이다." 이날 함께 출석한 포터 고스 CIA 국장도 자코비 국장의 이 같은 전망에 동의했다.

이날 자코비 국장은 "북한의 지도자 김정일이 일부 핵무기 개발 계획에 대한 협상에 나선 것으로 보인다"라고 분석했다. 그러나 그는 "북한은 (핵무기) 해외 판매를 통한 외화 조달을 위해 언제 핵무기 관련 기술을 해외에 팔지 알 수 없다"라고 지적했다. 또 그는 북한이 핵탄두 장착이 가능하고 일본과 미국 본토에도 도달 가능한 대포동 2호 미사일 발사 실험을 끝냈을 것이라고 평가했다.

이날 상원 군사위원회 소속 한 의원은 고스 국장에게 "북한이 미국의 군사공격 가능성을 두려워해서 그에 대한 억지력을 최대화하기 위해 자신들이 핵무기를 가졌다고 믿게 하려는 것으로 보이느냐"라고 물었다. 이에 고스 국장은 "분명히 그럴 가능성이 있다"라고 답했다.

고스 국장의 전임자인 조지 테닛 전 CIA 국장도 북한의 핵무기 개발 시도가 협상용일 것이라는 가설에 무게를 두지 않았다. 그보다는 그 같은 시도가 핵무기 보유국가가 되기 위한 목표로 이루어졌다고 분석했다. 테닛 전 국장은 현직에 있던 2003년 2월 미 상원 군사위에 출석해 북한은 미국과 관계를 개선하려는 것과 핵무기 프로그램을 계속 추구하는 것 간에 모순이 없다고 믿는지도 모른다고 증언했다. "북한의 핵 프로그램을 정치적 지렛대로 활용하려는 김정일의 시도들은 그가 워싱턴과 협상하려는 것이 근본적으로 다른 북미 관계, 즉 암묵적으로 미국이 북한의 핵무기 프로그램을 묵인하는 관계라는 것을 암시한다."

테닛 전 국장에 이어 고스 국장이 주장하는 바는 분명하다. 북한이 미국과의 1994년 제네바 기본합의를 위반하고 고농축우라늄 핵무기 프로그램을 추진해 온 목적은, 알맞은 규모의 핵무기를 개발해 핵무기 보유국가가 되는 데 있다는 것이다.

만약 김정일 위원장이 핵무기 프로그램을 추구하는 목표가 핵무기 보유국이 되는 것이라면, 미국이 택할 수 있는 대응 방안은 세 가지 정도일 것이다. 첫 번째 방안은 대북 군사공격을 통한 김정일 정권의 교체 또는 북한 내부의 봉기를 유도함으로써 개혁적인 정권의 수립을 시도하는 것이다. 두 번째는 북한을 핵무기 보유국으로 인정하는 것이다. 마지막 방안은 한국과 일본의 핵무기 개발을 허용하여, 두 나라가 북한에 대응하도록 하는 것이다.

2 왜 북한은 북미 불가침조약 체결을 요구했나

　　북한이 핵무기 프로그램을 폐기하는 대가로 미국에 원하는 것은 불가침조약이다. 미국의 선제공격 위협을 제거하기 위해서는 미국 의회가 비준하는 불가침조약이 필요하다는 것이다.
　　2002년 10월 25일 외무성 대변인의 담화 이후 북한은 기회가 날 때마다 미국이 불가침조약 체결 요구에 응할 경우, 핵무기 개발 계획을 포기할 것이라는 점을 강조했다. 물론 북한이 처음부터 핵무기 개발 계획의 폐기를 조건으로 내건 것은 아니었다. 처음 입장은 핵 문제를 해결할 용의가 있다는 것이었다. 그러다가 2003년 7월 폐연료봉 8,000개의 재처리 완료에 따라 확보된 플루토늄으로 핵무기 개발에 성공했다고 미국에 통보한 이후엔 핵무기 프로그램을 폐기하겠다는 입장으로 바뀌었다. 어쨌든 미국에 불가침조약의 체결과 핵무기 프로그램의 폐기를 맞바꾸자는 북한의 일관된 제안은 미국과의 불가침조약 체결이 북한의 목표라는 생각을 갖게 만든다.

그럼에도 불구하고 국내외적으로 경제 지원을 받는 것이 북한의 진짜 목표라는 관점이 힘을 얻어 왔다. 북한의 경제가 어려운 만큼 북한이 원하는 것은 경제 지원일 것이라는 분석이었다.

2002년 말부터 이듬해 상반기까지 한국 정부가 보인 인식이나 입장도 이 같은 분석에서 벗어나지 않았다. 2003년 초 한국 정부가 북한 핵 문제 해결을 위해 수립하여 미국과 상의한 해결 방안도 한마디로 요약하면 북한이 핵을 포기하면 경제 지원을 하겠다는 것이었다.

6자 회담이 교착 상태에 빠진 지 1년이 지난 2005년 6월, 한국 정부가 타개책으로 북한에 제시한 제안도 경제 지원과 관련된 것이었다. 6월 17일 한국의 정동영 통일부 장관은 평양 방문 중 김정일 위원장을 면담했다. 그 자리에서 정동영 장관은 북한이 핵무기 프로그램을 폐기하는 조건으로 '중대 제안'을 제의했다. 노무현 정부는 중대 제안의 내용을 보안에 부쳤다. 그러다가 공개한 때는 북한이 6자 회담에 복귀하겠다고 발표한 지 사흘 후인 7월 12일이었다. 이날 정동영 장관이 발표한 바에 의하면, 중대 제안은 북한이 핵무기 개발을 포기하면 남한이 200만kw 전력을 공급하겠다는 것이었다. 북한이 핵을 포기할 경우, 중단된 경수로 건설을 재개하지 않고 그 재원으로 남한 단독으로 북한에 전력을 보냄으로써 남북한 경협을 확대하기 위해 장기적인 대비를 하겠다는 구상이었.

미국의 부시 행정부도 북한이 먼저 핵무기 개발 프로그램을 폐기할 경우, '체제 보장'이나 '대가 제공'을 해 주겠다는 입장을 보여 왔다.

그러나 북한은 일관되게 미국과의 불가침조약을 요구해 왔다. 2002년 10월 외무성 대변인 담화에서 처음 제기한 불가침조약 요구를 2004년 6월 3차 6자 회담과 2005년 2월 핵무기 보유를 선언한 외무성 대변인 담화에 이르기까지 북한은 한 번도 거두어들인 적이 없었다.

북한이 가장 강도 높게 불가침조약 체결을 요구한 것은 2003년 1월

10일 북한의 대외 공식 명칭인 조선민주주의인민공화국 정부 성명으로 내놓은 핵확산금지조약 탈퇴 선언이었다. 이 성명에서 북한은 "우리는 미국이 적대적인 압살 정책을 그만두고 핵 위협을 걷어치운다면 핵무기를 만들지 않는다는 것을 조(북)미 사이에 별도의 검증을 통하여 증명해 보일 것이다"라고 밝혔다. 미국이 불가침조약 체결을 통한 적대 정책 폐기에 나서면 모든 핵무기 프로그램을 폐기하겠다는 것이었다.

북한은 2003년 1월 28일 외무성 대변인 담화를 통해 굳이 불가침조약 체결을 요구하는 이유를 밝혔다. 부시 행정부는 믿을 수 없는 반면, 불가침조약은 미국 의회의 법적 절차를 통하여 구속력을 갖기 때문이라는 설명이었다.

그럼에도 불구하고 부시 행정부 관리들은 '선 핵 포기' 요구를 북한이 수용하면 에너지를 지원할 수 있다는 식의 언급을 계속했다. 그 같은 언급을 한 대표적인 인물이 켈리 국무부 차관보였다.

그러자 북한은 직접적으로 비난하고 나섰다. 북한의 조선중앙통신사는 2003년 1월 17일 논평을 통해 "무지의 소치이다"라고 반박했다. 논평은 이어 "미국이 진정 조선(한)반도 평화를 바란다면, 그리고 핵 문제를 해결하려 한다면 불가침조약을 체결해야 한다"라고 촉구했다.

또 그해 북한은 2월 18일 외무성 대변인 담화에서 "우리가 불가침조약을 제안한 것은 미국의 부당한 군사적 위협을 제거하기 위한 것이지 그 무엇을 얻어먹자는 것은 아니다"라고 주장했다.

이 주장을 뒷받침하는 북한의 입장은 같은 해 4월 29일 조선중앙통신사가 내놓은 "우리는 '체제 보장', '대가 제공'을 바라지 않는다"라는 제목의 논평이다. 논평은 다짜고짜 "부시 행정부의 대조선(북) 정책 결정자들이 무지하다"라고 공격했다. 논평은 이어 "우리가 미국에 불가침을 공약하고 대조선 적대 정책을 포기하라고 하는 것은 우리의 선의와 아량에서 나온 것이지, 미국에 체제 보장이나 대가 제공을 바라서가 아니다"라고 강조했다.

그런데 문제는 북한이 북미 불가침조약을 체결하려는 목적이 미국의 선제공격 위협을 제거하는 데 있는 것이 아닐 수 있다는 사실이다.

혐의는 2003년 4월 6일 외무성 대변인 담화에서 발견된다. 여기서 북한은 미국이 영국과 함께 2003년 3월 20일 유엔 안보리의 결의도 없이 이라크 공격을 감행한 것에 대해 이렇게 주장했다. "국제 여론도 유엔 헌장도 미국의 이라크 공격을 막지 못했다. 이는 미국과 설사 불가침조약을 체결한다 해도 전쟁을 막을 수 없다는 것을 보여 준다. 오직 막강한 군사적 억제력을 갖추어야만 전쟁을 막을 수 있다는 것이 이라크전의 교훈이다."

만약 북한이 이 같은 교훈을 좇기로 했다면 핵무기 개발 프로그램의 폐기를 조건으로 미국에 불가침조약 체결을 요구하지 않았을 것이다. 게다가 북한은 다자간 회담인 3자 회담과 6자 회담에 참여하지도 않았을 것이다. 결국 북한은 우라늄과 플루토늄 중 어느 것을 이용하든 간에 무조건 핵무기 개발에 몰두했을 가능성이 높다.

그러나 북한은 그렇게 하지 않았다. 대신 김정일 정권은 북미 불가침조약 체결을 요구하면서 미국과 다자간 대화에 참가하기도 하고 대화를 연기하기도 했다. 이 같은 사실은 매우 중요한 점을 시사한다. 북한이 고농축우라늄 핵무기 프로그램 보유 시인에 따른 2차 핵 위기를 통해 관철하려는 북미 불가침조약의 목적이 미국의 선제공격 위협을 제거하는 데 있지 않을 수 있다는 것이다. 따라서 북한이 북미 불가침조약을 체결하려는 궁극적인 목적은 대체 무엇이냐는 의문이 제기된다.

그 해답을 알기 위해서는 북한의 요구대로 북미 간 불가침조약이 체결될 경우 한반도에서 무슨 일이 벌어질지를 살펴봐야 한다. 왜냐하면 북한이 불가침조약을 체결함으로써 노리는 것이 미국의 선제공격 위협이 아니라면, 불가침조약이 체결되고 나서 한반도에서 발생하는 결과들이 바로 북한의 궁극적인 목표일 가능성이 높기 때문이다.

북미 불가침조약이 체결되면 가장 먼저 발생하는 것은 군사적인 문제이다.

주한 미군 M1A1 애브럼스(Abrams) 탱크 부대원들이 2005년 3월 19일 한국에 있는 한 훈련장에서 시험 발사 연습 준비를 하고 있다. 북한 외무성의 주장대로 북한이 핵 카드로 노리는 목표가 북미 불가침조약 체결이라면 그 이유 중 하나는 이 조약이 주한 미군의 철수를 초래할 수 있기 때문인 것으로 평가받는다./미국 국방부(U.S. Department of Defense)

군사적인 변화의 가장 핵심은 주한 미군이 철수해야 하거나 주한 미군의 지위가 평화유지군과 같은 중립적인 것으로 변화할 수밖에 없다는 것이다. 미국이 북한의 안전을 보장(guarantee)하기로 했으므로 주한 미군의 한국 주둔 근거였던 북한의 도발을 억지하는 역할은 더 이상 효력을 갖지 못하기 때문이다. 미국이 북한의 안전을 보장하는 북미 불가침조약과 달리 한미상호방위조약은 미국이 한국의 안전을 보장한 것이 아니라 공약(assurance)한 것이다. 따라서 북미 불가침조약이 체결될 경우, 북한이 한국을 군사적으로 위협하더라도 미국은 주한 미군을 통해 개입할 수 없다. 북미 불가침조약이 체결되면 주한 미군이 철수하거나 그 지위가 평화유지군으로 변경될 가능성이 높은 것은 이 때문이다.

이 같은 군사적인 변화는 한미 관계와 같은 정치적인 문제에서 변화를 초래할 공산이 적지 않다. 한미 동맹은 1953년 체결한 한미상호방위조약에 기초를 두고 있다. 그런데 북미 불가침조약의 체결 때문에 한미상호방위조약이 더 이상 효력을 발휘하지 못한다면 한미 동맹의 와해는 불가피할 수 있다. 북한이 남침해도 미국이 군사적으로 대응하지 못하는 상황에서 한미 동맹이 유지될 수는 없는 노릇이기 때문이다.

그렇다면 주한 미군의 철수 또는 평화유지군으로의 지위 변경과 한미 동맹의 와해가 김정일 위원장이 북미 불가침조약을 추진하는 궁극적인 목표인가?

그렇다고 볼 수 있는 근거가 그렇지 않다고 보는 근거보다는 많은 것이 사실이다. 남북이 휴전에 합의한 1953년에 한미상호방위조약이 체결되었고, 그 이후 한국에 미군이 주둔해 왔다. 이 때문에 북한은 주한 미군을 철수시켜 한국에 대한 미국의 정치·군사적 영향력을 없앰으로써 미국의 한반도 개입 가능성을 완전히 제거하는 데 대미 전략 목표를 두어 왔다.

사실 북한은 이 같은 대미 전략 목표가 실현되면 한반도 통일은 자연스럽게 이루어질 것이라고 인식해 왔다. 다시 말해서 북한은 한국과의 통일 문제, 이른바 대남 문제를 해결하기 위해서는 먼저 대미 문제를 풀어야 한다고 인식해 왔다. 대미 문제의 핵심이 바로 주한 미군의 철수와 한미 동맹의 철폐이다. 요컨대 대미 문제를 풀면 대남 문제는 저절로 풀리게 되어 있다는 것이 북한의 전략이다.

북한은 북미 불가침조약 체결 요구가 궁극적으로 주한 미군의 철수와 한미 동맹의 와해를 초래할 수 있다는 점을 인정한 적이 있다. 2003년 9월 3일 외무성 대변인의 담화에서였다. 당시 이 담화를 통해 북한은 이렇게 주장했다. "미국이 불가침조약이 한미상호방위조약 무효화에 이어 주한 미군의 철수로 이어질까 우려해 '서면 보장'이나 '집단 안보' 운운하는데 이는 냉전적이다."

9·3 외무성 대변인 담화는 미국이 북한과의 불가침조약 체결이 어떤

결과를 초래하는지를 인식하고 있다는 것을 우회적으로 보여 준다. 미국이 알고 있다는 것을 북한이 눈치 챘기 때문에 그 같은 담화가 나올 수 있었던 것이다. 그러나 북한은 자신들의 목표를 미국이 낱낱이 파악하고 있다는 것을 겁내지 않는다. 북한은 도리어 냉전이 종식됐는데 북미 불가침조약이 체결돼 그런 결과가 나타나더라도 뭐가 문제냐고 미국을 설득까지 한 것이다.

그러나 미국은 이에 아랑곳하지 않았다. 부시 미 행정부는 북한의 불가침조약 체결 요구를 단호히 거부하는 대신 북한에 두 가지를 제안했다. 하나는 미국 행정부 차원의 서면 안전보장(negative security assurance)이다. 다른 하나는 한국, 미국, 중국, 일본, 러시아 등 6자 회담에 참가하는 5개국에 의한 다자간 안전보장이다.

물론 이 두 가지 방안의 전제는 북한이 먼저 모든 핵무기 개발 프로그램을 폐기하는 것이다. 그런 뒤에야 서면 안전보장을 하든 다자간 안전보장을 하든, 할 수 있다는 것이 부시 행정부의 입장이었다. 2005년 2월 10일 북한이 핵무기 보유를 선언했을 때도 콘돌리자 라이스 미 국무장관은, 북한이 자신들의 핵 프로그램을 검증 가능하게 중단할 경우에 한해 안전보장을 받을 수 있다는 점을 분명히 했다.

부시 행정부가 특히 비중을 두고 있는 방안은 다자간 안전보장 방안이다. 2005년 2월 10일 북한이 외무성 대변인 담화를 통해 핵무기 보유를 선언한 직후 미국은 이 방안을 다시 제안했다. 당시 백악관 매클렐런 대변인은 이렇게 말했다. "우리는 북한과 관련한 핵 문제에 대해 평화적이고 외교적인 해결을 계속 추구한다. 이제는 진전을 이루는 방법에 대해 얘기할 때이다. 만일 북한이 핵무기를 포기하고 핵무기 프로그램을 영구히 폐기하는 길을 추구한다면 북한에 다자간 안전보장이 제공될 것이다."

그런데 흥미로운 것이 한 가지 있다. 북한이 미국과 불가침조약을 체결할 경우, 미국의 선제공격 위협도 제거할 가능성이 높다는 사실이다. 불가침조약을 체결한 국가에 대해서 미국은 먼저 그 국가에게서 군사공격을 당하지 않는 한 군사행동을 개시할 수 없다. 북한에 대한 제한적인 공격은 물론이고 북한의 남침에 대해서도 미국의 군사적 대응은 법적 제약을 받게 된다. 미국의 대북 군사공격은 사실상 불가능해진다고 볼 수 있다.

결국 북미 불가침조약은 북한으로선 꿩도 먹고 알도 먹을 수 있는 요구인 셈이다. 주한 미군의 철수와 한미 동맹의 와해라는 궁극적인 목적도 실현하고 미국의 선제공격 위협 제거라는 중요한 성과도 얻을 수 있다는 점에서 1석 3조인 것이다.

김정일 위원장이 종전의 북미 평화협정 체결 주장 대신 불가침조약 체결을 요구하고 나서게 된 과정이 관심을 끄는 것은 이 때문이다. 적어도 불가침조약이 체결되면 주한 미군의 철수, 한미 동맹의 와해, 그리고 미국의 선제공격 위협 제거라는 세 가지 목표를 한 번에 달성할 수 있다고 본 북한 전문가들이 그 과정에서 큰 역할을 했을 것이라는 분석이 많은 것은 사실이다.

3 진실의 시간, 2002년 10월
북핵 위기는 재발할 수밖에 없었다

    김정일 위원장이 비밀리에 고농축우라늄 프로그램을 가동해 온 것은 미국과의 불가침조약 체결 협상을 위해서였다는 분석은 맞는 것일까? 그렇다고 가정한다 해도 여전히 풀리지 않는 의문이 남는다. 그 의문은 김정일 위원장이 고농축우라늄 프로그램의 보유를 시인한 것과 그 시인이 이루어졌던 2002년 10월이라는 시기 간에 무슨 특별한 관련이라도 있는 것은 아니냐는 것이다.

    물론 미국 특사가 그때 북한을 방문해 비밀 핵무기 프로그램의 보유 의혹을 제기했기 때문에 북한이 시인했다고 본다면 전혀 문제가 되지 않는다. 그러나 기억해야 할 것은 제임스 켈리 미국 특사가 강석주 제1부상과의 회담에서 아무런 증거도 제시하지 않고 구두로만 의혹을 제기했다는 사실이다. 이는 김 위원장이 굳이 시인할 시기가 아니라고 판단했다면 시인하지 않았을 수 있다는 것을 의미한다.

반대 상황을 가정할 수 있는 것도 바로 이 때문이다. 김 위원장이 보기에 미국 특사의 방북 시기가 비밀 핵무기 프로그램의 보유를 공개함으로써 미국과의 협상에 나설 절호의 시기라고 가정하자. 그런데 미국 특사가 핵무기 프로그램의 보유 의혹은 제기하지 않고 국제원자력기구의 핵사찰 수용만 촉구할 수 있다. 이때 김 위원장이 어떻게 했을 것이냐는 문제가 발생하게 되는데, 그 시기가 대미 협상의 적기인 만큼 그의 선택 방안은 다음 두 가지 중 하나였을 개연성이 있다.

하나는 미국 특사가 의혹을 제기하지 않더라도 자발적으로 고농축우라늄 프로그램의 보유 사실을 공개하는 것이다. 다른 하나는 미국 특사에게 공개하지 않고 그가 돌아간 뒤 미국 정보기관들이 북한의 고농축우라늄 프로그램 추진 사실을 빨리 포착할 수 있도록 도와주는 행위를 의도적으로 벌이는 것이다.

이 같은 가정들이 개연성이 있는 까닭은, 그만큼 북한의 핵 위기가 2002년 10월이라는 시기에 재발할 수밖에 없는 충분한 이유가 있다고 보기 때문이다.

당시는 어떤 시기였을까? 대체 어떤 시기였기에 북한의 핵 위기가 구조적으로 다시 일어날 수밖에 없는 시기였다는 것일까?

이 의문을 풀기 위해서는 당시 미국과 북한 양국 모두가 관련된 문제가 무엇인지를 알아봐야만 한다. 북한이 핵확산금지조약 탈퇴를 선언함으로써 1차 북한 핵 위기가 발발한 때는 1993년 3월이다. 당시 탈냉전 시대의 세계 안전을 위해서 어떻게든 핵무기 확산을 막아야 한다고 본 미국은, 북한의 영변 흑연감속로를 공중 공격으로 폭파시키려는 이른바 외과 수술 공격(surgical strike)을 적극 검토하기도 했다. 그러나 지미 카터(Jimmy Carter) 전 미국 대통령이 1994년 초 방북하여, 당시 김일성 주석과 회담을 갖고 남북한 정상회담 개최에 합의하면서 사태가 협상 국면으로 급속도로 전환되었다. 이에 따라 미국과 북한이 스위스 제네바에서 협상을 갖고

북한 함경남도 신포 30km 북쪽에 위치한 한반도에너지개발기구의 경수로 건설 현장 전경이다. 그러나 북한이 고농축우라늄 핵무기 개발 프로그램을 보유하고 있다고 시인한 지 1년여 뒤인 2003년 11월 21일 KEDO 이사회는 그해 12월 1일부터 경수로 건설을 중단하기로 결정했다./한반도에너지개발기구(KEDO)

1994년 10월에 체결한 것이 제네바 기본합의였다. 이 합의에 의하면, 북한은 흑연감속로의 가동을 중단함과 동시에 핵 개발을 동결하고 미국은 전력 생산을 위한 경수로 2기를 제공하기로 했다. 그 후 미국은 한국과 일본, 그리고 유럽연합과 함께 한반도에너지개발기구(KEDO)라는 대북 경수로 공급을 위한 국제 컨소시엄을 만들었다. 따라서 2002년 10월 켈리 미국 특사의 방북 직전까지, 미국과 북한 모두가 관련된 문제 중 가장 중요한 것은 경수로의 건설이었다.

이 점에서 김 위원장이 2002년 10월이라는 시기에 고농축우라늄 프로그램의 보유 시인 결정을 내린 것과 북한 신포에서의 경수로 건설 간에 보이지 않는 관계가 있을 가능성이 있다. 문제는 이 두 사안 간에 관계가 있다면 그것은 무엇이냐는 것이다.

그 답은 제네바 기본합의의 제4조 3항에서 찾을 수 있다. 이 조항에 의하면, 국제원자력기구가 원하는 모든 사찰 활동을 허용함으로써 북한이 제출한 핵 물질 신고서의 진실성 여부를 철저히 검증받고 무죄 선고를 받아야만 (경수로의) 핵심 원자력 부품의 인도가 개시된다고 돼 있다.

한반도에너지개발기구가 1994년 북미 간 제네바 기본합의에 따라 북한에 건설해 주다 중단된 경수로 1기의 모습으로 제법 형태를 갖추었다. 모델은 한국의 한국형표준원자로(KSNP)로서 용량은 1,000MW이다./한반도에너지개발기구(KEDO)

요컨대 북한은 경수로가 거의 완공된 즈음에 국제원자력기구의 핵사찰을 받아야 한다는 것이다. 왜냐하면 핵 사찰을 통해 핵 물질 생산과 관련한 위반 사항이 없다고 최종 판정을 받아야만 핵심 원자력 부품을 제공받아 경수로에서 전력을 생산할 수 있기 때문이다.

그런데 국제원자력기구의 핵 사찰은 최소한 2~3년이 걸린다는 데 문제가 있었다. 켈리 미국 특사의 방북 직전까지, 공정은 원자로를 건설하기 위해 바닥에 콘크리트를 까는 콘크리트 타설식을 마친 상황이었다. 타설식은 두 달 전에 이루어졌다. 미국은 이 같은 공정 속도가 유지될 경우 2005년 초에 경수로 1기가 핵심 부품을 인도받기 직전 단계까지 완료될 것으로 예상했다. 이에 따라 타설식 전후로 미국은 북한에 국제원자력기구의 핵 사찰 수용을 촉구해 오고 있었다.

당시 타설식에 미국이 잭 프리처드 한반도 담당 대사를 파견한 것도 이 때문이었다. 프리처드 대사는 타설식에서 행한 연설에서 이렇게 말했

경수로 1기보다 공정이 늦은 경수로 2기의 모습이다. 모델은 1기와 똑같이 한국형표준원자로서 용량은 1,000MW이다./한반도에너지개발기구(KEDO)

다. "이제는 미국이 북한의 구체적인 진전 조치를 지켜볼 때이다." 제네바 기본합의에 따른 핵 사찰 수용을 촉구한 것이다.

그러나 북한은 이를 거부했다. 북한은 타설식 참가 대표 선정에서부터 미국의 이 같은 메시지를 무시하겠다는 입장을 우회적으로 드러냈다. 프리처드 대사와는 격이 맞지 않은 중간급 관리 한 명을 타설식에 대표로 내보낸 것이다. 당시 북한은 오히려 이 관리를 통해 핵 사찰은 경수로 완공 직전 2~3개월 동안 받으면 되는 만큼 경수로 건설 지연에 따른 손실을 보상하라고 촉구했다. 비록 이때 미국의 요구를 거부하긴 했으나 북한은 자신들이 마침내 최종 선택의 기로에 처했다는 것을 자각했을 것이다.

1993년에 일으킨 핵 위기의 목표가 전력 생산이었다면, 미국이 촉구한 대로 국제원자력기구의 핵 사찰을 받는 것이 당연한 선택이라는 것을 북한이 모를 리가 없었다. 그래야만 당시 공정상 2005년 초에 완공될 경수로를 넘겨받아 여기서 전기를 생산해 사용할 수 있기 때문이었다.

더구나 북한은 국제원자력기구 및 미국과 오랫동안 핵 사찰과 경수로 문제로 협상을 해 왔다. 그런 만큼 국제원자력기구의 사찰 기간이 2~3년 정도 걸리고 미국 측의 원자력 부품 수출 허가 과정도 제법 시간이 소요된다는 것을 잘 알고 있었을 것이다. 실제로 국제원자력기구의 사찰이 아무런 문제없이 끝났다고 하더라도 북한이 경수로 핵심 부품을 넘겨받기 위해서는 북미 간 원자력 협력 협정이 체결되어야 한다. 여기에다 이 협정에 근거해 개별 품목별로 미국 상무부의 수출 허가가 발부돼야 한다. 미리 이런 점들을 파악하지도 않은 채 천하의 국제원자력기구와 미국을 상대로 위험천만한 핵 카드를 쓸 북한이 아니었다.

그런데 김정일 위원장이 국제원자력기구의 핵 사찰을 받으라는 미국의 요구를 도저히 수용할 수 없는 상황이 있었다. 그것은 바로 제네바 기본합의에 따라 건설되고 있는 경수로를 통해 부족한 전력을 생산하는 것이, 그가 1993년 3월 온갖 위험을 무릅쓰고 일으킨 1차 핵 위기의 궁극적인 목표가 아닌 경우이다.

만약 북한의 최종 목표가 북미 간 불가침조약 체결을 통한 주한 미군 철수와 한미 동맹의 와해이거나 핵무기 보유국이 되는 것이라면 문제는 완전히 달라질 수밖에 없는 것이다. 그럴 경우 북한이 미국의 핵 사찰 요구가 본격화할 때까지 미국으로부터 중유를 공급받는 이득을 누리면서 이 최종 목표를 위해 비밀 핵무기 개발이라는 모종의 준비를 몇 년 전부터 해 왔을 가능성은 높다고 봐야 한다.

그 같은 가능성을 사실로 입증한 것이 바로 김정일 위원장의 고농축우라늄 프로그램 보유 시인 결정이다.

켈리 특사가 아무런 증거도 내놓지 않고 제기한 의혹을 김 위원장이 순순히 시인하기로 결정하고 미국의 적대 정책 폐기와 북한의 핵 문제 해결을 동시에 하자는 일괄 타결을 제안한 것 자체가 1차 핵 위기를 일으킨 그의 궁극적인 목적을 드러내 준다. 그의 목적은 경수로를 공급받아 부족한 전기를 생산하는 데 있었던 것이 아니라 미국과 불가침조약을 체결해 주한 미군의 철수와 한미 동맹의 와해를 실현하는 데 있었던 것이다.

2002년 8월경에 원자로 콘크리트 타설식을 갖고 2년 반 정도 지난 2005년쯤에는 핵심 부품 인도 직전 단계까지 완료된다는 것으로 경수로의 건설 공정이 구체화된 시기는 1990년대 말이었다. 따라서 이때부터 이미 2002년 하반기라는 시기가 주목을 받아 왔다. 북한이 1993년에 일으킨 핵 위기가 궁극적으로 목표한 것이 무엇인지 드러나는 '진실의 시간(moment of truth)'이 될 것으로 평가받아 온 것이다.

국제원자력기구의 핵 사찰을 수용하라는 미국의 요구는 2002년 8월 전후로 거세졌다. 당시 북한은 이 같은 요구를 거부하고 있었어도 내부적으로 한 가지만큼은 분명하게 인지하고 있었다. 바로 경수로 공정상 2002년 말이나 2003년 초에는 국제원자력기구의 사찰을 받아 안전 협정의 전면 이행을 해야만 경수로를 완전히 넘겨받고 국제사회의 책임 있는 일원으로 나갈 수 있다는 것이다. 그런데 그럴 경우 북한으로서는 핵무기를 궁극적으로 포기할 수밖에 없다. 따라서 북한이 핵무기를 완전히 포기하느냐 마느냐는, 이미 1990년대 말부터 2002년 말이나 2003년 초가 되면 확인할 수 있을 것으로 예상되어 왔다.

다만 한 가지 의문이 제기된다. 북한은 경화(硬貨, hard currency: 금이나 다른 통화와 항시 바꿀 수 있는 미국 달러화와 같은 화폐) 부족 때문에 제네바 기본합의에 따른 미국의 중유 공급(연간 50만 톤으로, 2003년 시세는 1억 달러)에 적지 않게 의존해 왔었다. 경수로가 완공돼 핵심 부품을 넘겨받기 전 핵 사찰을 통한 국제원자력기구의 안전 조치의 전면 이행이 이루어지는 것은 먼 훗날의 일이다. 때문에 북한으로선 고농축우라늄 프로그램의 보유를 시인하지 않고 핵 사찰도 지연시키면서 미국에게서 중유를 계속 공급받을 수 있었다. 그런데도 북한은 왜 그렇게 하지 않았느냐는 것이다.

그것은 김정일 위원장으로서 순순히 고농축우라늄 프로그램의 보유를 시인하고 '일괄 타결'을 제안한 만큼 미국이 협상에 응할 것으로 예상했기 때문일 수 있다. 미국이 그렇게 빨리 중유 공급과 경수로 건설 중단이라는 강경 조치를 취하리라고는 전혀 예상하지 못했을 수 있다는 것이다.

그러나 미국은 그 같은 예상을 여지없이 깨뜨려 버렸다. 북한이 시인한 지 두 달여 지난 11월 14일 대북 중유 공급을 12월부터 중단하기로 결정한 데 이어 2003년 12월 1일엔 경수로 건설 중단 조치를 취하고 나온 것이다.

어쨌든 2002년 10월이라는 시기는 북한이 전력을 선택할 것인지 아니면 핵무기를 선택할 것인지를 가려 주는 '진실의 시간'이었다. 그러나 그 진실의 시간이 목전에 다가왔을 때 한국의 김대중 정부는 김정일 위원장의 서울 방문을 실현시키는 문제에만 몰두해 있었다. 게다가 김대중 정부는 햇볕정책(sunshine policy)에 따라 북한에 대규모 경제 지원을 해 오고 있었다. 그 결과 북한의 대량살상무기 개발을 막기 위한 미국의 경제적 압박은 더 이상 효력을 발휘하기가 어려웠다. 한미 동맹 관계가 루비콘을 건너고 있었던 것이다. 부시 행정부가 진실의 시간을 미리 알았으면서도 한국에 알려 주지 않은 것은 이 때문이다.

 # 고농축우라늄 프로그램 보유 시인을 번복한 김정일, 그 모순의 내막

2002년 10월 16일. 켈리 특사가 강석주 부상에게서 고농축우라늄 핵무기 개발 프로그램을 보유하고 있다고 시인받은 지 12일 째가 되는 날이었다. 이날 백악관은 긴급 기자회견을 갖고 켈리 특사의 방북 결과를 발표했다. 그동안 보안 유지를 해 오던 부시 행정부가 북한의 시인 사실을 공개하고 나선 것은, 미국의 최대 일간지 유에스에이투데이가 다음 날짜로 켈리의 방북 결과를 특종으로 보도할 예정이었기 때문이다. 신문보다는 빨리 북한의 핵 개발 시인 사실을 공개하기로 한 부시 대통령의 결정에 따라 백악관은 서둘러 몇몇 출입 기자들을 대상으로 긴급 회견을 가졌던 것이다.

한국 시간으로 10월 17일인 이날은 2차 북한 핵 문제에서 중요한 의미를 갖는다. 적어도 이날 나온 백악관의 발표를 진실로 전제한다면, 강석주 부상에게 고농축우라늄 프로그램의 보유를 시인하도록 지시한 장본인은 '수령' 1인 지배의 북한 체제 특성상 김정일 위원장이다. 그런 그가 그 같은 시인을 한 적이 없다고 전면 부인하고 나선 것은 이날로부터 일주일 남짓 지난 10월 25일이었다.

그 전까지만 해도 북한에 2주일 전 방문했던 미국 특사의 언행을 비판한 것은, 애매모호한 표현들을 사용하며 논평한 노동신문과 조선중앙통신사 등 관영 매체들 정도였다. 그러나 이들 매체가 그 언행의 구체적인 내용을 밝힌 적은 없다. 미국 특사가 방북 당시 비밀 핵무기 개발 프로그램의 보유 의혹을 제기했는지는 물론이고 자기들이 그 같은 의혹을 시인했는지도 언급하지 않았다. 이는 외무성을 비롯한 북한 정부의 기관 성명에서도 마찬가지였다.

그러나 10월 16일 백악관의 발표가 나오자 북한은 마른 땅에 새우 튀듯 반응했다. 김정일 위원장의 지시에 따라 부인하고 나선 것이다. 북한은 10월 25일 외무성 대변인의 담화를 통해 핵 문제의 해결을 위해서는 북미 간 직접 대화를 통해 불가침조약이 체결돼야 한다고 요구한 뒤, 고농축우라늄 핵무기 프로그램 보유 시인 사실은 강하게 부인했다. "아무런 근거 자료도 없이 우리가 핵무기 제조를 목적으로 고농축우라늄 핵무기 개발 계획을 추진하여 제네바 기본합의를 위반하고 있다는 너무도 일방적이고 오만무례한 미국의 태도에 놀라움을 자아내지 않을 수 없다."

미국은 일체 아랑곳하지 않았다. 북한의 북미 간 직접 대화 요구에 '선 핵 포기·후 대화' 입장으로 대응하고 나온 것이다. 그래도 북한이 먼저 핵 계획을 포기하지 않자, 부시 행정부는 더욱 강력하게 대응 조치를 취했다. 미국은 2002년 11월 14일 중유 공급 중단 조치를 취했고, 그로부터 1년여 지난 2003년 12월 1일 경수로 건설 중단 조치를 발표했다.

그러자 북한은 분풀이라도 하듯 2002년 말에 초대형 벼랑 끝 전술들을 숨이 가쁠 정도로 몰아붙이기 시작했다. 북한은 외무성 대변인의 담화를 통해 12월 12일 전력 생산을 위한 핵 개발 재개와 시설 건설 재개 결정을 발표했다. 북한은 이어 12월 14일 국제원자력기구에 영변 소재 원자로인 흑연감속로의 봉인 제거와 감시 카메라 철거를 요구했다. 그리고 북한은 12월 27일 국제원자력기구 감시 요원을 추방하기로 결정했다.

그로부터 이틀 뒤인 12월 29일 북한은 이들 일련의 강경 조치를 통해 원하는 바를 다시 한번 분명히 했다. 이날 발표된 외무성 대변인의 담화는, 미국에 북미 간 양자 대화를 요구한 뒤 북한 핵 문제는 국제 문제가 아니라고 강조한 것이다.

이러한 초특급 벼랑 끝 전술들에도 불구하고 미국이 북미 간 양자 대화에 나설지가 불투명하다고 여긴 북한은 2003년 새해 들어서자마자 좀더 강도 높은 조치를 취했다. 1월 10일 북한이 정부 성명을 통해 핵확산금지조약탈퇴를 공식 선언한 것이다. 이 성명은 고농축우라늄 핵무기 프로그램의 보유 시인 이후 북한이 내놓은 최고 수준의 성명으로 평가받는다.

김정일 위원장이 고농축우라늄 프로그램의 보유 시인 결정을 내린 것은, 2002년 10월이라는 시기가 미국과 불가침조약을 위한 협상을 시작할 적기라고 판단했기 때문이다. 그런 결정을 내린 지 21일 만에 그는 관영 매체들에 그 같은 시인을 한 일이 없다고 딱 잡아떼라고 지시한 것이다.

그렇다고 북한이 북미 불가침조약 체결 요구를 거두어들인 것도 아니다. 따라서 김정일 위원장의 전략적 목표가 바뀐 것은 아니다. 김 위원장이 갑자기 왜 부인으로 돌아섰는지, 그리고 부인 주장이 모순이라는 근거가 무엇인지 관심을 모으는 것은 이 때문이다.

그러나 북한이 부시 행정부의 발표를 부인하면서 내놓은 주장들은 반박할 가치도 없을 정도로 설득력이 떨어진다. 그중 대표적인 것은 미국의 '선 핵 포기' 요구에 대한 잇따른 비난이다.

2002년 11월 2일 북한은 조선중앙통신사 기자의 질문에 대한 외무성 대변인의 대답을 통해 미국의 '선 핵 포기'를 비난하면서 북미 불가침조약의 체결을 요구했다. 11월 3일 최진수 중국 주재 북한 대사는 미국의 '선 핵 포기' 요구에 대해 "우리보고 굴복하라는 것인데 굴복은 죽음을 의미하는 것인 만큼 충돌은 불가피하다"라고 주장했다. 11월 4일 북한의 노동당 기관지인 노동신문도 "미국의 '선 핵 포기·후 대화'는 본질상 우리를 무장해제시키고 손쉽게 먹어 보겠다는 것이다"라는 거친 내용의 논평을 내놓았다.

이들 일련의 비난은 역설적으로 미국 특사에게 고농축우라늄 프로그램의 보유를 시인했다는 부시 행정부의 발표를 부인하는 북한의 주장이 모순임을 드러내 준다. 이유는 간단하다. 북한이 정말로 고농축우라늄 핵무기 프로그램이 없다면, 미국에 그런 비밀 핵무기 프로그램이 없기 때문에 '선 핵 포기'라는 요구는 옳지 않다고 말하는 것이 사리에 맞기 때문이다. 그런데 북한은 미국의 요구를 따를 경우 무장해제를 당하는 것이고 굴복하는 것이라고만 주장했다. 그 같은 주장은 우라늄 핵무기 개발 프로그램이 있긴 하지만 그것을 먼저 폐기할 수는 없다는 의미이다.

북한의 부인 주장이 모순임을 뒷받침해 주는 더욱 역설적인 근거가 있다. 바로 김정일 정권이 2002년 10월 25일 외무성 대변인 담화를 통해 미국의 발표를 부인한 이후 내놓은 각종 입장 표명 중에 고농축우라늄 프로그램이 없다고 분명하게 주장한 것이 없다는 사실이다.

만약 북한이 고농축우라늄 프로그램을 보유하고 있지 않은데 보유하고 있다는 식으로 미국이 주장하면, 북한은 처음부터 그런 프로그램이 없다고 발표하면 되는 것이다. 그런데도 북한은 모든 입장 표명에서 '없다'라는 분명하고 쉬운 단어를 쓰지 않았다. 대신 북한이 내놓은 표현은 "미국의 주장은 일방적이고 압력적이고 오만하다", "미제의 강도성과 오만성의 발로", "미국의 '선 핵 포기' 주장은 불공정하다"라는 등의 애매한 것들뿐이었다.

중요한 것은 북한이 미 특사에게 시인한 것을 다시 뒤집은 까닭이 무엇이냐는 것이다.

그 까닭은 무엇보다도 시인 이후 사태가 북한의 입장에 매우 불리하게 돌아갔기 때문이다. 특히 김정일 정권의 당초 기대가 무너졌다. 북한으로선 고농축우라늄 핵무기 개발 프로그램의 보유를 시인한 뒤 '대북 적대 정책 폐기'와 '핵 문제 해결'을 동시에 이행하자는 '일괄 타결안'을 제안하면, 부시 행정부가 이를 수용하고 북미 양자 간 직접 대화에 나올 것으로 예상했었다. 그러나 현실은 그렇지 않았다.

더군다나 국제 여론마저 북한에 등을 돌렸다. 부시 행정부가 2002년 10월 16일 김정일 정권의 비밀 핵무기 계획 보유 시인 사실을 발표한 이후, 국제 여론은 북한이 일방적으로 제네바 기본합의를 위반했다는 방향으로 흘렀던 것이다. 김정일 정권이 미국의 발표를 애매모호한 표현으로 부인하고 나온 데는 이들 요인이 적지 않게 영향을 미쳤다고 볼 수 있다.

북한이 2002년 12월 12일 핵 개발 재개와 시설 건설 재개를 선언하고 나온 것도 미국의 10·16 발표를 부인한 후속 조치로 해석할 수 있다. 다시 말해서 북한으로선 비밀 핵무기 프로그램의 보유를 시인했다는 미국의 발표를 부인한 마당에, 북미 대화와 불가침조약 체결을 미국에 요구할 수는 없었을 것이다. 물론 당시는 핵무기 프로그램 보유를 부인한 직후인 만큼 북한이 핵 개발 재개의 명분으로 전력 생산을 든 것도 전략적 계산에 따른 것으로 볼 수 있다.

그럼에도 불구하고 북한은 고농축우라늄 핵무기 프로그램의 보유를 부인하는 입장을 3자 회담과 3차례의 6자 회담에서도 고수했다. 2003년 4월의 북한·미국·중국 간 3자 회담과 그해 8월부터 2004년 6월까지 세 차례 열린 한국·북한·미국·중국·일본·러시아 간 6자 회담에서 북한은 미국의 고농축우라늄 핵무기 프로그램의 폐기 논의를 거부했다.

특히 이 문제는 6자 회담에서 미국과 북한 간에 형성된 주요 전선 중 하나였다. 미국은 고농축우라늄 프로그램을 포함한 모든 핵무기 계획을 폐기해야만 대화하겠다는 입장을 일관되게 개진했다. 미국이 6자 회담에서 북한 핵 문제의 해결 원칙으로 내놓은 CVID(완전하고 검증 가능한 방법에 의한 불가역적인 폐기)의 C는 고농축우라늄 프로그램을 포함한다는 의미로 모든 핵무기 개발 프로그램을 표현하는 것이다.

그러나 북한은 부인하는 전략으로 일관했다. 미국에 CVID란 용어에서 C를 빼줄 것을 강력히 요구한 것은 이 때문이었다. 그 결과 미국은 2004년 6월 베이징에서 열린 3차 6자 회담에서 북한의 입장을 고려해 CVID라는 용어를 아예 사용하지 않기로 했다고 한국과 미국 등의 언론이 보도하기도 했다. 그러나 당시 미 국무부 리처드 바우처 대변인은 회담 진행 상황에 대한 브리핑에서 CVID가 미국의 북한 핵 문제 해결 원칙이라는 것에는 변함이 없다고 쐐기를 박았다. 이는 북한의 고농축우라늄 핵무기 개발 프로그램 보유를 확신하고 있고, 북한이 이 프로그램을 포함한 모든 핵무기 개발 계획을 폐기해야만 대화할 수 있다는 것이 미국의 변함없는 입장임을 뒷받침하는 것이었다.

미국과 북한의 상반된 입장 사이에서 가장 난처한 국가는 중국이었다. 중국은 초기에는 미국의 주장을 어느 정도 믿고 가다가 북한이 워낙에 강력히 부인하자 혼란스러웠던 것이다. 2004년 6월 8일 중국 외교부의 부부장은 미국의 권위지인 뉴욕타임스와의 회견에서 "미국은 북한이 우라늄과 플루토늄 폭탄 프로그램을 둘 다 보유하고 있다는 것을 중국에 설득하지 않았다"라고 불만을 터뜨렸다. "우리는 우라늄 프로그램에 관해 아무것도 모른다. 우리는 그것이 존재하는지조차 모른다. 지금까지 미국은 이 프로그램을 입증하는 확실한 근거를 제시하지 않았다."

중국의 이 같은 불만은 그해 2월 25~28일 베이징에서 개최된 2차 6자 회담에서 미국의 증거 제시 거부 때문일 수 있다. 당시 회담에서 북한 대표단은 미국 대표단에 북한이 고농축우라늄 핵무기 프로그램을 보유하고 있다고 믿는다면 그것을 입증할 증거를 내놓으라고 요구했으나 미국 대표단이 거부한 것이다.

그러나 미국에 대한 중국의 불만은 2004년 하반기에 가서는 다소 누그러지기 시작했다. 그해 10월 4일 일본의 교도통신은 "북한이 최소한 (우라늄을) 농축하려는 시도가 있었다는 견해를 중국이 일부 (6자) 회담 참가국들에 전해 왔다"라고 보도했다. 이는 중국이 마침내 북한이 고농축우라늄 핵무기 개발 프로그램을 보유하고 있을 가능성을 인정하기 시작했다는 것을 의미했다.

이 보도는, 중국의 이 같은 태도 변화 이유는 분명하지 않으나 중국과 동맹 관계인 파키스탄이 북한에 우라늄 핵무기 기술을 이전한 파키스탄의 A. Q. 칸 박사와 북한의 협력 관계에 관한 정보를 중국에도 제공하고 있다고 밝혔다. 칸 박사가 북한에 농축우라늄의 원료인 6불화우라늄과 원심분리기 샘플들을 제공했다는 구체적인 정보가 중국의 태도를 변화시켰을 수 있다고 이 보도는 덧붙였다.

중국의 태도 변화와 관계없이 북한이 스스로 핵 문제를 핵무기 문제로 발전시켰다.

북한은 고농축우라늄 프로그램 보유 시인 사실을 부인함으로써 자신들이 미국과 풀고 싶어 하는 '핵 문제'가 핵무기 개발 문제가 아닌 것처럼 보이려고 애썼다. 그러나 미국이 북미 양자 간 직접 대화를 통한 불가침조약 체결 논의를 받아들이지 않자, 북한은 다자간 회담에서 미국에 '핵 공갈'이라는 신종 위협을 선보였다. 북한 대표단은 3자 회담과 6자 회담에서 미국 대표단에게 '핵무기를 갖고 있다'거나 '핵무기 실험을 원하는 일부 세력이 있다' 등의 폭탄성 발언으로 압박을 가해 온 것이다. 또 북한은 2003년 10월 2일 외무성 대변인 담화를 통해 폐연료봉 8,000개의 재처리를 성공적으로 마치고 여기서 얻은 플루토늄을 핵 억제력 강화로 용도를 변경시켰다고 선언했다.

그 결과 북한의 '핵 문제'는 고농축우라늄 프로그램을 논외로 치더라도 전력 생산 문제에서 핵무기 문제로 전환됐다. 이 같은 전환을 매듭지은 것은 북한이 2005년 2월 10일 외무성 대변인 담화를 통해 발표한 핵무기 보유 선언이다.

그런데도 북한은 2차 북한 핵 위기의 발발 원인인 고농축우라늄 핵무기 개발 프로그램의 보유 시인을 거부했다. 핵무기 보유 선언 직전인 2005년 1월, 평양을 방문한 커트 웰던(Curt Weldon) 미국 하원 군사위원회 부위원장 일행을 만난 자리에서 북한의 백남순 외상이 북한이 고농축우라늄 프로그램의 보유를 시인했다는 미국의 발표를 다시 부인한 것이다.

RED LINE

4장
미국의 21세기 군사전략 변환과 긴장하는 동북아

1 미국의 21세기 군사전략 '변환'의 가공할 진상

2001년 9월 11일 알카에다가 뉴욕과 워싱턴에 테러를 일으킨 지 한 달가량밖에 지나지 않은 그해 10월 7일. 이날 조지 W. 부시 미 대통령의 명령에 따라 미군은 영국군과 함께 아프가니스탄에 대한 공격을 개시했다. 9·11 사태 직후 미국이 선포한 테러와의 전쟁 선언에 따라 알카에다의 지도자 오사마 빈 라덴과 그의 추종 세력, 그리고 그들을 비호해 온 아프가니스탄의 이슬람 근본주의 신봉 집권 세력인 탈레반(Taliban) 정권에 대한 전쟁이 마침내 시작된 것이다. 미국 국방부는 아프가니스탄 공격 작전명을 '항구적인 자유 작전(Operation Enduring Freedom)'으로 정했다.

개전 초기만 해도 과연 미국이 아프간 전쟁에서 신속한 승리를 거둘 수 있을지 적지 않은 의구심이 제기됐다. 초기 3주간 항구적인 자유 작전이 거둔 전과가 적은 것으로 비쳐졌기 때문이었다. 그 결과 미국의 기자들과 칼럼니스트들은 구(舊)소련의 아프간 침공 실패 사례를 다시 끄집어내기 시작했다. 구소련은 1980년대에 압도적인 군사력을 투입하고도 아프가니스탄을 제대로 공략하지 못하고 많은 인명 손실을 입은 채 철수해야만 했다. 소련이 실패한 까닭은 험준한 산악 지형을 이용해 저항하는 아프간 반군(反軍)들에 제대로 대응하지 못했기 때문이었다. 그래서 미영 연합군도 아프간의 산악에 적응하지 못해 구소련의 전철을 밟을지 모른다는 우려가 적지 않았던 것이다. 미국이 승리하기 위해서는 어쩌면 아프간의 혹독하고도 긴 겨울을 견뎌야 할 것이라는 악담도 쏟아졌다.

그러나 미국이 아프간 전쟁을 승리로 이끄는 데 걸린 시간은 그리 오래지 않았다. 개전 후 한 달 정도 지난 11월 9일, 미 전폭기들의 강력한 폭격으로 탈레반은 마자르이샤리프(Mazar-e-Shariff) 도시를 포기하면서 급속히 북부 지역의 통제권을 상실했다. 그로부터 나흘 후 미국의 지원을 받은 반탈레반 세력인 북부 동맹이 아프간의 수도 카불(Kabul)로 진격했다. 탈레반은 그들의 이슬람 근본 운동 본거지인 남부 도시 칸다하르(Kandahar)로 퇴각해야 했다. 12월 7일 탈레반 병력은 미군의 강력한 공중 공격을 받고 칸다하르마저 포기하고 물러났다. 이로써 아프간의 탈레반 정권은 붕괴하고 말았다.

미국이 개전 초기의 비관적인 전망을 비웃듯 아프간 전쟁에서 승리하는 데 걸린 시간은 2개월에 불과했다. 그렇다면 미국은 구소련조차 공략하지 못했던 아프간의 험준한 산악 지형에서 탈레반군과 알카에다 테러리스트들을 어떻게 그리도 빨리 물리칠 수 있었을까? 1980년대 소련군 화력(火力)과 2000년대 미군 화력 간의 차이 때문일까?

물론 소련군의 아프간 침공과 미군의 아프간 공격 간에는 20여 년의 시간 차이가 있다. 따라서 아무래도 미군의 화력이 더 나을 수밖에 없을 것이다. 그러나 부시 대통령과 럼스펠드 국방장관 등 미국의 최고 사령부가 여러 기회를 통해 밝힌 바에 의하면, 아프간 전쟁에서 조기에 승리할

아프가니스탄 전쟁에 투입된 미군 특수부대원들(왼편의 옅은 색 군복을 착용한 기수들)이 아프간 반군들과 함께 2001년 11월 12일 험준한 아프간 지형을 극복하기 위해 말을 타고 작전을 펴고 있다. 말을 이용한 작전이 성공하면서 19세기적 운송 수단인 말과 21세기적 첨단 통신 장비와 화력이 결합된 21세기 기병대가 출현했다는 찬사를 받았다./미국 국방부(U.S. Department of Defense)

수 있었던 비결은 화력의 차이보다는 상상력의 차이에서 찾아야 한다. 즉, 미군이 소련군보다 나은 화력을 사용해서가 아니라 남다른 상상력을 발휘한 덕택이라는 것이다.

　상상력에 의해 출현하여 아프간 전쟁에서 그 효과를 톡톡히 본 부대는 '21세기 기병대'이다. 미군은 특수부대원들에게 말을 타고 아프간의 험준한 산악 지형 사이를 자유롭게 누비면서, 산악 곳곳에 숨어 있는 탈레반군이나 알카에다의 진지들을 발견하면 21세기형 첨단 통신기기로 위성에 송신하라고 지시함으로써, 이들 진지에 정밀 타격을 가하는 혁혁한 전과를 올렸다. 이들 특수부대원의 전투 형태를 21세기 기병대로 부르는 것은, 말이라는 19세기형 운송 수단에 위성통신기기라는 21세기형 첨단 통신수단이 결합했다고 보기 때문이다.

부시 대통령이 21세기 기병대라는 표현을 처음 언급한 것은, 2001년 12월 11일 미국 사우스캐롤라이나(South Carolina) 주 소재 찰스턴(Charleston)에서 행한 연설에서였다. 이날은 탈레반 정권이 붕괴한 지 고작 나흘밖에 지나지 않은 때였다. 당시 그는 "우리(미국)의 특수부대는 정밀 공중 공격을 요청할 수 있는 기술을 보유하고 있는데 그것도 21세기 첫 기병대답게 말 등에서 그 같은 공격을 지시하는 유연성을 갖추었다"라고 말했다.

이날 연설에서 부시 대통령은 9·11 테러 사태로 현실화하고 있는 21세기 위협들에 맞서기 위해 군사력을 변환하려는 계획을 처음으로 공개했다. 그가 21세기 기병대가 아프간 전쟁에서 미군에 의해 출현했다고 설명한 까닭은, 그것이 미군이 그동안 추진해 온 '군사 변환(military transformation)' 노력의 일부분이었기 때문이다. 부시 대통령은 "우리는 사고를 달리해야 한다"라며 "9·11에 출현한 적은 우리의 힘을 피하며 계속해서 우리의 약점을 찾고 있다. 그래서 우리 군은 다시 한번 사고하고 싸우는 방식을 변화할 것을 요청받고 있다"라고 선언했다. 이어 그는 "새로운 세계는 새로운 우선순위들을 갖는다"라며 "첫 번째는 미군의 변환 속도를 높이는 것인데 아프가니스탄에서 한 행위들이 그 방식을 알려 주고 있다"라고 말했다. 즉, 21세기 기병대와 같은 사고의 변환이 미군의 변환 방식에 부합한다는 것이다.

부시 대통령이 이날 연설에서 언급한 아프간 전쟁에서의 미군의 변환 양상은 여기서 멈추지 않는다. 그는 "미군 병사들이 새로운 기술들로 교전 규칙(the rules of war)들을 다시 쓰고 있다"라고 말했다. 이어 그는 "우리의 사령관들은 모든 전장(戰場)의 그림을 실시간으로 입수하고 있으며 감지 장치(sensor)로부터 얻은 공격 지점 정보를 거의 즉각적으로 전투병에게 전달할 수 있다"라고 설명했다. 21세기 기병대인 미군 특수부대원들이 위성에서 확인된 공격 지점 정보를 사령부로부터 실시간으로 받음으로써 공격력을 향상시킬 수 있었다는 것이 부시 대통령의 지적이다.

아프가니스탄에서 말을 타고 작전을 편 미군 특수부대원들은 무거운 장비는 말과 마찬가지로 19세기적 운송 수단인 당나귀에 실어 날랐다./미국 국방부(U.S. Department of Defense)

    이라크 전쟁이 2003년 3월 20일 개전된 지 2개월 만인 5월에 미국의 조기 승리로 끝난 데는 사고의 전환이 큰 기여를 했다. 개전 초기에 정밀 공중 공격을 통해 이라크의 주요 군사 기지를 궤멸시킨 주역은, 위성사진과 첨단 위성통신 장비라는 21세기적인 것과 발로 뛰어 확인한 정보라는 19세기적인 것의 변증법적인 결합이었다. 그린베레(Green Berets)로 불리는 미군 특수부대원들은 미국의 위성 첩보 기관인 국가첩보국(NRO: National Reconnaissance Office)으로부터 공격 지점에 관한 위성사진을 받아, 모자란 부분이 있으면 쿠르드족 반군들로부터 받은 정보, 즉 인간 정보(Humint)로 보완했다. 제아무리 국가첩보국의 위성사진이라고 해도 이라크군과 수십여 년 싸워 온 쿠르드 반군의 도움 없이는 공격 지점을 실수 없이 파괴하기는 어려웠던 것이다.

이라크 전쟁 초반 잇따른 정밀 공중 공격의 성공은 이처럼 위성사진과 첨단 통신기기, 그리고 현지 반군의 인간 정보, 3박자의 승리였다. 이는 미국 최고 사령부가 중요시하는 군사 변환이 21세기 첨단 장비에만 의존한 것이 아니라는 것을 보여 주는 명백한 사례로 꼽힌다. 그 결과 미영 연합군은 이라크 전쟁 초반부터 주도권을 장악할 수 있었다. 이로써 미국이 베트남에서 그랬던 것처럼 이라크에서도 수렁에 빠질 것이라는 미국 안팎의 우려는 사라졌다.

실제 이라크 전쟁 초기 그린베레들은 이 같은 방법으로 키르쿠크(Kirkuk) 지역에 있는 최우선 공격 목표들을 제거하는 데 성공했다. 이 지역의 위성사진에서 정확하지 않은 것은 쿠르드 반군들이 설명했다. 쿠르드 반군들은 어느 건물에 무엇이 들어 있는지를 정확하게 알고 있었다. 그린베레들은 이 같은 과정을 거쳐 공격 목표에 관한 정확한 정보를 확보한 뒤 정밀 유도폭탄 투하를 요청했다. 45,000피트 높이로 떠 있어 거의 보이지 않는 B-52 폭격기는 JDAM 폭탄 12발을 투하했다. 각 폭탄마다 목표가 달랐고 이라크군은 눈치도 못 챘다. 이때 그린베레들은 폭격 지점에서 1,200미터도 채 안 떨어진 곳에서 지켜봤다. 이 거리에서는 경사진 지형 때문에 산등성이만 보였다.

미군이 아프간에서 선보인 또 다른 가공할 만한 '변환' 사례는, 미 해병대가 상륙 작전이 아닌 깊숙한 내륙에서 이루어진 작전에 주도적으로 참가했다는 것이다. 이를 가장 높이 평가하는 인사는, 2001년 11월 16일 럼스펠드 국방장관에 의해 국방부 군사력변환담당실(Office of Force Transformation) 실장으로 임명된 아더 K. 세브로스키(Author K. Cebrowski) 전 해군 제독이다. 세브로스키 실장은 "무력이 행사된 방식에서 볼 때 변환은 '항구적 자유 작전'에서 현저하게 나타났다"라고 말했다. 그는 "역사적으로 수륙양용 상륙 부대로 활용되던 해병대가 400마일이나 내륙으로 들어가 작전하는 부대가 되리라고는 생각지도 못했을 것이다"라고 지적했다. 이어 그는

미군의 21세기 개혁 전략인 군사 변환을 주도하는 국방장관 직속의 군사력변환 실장인 아더 K. 세브로스키 전 해군 제독. 그가 도널드 럼스펠드 국방장관에 의해 군사력변환실장에 임명된 때는 2001년 11월 16일이다./미국 국방부(U.S. Department of Defense)

"9·11 이전에 누가 아프가니스탄의 한복판에서 우리의 특수부대가 해군 F-14 기나 B-52 기와 연계돼 공격 대상을 추구하리라고 상상했겠는가?"라고 물으면서 이렇게 덧붙였다. "이것은 (미) 국방부의 변환 노력들이 확대되어 이루어진 공동작전을 대표한다. 우리는 모든 참가자들의 집합적 능력들에 기반하여 좀더 역동적이며 적응력 있고 속도가 빠른 팀을 창조하고 있다. 그것은 진정한 문화적 변화이다."

이 같은 사례는 부시 대통령의 지적대로 미군의 변환이 반드시 첨단 기술이나 화력을 이용하는 것이라기보다는 사고의 변환을 의미한다는 것을 보여 준다. 세브로스키 실장에 의하면, 2003년 3월 19일 부시 대통령의 공격 명령으로 개시된 이라크 전쟁, 즉 '이라크 해방 작전(Operation Iraqi Freedom)'의 초기 국면이야말로 첨단 화력보다 육해공군의 협력과 합동작전이라는 사고의 변환이 더 큰 효력을 발휘했다고 한다.

그 대표적인 예로는, 이라크 전쟁이 시작됐을 때 미국과 영국의 연합군이 다른 형태의 세 가지 작전을 동시에 착수한 것을 꼽을 수 있다는 것이 세브로스키 실장의 지적이다.

하나는 서부 이라크에서 특수부대와 공군이 그들만의 작전을 수행한 것이다. 다른 하나는 북부 이라크를 목표로 이라크 외곽의 원거리 지점들로부터 작전이 전개됐고 이 작전은 해상 함포 지원을 받았다. 마지막으로 남부 이라크에서 전격전(blitzkrieg)으로 불리는 매우 극적인 공격이 빠르게 감행됐다.

이에 대해 세브로스키 실장은 "우리는 이전에 보지 못했던 육해공군의 새로운 통합 수준, 즉 공동 협력의 수준들을 보았다"라고 말했다. "그리고 그것은 변환의 흥미로운 측면을 드러내 주었다"라고 그는 덧붙였다. 독일의 군사전략가 클라우제비츠(Clausewitz)에 의하면, 기동전에서 적의 영토와 자원을 소유하는 것은 승리한 다음의 문제이다. 이 점에서 미영 연합군의 이라크 공격은 클라우제비츠의 교훈에 충실했다.

그러나 미군의 변환 노력에서 첨단 장비나 기술이 차지하는 부분을 소홀히 해서는 안 된다. 그것은 '조인트 벤처(Joint Venture)'라는 이름의 다목적 선박의 사례에서 확인된다. 세브로스키 실장은 2001년 12월 13일 "버지니아 노퍽(Norfolk, Virginia)에서 테스트 중인 조인트 벤처라는 실험 선박은 많은 임무를 수행하게 될 것"이라고 했다. 한 방식으로 나열하면 해병대를 한 시간 안에 해변으로 수송할 수 있고, 다른 방식으로 배열하면 공급선이 되고, 또 달리 배열하면 병원선이 된다는 것이다. 이 배의 내부 구조는 임무에 따라 바뀐다는 것이다. 그는 "이 배는 45노트라는 빠른 속도로 달리고 즉각 방향을 바꿀 수 있다"라며, "젊은 해군과 해병은 이 장비가 어떻게 작동하는지 아는 사람들이 될 것"이라고 전망했다.

세브로스키의 전망은 2003년 3월 중순 발발한 이라크 전쟁에서 그대로 적중했다. 당시 미 육해공군이 세 방향에서 고속도의 합동작전을 펼칠 수 있었던 데는 조인트 벤처의 역할이 컸다.

2 펜타곤의 21세기 위기 인식과 군사 변환의 6가지 목표

미국의 최고 사령부가 미군의 21세기 개혁인 '군사 변환'을 두고 자주 하는 비유가 있다. 자동차를 몰면서 동시에 엔진을 수리하는 것과 같다는 것이다.

조지 W. 부시 미 대통령은 2001년 12월 11일 '변환'을 "자동차를 시속 80마일로 주행하면서 엔진을 점검하는 것과 같다"라고 했다. 미 육군 참모총장 피터 스쿠메이커(Peter Schoomaker) 장군도 2004년 7월 26일 "나는 변환을 가끔 차 엔진이 돌아가는 동안 엔진을 튜닝하는 것과 비교해 왔다"라고 했다.

이 같은 비유는 변환의 긴급함과 어려움을 강조하기 위한 것이다. 부시 대통령의 비유에서 자동차를 운전한다는 것은 당장 시급한 전쟁을 치른다는 것을 의미하고, 엔진을 점검한다는 것은 앞으로 닥칠 위협에 대처하기 위해 미군을 개혁한다는 것을 의미한다. 미국이 2001년 10월 아프가니스탄 전쟁을 치르면서 동시에 변환이라는 미군 개혁에 착수한 것은 이 때문이라는 것이다.

도대체 미 최고 사령부는 앞으로 닥칠 위협이 무엇이라고 보기에 9·11 직후 그 어려운 변환이라는 개혁에 긴급하게 착수한 것일까?

그 해답의 단초는 부시 대통령의 2001년 12월 11일 언급에서 찾을 수 있다. 이날 그는 "9·11에 출현한 적은 우리의 힘을 피하며 계속해서 우리의 약점을 찾고 있다"라고 말했다. "그래서 미국은 다시 한번 우리의 군이 사고하고 싸우는 방식을 변화하도록 요청받고 있다"라고 그는 덧붙였다. 부시에 의하면, 앞으로 미국에 닥칠 위협은 미국과 비슷한 수준의 무력을 사용하는 것이 아니라는 것이다. 그보다는 9·11 테러를 일으킨 알카에다같이 여객기를 납치해 뉴욕의 세계무역센터 건물들을 들이받는 것처럼 미국이 생각지도 못한 수단으로 공격하는 테러리스트들의 위협일 가능성이 높다. 따라서 미군은 기존의 사고와 전투 방식을 바꿔야만 한다는 것이 부시의 결론이다.

도널드 럼스펠드 미 국방장관은 2001년 12월 13일에 다음과 같이 말했다. "나는 9·11 테러 훨씬 이전에 '적들이 재래식 무기와 전술에서 미국이 가지는 우월성을 반격하기 위해 비대칭적(asymmetric) 수단들을 사용할 것이다'는 가정을 했었다"라고 말했다. 9·11로 그 같은 가정이 현실로 입증된 만큼, 미국의 군사력에 비대칭적인 수단으로 대항하는 위협 세력에 대비하기 위해 전술과 장비의 개혁이 요청된다는 것이 그의 결론이다. "미군은 미래의 위협들을 평가할 필요가 있으며 이들 위협을 되받아치기 위해서는 인력, 장비, 그리고 독트린을 조정할 필요가 있다."

요컨대 미국이 오늘날 직면한 새로운 안보 위협은 냉전 때의 그것과 다르다는 것이 부시 대통령이나 럼스펠드 국방장관의 인식이다. 냉전 당시의 위협과 그 대응에 대해 럼스펠드 국방장관은 2001년 12월 13일 이렇게 평가했다. "냉전 시기에 우리는 정확하게 예상 가능한 일련의 위협들에 직면했었다. 우리는 우리의 적들에 관해 매우 잘 알았다. 왜냐하

한 미군 병사가 2004년 11월 6일 이라크에서 반군들에 관한 첩보를 수집하기 위해 레이븐(Raven) 무인첩보기(UAV)를 발사하고 있다. 미군의 변환 전략의 핵심 장비 중 하나로 꼽히는 무인첩보기는 아프가니스탄 전쟁에 이어 이라크 전쟁에서도 미군의 인명을 줄이면서 적군의 동향을 파악하는 데 큰 기여를 했다는 평가를 받는다./미국 국방부(U.S. Department of Defense)

면 그 적들은 오랫동안 똑같았기 때문이다. 우리는 그 적들이 가진 능력들을 많이 알았고, 그래서 우리는 우리가 그것들을 저지하기 위해 필요하다고 믿었던 전략들과 능력들을 수립하고 쌓았다. 그리고 이것들은 성공적으로 작동했다."

그러나 미국이 평화유지와 자유 방어를 성공적으로 해냈던 냉전 시기가 끝나면서 미국에게 친숙했던 안보 환경도 끝났다. 럼스펠드 장관은 "거의 반세기 동안 우리는 전략과 무력, 그리고 능력들을 혼합해 평화를 유지하고 자유를 방어할 수 있었다"라고 말했다. 그는 이어 "그러나 냉전은 끝났다"라며, "소련은 사라졌고 우리에게 익숙했던 친숙한 안보 환경도 사라졌다"라고 덧붙였다.

럼스펠드 장관에 의하면, 21세기 안보 위협들의 핵심적 특징은 9·11 때 배운 바와 같이 냉전 때의 위협들처럼 예상하기 힘들다는 것이다.

그는 2001년 12월 13일 이렇게 반문했다. "단지 몇 개월 전만 하더라도 누가 테러리스트들이 여객기들을 취해서 그것들을 미사일로 바꾸어 펜타곤과 세계무역센터 건물들을 공격, 수천 명을 죽이리라고 상상했겠는가?"

이날 럼스펠드 장관은 21세기 안보 위협의 예측 불가능한 특성에 대해 이렇게 말했다. "이번 새로운 세기에서 우리의 도전은 어려운 것이다. 그것은 정말로 모르는 것과 불확실한 것에 대항해 우리나라를 지키기 위해 준비해야 하는 것이고, 우리가 이해해야 하는 것은 예상 밖의 것일 것이다."

그로부터 약 3년 반이 지난 2005년 3월 17일에도 럼스펠드의 이 같은 인식은 변하지 않았다. 이날 그는 "그 도전들이 어디서 올지와 그것들의 본질이 무엇일지에 관한 불확실성의 수는 증가한다"라고 말했다.

그렇다고 해서 그 같은 예측 불가능한 위협에 대처하는 것이 불가능한 것은 아니라고 럼스펠드는 강조했다. "그것은 불가능한 임무일지도 모른다. 그러나 그것은 그렇지 않다. 그것을 달성하기 위해서 우리는 편안한 사고와 기획 방식들을 제쳐 두고 위험을 감수하며 아직 도전들로 무장하지 않은 적들을 패퇴시키고 저지하기 위해 우리의 군사력이 준비할 수 있는 새로운 것을 시도해야 한다."

그 같은 시도가 바로 군사 변환이라는 것이 럼스펠드의 지적이다. 미국 국방부가 군사 변환에 착수한다고 발표한 시점은 공교롭게도 9·11 테러 발발 직전이다. 2001년 9월 초 발표된 '4개년 방위 재검토(QDR: Quadrennial Defense Review)'에서였다. 여기서 럼스펠드 국방장관은, 새롭게 부상하고 있는 안보 환경을 오랫동안 주목한 결과, 새로운 국방 전략이 필요하다는 결론에 도달했다고 밝혔다.

미국이 이 같은 군사 변환의 필요성을 처음으로 제기한 것은 미 의회 산하 독립된 위원회가 1997년 12월 내놓은 '방위의 변환하기: 21세기의 국가안보'라는 제목의 보고서에서였다. 당시 이 보고서는 미국은 2010~

미 공군 요원들이 2004년 11월 8일 '이라크 해방 작전'을 지원하기 위한 첩보 작전을 수행하고 돌아온 글로벌 호크(Global Hawk) 무인첩보기를 격납고에 넣을 준비를 하고 있다./미국 국방부(U.S. Department of Defense)

2020년에 직면할 일련의 안보상 도전들에 대처하는 것을 가능하게 할 변환 전략을 시작할 필요가 있다고 지적했다. 이 보고서에 의하면, 작전 개념, 군사력 구조, 군 시스템, 그리고 예산상의 의미 있고 새로운 전쟁 방식들을 대규모로 자주 실험할 수 있어야만 그것을 성공적인 변환 전략이라고 할 수 있다.

럼스펠드 장관이 의회에 제출한 4개년 방위 재검토에서 군사력의 변환을 강조한 것은, 의회 차원에서 처음으로 제기됐던 군사 변환이 마침내 행정부 차원에서 추진되기 시작했다는 의미를 갖는다. 미 국방부의 변환 작업을 가속화시킨 계기는 9·11 테러 사태였다. 럼스펠드 장관은 2005년 3월 17일 "9·11 공격은 우리에게 긴박감과 자극을 주었다"라고 말했다. 그는 이어 이렇게 덧붙였다. "우리는 필요성을 갖고 있었고 그 필요성이 명백했기 때문에 그것이 우리가 신속히 변화하는 것을 가능하게 했다고 생각한다"라고 덧붙였다.

미국은 변환 전략에 따라 '두 개의 주요 전장에서의 전쟁 구상' 포기를 결정했다. 럼스펠드는 이렇게 설명했다. "이 구상은 침략자 둘의 수도를 동시에 진입·점령해 그들의 정권을 교체할 수 있도록 대규모 점령 군사력을 두 개 요구하는 접근 방법이었다. 이 방법은 탈냉전 직후에는 우리의 이해에 잘 봉사했다. 그러나 실제로 그것은 우리에게 두 개의 구체적인 갈등에만 대비하도록 만들었다. 그 결과 우리는 21세기 예상 밖의 긴급사태들에 제대로 대비하지 못했다."

다시 말해서 두 개의 전장에서의 전쟁 구상은 예상 가능한 위협에는 잘 대응하게 했으나 예상하기 어려운 위협에는 제대로 대응하지 못하게 했다는 것이다. 따라서 9·11 테러 같은 공격을 당한 것은 그 결과라는 얘기다.

이 같은 구상을 폐기하면서 미 국방부는 두 개의 점령 군사력을 유지하는 전략도 수정하기로 했다. 공격자 두 명을 동시에 패퇴시키는 능력을 바탕으로 주요 전장 4개 지역에서 억지력을 높이는 데 좀더 많은 역점을 두기로 결정한 것이다.

물론 이때에도 침략자의 수도를 점령하고 그 정권을 교체하기 위해 대규모 반격이라는 선택을 유지한다는 것이 럼스펠드 장관의 설명이다. "어떤 침략자도 미국 대통령이 정권 교체를 선택하리라고는 알지 못하기 때문에 억지력은 감소하지 않는다. 그러나 두 번째 침략자의 국가를 점령하는 데 필요한 군사력을 유지해야 한다는 요구는 없앰으로써 [우리가 구전략(old strategy)하에서 했던 것처럼] 우리는 우리가 직면하고 있고, 직면해 온, 그리고 앞으로 가장 분명히 직면할 다양하고 덜 심한 긴급사태들과 미래를 위해 자원들을 자유롭게 제고할 수 있다."

미 국방부가 2001년 9월 4개년 방위 재검토를 통해 발표한 군사 변환을 위한 또 다른 결정은, '위협에 기초한 전략(반세기 동안 미국의 국방 계획을 지배함)'에서 '능력에 기초한 전략'으로의 이행이었다. 능력에 기초한 전략은 누가 우리를 위협하느냐 또는 우리가 어디서 위협당하느냐보다는 우리

미군의 무인첩보기 프레더터(Predator)가 항공모함 칼빈슨(Carl Vinson)호와 공조해 해상 첩보 비행을 하고 있는 모습이다./미국 국방부(U.S. Department of Defense)

가 그 같은 위협을 저지하고 방어하기 위해서 필요한 것은 무엇이냐는 것에 더 많은 초점을 맞추는 전략이라는 것이 럼스펠드 장관의 지적이다.

이 4개년 방위 재검토는 군사 변환의 6가지 목표도 제시했다.

① 미 본토와 해외 기지들을 보호한다.
② 먼 전장들에 무력을 투사(投射, project)하고 지탱한다.
③ 우리의 적들에게 우리의 손길로부터 자신들을 보호하기에는 세계의 어떤 구석도 충분히 멀리 떨어져 있지 않고 어떤 산도 충분히 높지 않고 어떤 동굴이나 벙커도 충분히 깊지 않고 어떤 SUV 차량도 충분히 빠르지 않다는 것을 확신시켜 주어 그들에게 은신처를 허용하지 않는다.
④ 우리의 정보 네트워크들을 공격으로부터 보호한다.
⑤ 정보 기술을 미 군사력의 여러 다른 부분들에까지 연결시켜 사용해,

그들이 공동 협력해서 전투할 수 있게 한다.
⑥ 방해받지 않고 우주에 접근하며 적의 공격으로부터 우리의 우주 능력을 보호한다.

2002년 4월 9일 상원 군사위원회에 출석한 당시 폴 월포위츠(Paul Wolfowitz) 국방부 부장관[부시 2기 행정부의 출범 직후인 2005년 3월 부시 대통령이 세계은행(IBRD) 총재 후보로 내정한 뒤 4월에 이사회에서 선출됨]은 4개년 방위 재검토에서 수립된 새로운 방향 중 가장 중요한 것은 네 가지라고 했다.

첫 번째는 두 개 전장에서의 동시 전쟁 계획에서 탈피, 좀더 넓게 긴급사태에 대비하기 위해 유연성을 획득하는 것이다. 두 번째는 모든 차원의 위기관리를 추구함으로써 한 지역의 위기를 낮추기 위해 다른 지역의 위기를 높이는 극단적 해결 방식은 피한다. 세 번째는 위협에 기초한 과거 모델에서 미래에는 능력에 기초한 모델로 전쟁 계획을 이행하는 것이다. 마지막으로는 21세기의 명백한 전략과 작전상의 도전들이 무엇인지, 그리고 그것들을 다루기 위해 필요한 목표들이 무엇인지를 결정하기 위해 노력하는 것이다.

이 같은 군사 변환을 지향하는 이들 목표가 구현하려는 군사력의 모습과 관련해 럼스펠드 장관은 이렇게 설명했다. "우리는 신속히 배치 가능하고 완전히 통합된 합동 군사력이 신속히 먼 전역(戰域)들에 도달하게 하며 적들을 신속하고 성공적으로 공격하고 파괴하기 위해 육해공군이 협동할 수 있도록 미 군사력을 변환할 필요가 있다."

럼스펠드는 이어 "우리는 적들의 접근 차단 능력들을 반격하는 데 도움이 되는 정보, 장거리 정밀 타격, 해상 기반 포(砲) 발사 기지 등이 필요하다"라고 덧붙였다.

월포위츠 전 부장관에 의하면, 아프가니스탄 전쟁에서 이 같은 군사 변환 노력이 성공을 거둔 사례 중 대표적인 것은 말이라는 19세기적 운송 수단에 20세기 중반에 만들어진 B-52 폭격기와 21세기적 첨단 통신 기기가 결합해 탄생한 '21세기적인 기병'이다.

현대전에 기병을 다시 도입한 이유에 대해 럼스펠드 장관은 이렇게 말했다. "그것은 변환 계획의 모든 부분이다. 정말 그렇다. 변환은 오래된 것들을 새로운 방식으로 사용하는 것을 의미할 수 있다. 창조적인 자연스러운 결과이다."

그러나 미국이 변환을 통해 지향하는 궁극적인 목표는 단순히 전쟁에서 승리하는 것이 아니다. 그보다는 전쟁 예방이라는 것이 럼스펠드 장관의 지적이다. 이를 위해서는 잠재적인 적들의 정책 결정자들이 기존의 무기 사용뿐만 아니라 새로운 위험한 능력을 배양하지 못하도록 저지하고 설득하는 방법을 찾을 필요가 있다고 그는 말했다.

럼스펠드 장관에 의하면, 그 같은 저지와 설득의 방법에는 세 가지가 있다. 첫 번째는 엄청난 비용이 소요되는 해군력을 유지하는 것과 적들이 해군력 경쟁을 벌이지 못하도록 만드는 새로운 능력을 개발하는 것이다. 두 번째는 효과적인 미사일 방어 배치로 잠재적인 적들이 탄도미사일을 획득하지 못하게 하는 것이다. 마지막 방법으로는 우주 체계와 우주에서의 지상 방어 능력을 개발하여 적들이 소형의 위협용 인공위성을 개발·사용하지 못하게 하는 것이다.

9·11 사태에서 주한 미군의 감축까지:
한미 갈등으로 이어진 미군의 변환 전략

2001년 1월 부시 미 행정부가 출범한 이후 주한 미군의 감축이나 철수 가능성이 처음 제기된 때는 그해 9월이었다. 당시 럼스펠드 미국 국방장관이 미군의 21세기 개혁인 군사 변환을 추진하기로 한 결정을 담은 '4개년 방위 재검토'를 의회에 보고하면서부터 제기되었다.

미국 국방부가 4개년 방위 재검토를 통해 미군의 변환에 착수하게 된 것은 특정 국가들에 대규모 병력을 주둔시켜 예상 가능한 위협에 대응하는 대냉전 전략이 더 이상 쓸모없어졌기 때문이다. 이 같은 판단은 21세기 안보 위협이 냉전 때와 달리 언제 어디서 어떻게 발발할지 예상하기 어렵다는 인식에 기초했다. 따라서 펜타곤으로선 21세기 안보 위협에 효율적으로 대처하기 위해서 대냉전 전략을 폐기하고 새로운 군사전략을 수립할 필요가 있었다.

이 같은 인식하에 (군사 변환을 추진하는) 펜타곤이 냉전 시기의 예상 가능한 위협에 대응하기 위한 것이었던 주둔군(駐屯軍)이라는 해외 미군의 편제를 개혁하는 것은 당연했다. 개혁 방향은 '유동군(流動軍)' 또는 '기동군(機動軍)' 체제로 전환하는 것이었다. 예상이 어려운 다양한 안보 위협들에 대응하기 위해 위기 발발 지역으로 병력과 화력을 신속하게 이동시키려면 미국으로서는 그 같은 체제 전환이 불가피했다.

하영선 교수(서울대·국제정치학)는 2003년 12월 13일 중앙일보 칼럼에서 이렇게 평가했다. "(미군의 변환 전략은) 정보기술혁명의 도움으로 신출귀몰하는 '21세기 홍길동군'을 만들어 보겠다는 야심 찬 구상이다."

해외 미군이 주둔군 체제에서 유동군 또는 기동군 체제로 전환할 경우 주한 미군도 감축되거나 철수할 수밖에 없다. 따라서 주한 미군의 감축이나 철수는 2001년 9월 발표된 4개년 방위 재검토의 맥락에서 본다면 예상 가능한 일이었다. 이 같은 예상이 현실화된 것은 그로부터 만 3년이 지나서였다. 2004년 8월 부시 대통령이 군사 변환 전략에 따라 주한 미군을 비롯한 해외 미군을 재배치하겠다고 천명하고 나선 것이다.

이에 따라 2004년 하반기 들어서면서 주한 미군의 감축과 미 2사단의 한강 이남 이전은 급물살을 타기 시작했다. 이는 마침내 주한 미군이 북한의 도발을 억제하기 위해 유지해 오던 주둔군의 역할을 그만두게 됐다는 것을 의미했다. 주한 미군은 병력 규모를 줄이는 대신 훨씬 더 강력한 기동력과 화력을 갖추어 나갔다. 즉, 북한의 도발, 대만과 중국 간 군사적 긴장 등을 비롯한 동북아의 각종 안보 위기에 긴급하게 대응하기 위해 한반도를 들락날락하는 이른바 전략적 유연성을 갖춘 유동군 또는 기동군으로 변모하게 된 것이다.

한국과 미국이 주한 미군 12,500명을 2008년까지 감축하기로 합의한 때는 2004년 10월 6일이다. 감축 시기는 미국의 당초 계획보다 3년이나 늦춰졌다. 2005년 말까지 감축하는 안을 그해 7월 한국에 제시한 미국이 한국의 요청에 따라 그 시기를 연기하기로 한 것이다. 그러나 감축 시기의

한미 간에 주한 미군 감축 합의가 이루어진 지 16일이 지난 2004년 10월 22일 펜타곤을 방문한 윤광웅 국방부 장관(맨 왼쪽)이 도널드 럼스펠드 미 국방장관(가운데)과 함께 국기에 대한 경례를 하고 있다./미국 국방부(U.S. Department of Defense)

이 같은 연기 합의는 이라크 재건 과정에 필요한 병력을 파견하기로 한 한국 정부에 보답하기 위한 부시 행정부의 정치적 결정이었다. 군사 변환에 따른 전략적 결정은 아니었던 것이다.

양국 합의안에 따르면, 1단계로 2004년 8월 이라크로 차출된 미군 2사단 병력 3,600명을 포함한 5,000명이 2004년 내에 철수하고, 2단계로 2005년과 2006년에 각각 3,000명과 2,000명이, 그리고 마지막 3단계로 2007~2008년 사이에 2,500명이 잇따라 철수한다. 2009년부터 주한 미군은 병력을 24,000명으로 유지해 한국군과 함께 북한군의 남침을 억제하고 동북아 지역의 전략적 안정 균형자 역할을 맡기로 했다. 1단계로 2004년에 철수한 부대는 후방 지역의 화생방 제독 임무를 맡아 온 화생방 방어 부대와 일부 전투 부대 등이다. 이들 부대는 그해 8월 한국군에 임무를 이양했다.

또 한미 양국은 군사분계선(MDL) 인근에 배치되어 수도권을 위협하는 북한군 장사정포에 대응해 온 다연장 로켓(MLRS) 2개 대대와 대포병 레이더(ANTRQ) 등 대화력전 전력은 감축 계획에서 제외하기로 합의했다. 이와 함께 북한 특수부대의 침투와 기갑 사단의 남하를 저지할 아파치 헬리콥터 대대 중 헬리콥터 보유 대수가 가장 적은 1개 대대만 철수하기로 했다. 그리고 잔류 부대가 운용할 헬리콥터는 최소 롱보우(델타형) 아파치로 교체해 화력을 크게 보강하기로 했다.

주한 미군 감축 결정이 군사 변환에 따른 것이라는 미군 지휘부의 견해는 이미 한미 간 합의가 이루어지기 전에 제시됐다. 2004년 9월 23일 미 상원 군사위원회에 출석한 리언 J. 러포트(Leon J. Laporte) 주한 미군 사령관은 주한 미군의 감축에 대해 이렇게 증언했다. "한국에서 미국의 군사적 태세는 (병력) 숫자보다는 (화력 같은) 능력을 기준으로 바라볼 필요가 있다. 한국과의 동맹에서 얻는 능력들 덕택에 미군은 안보를 유지하면서 한반도에서 (주둔하는) 병력의 수를 줄일 수 있을 것이다."

그해 10월 14일 미 합참본부 전략 정책 부국장인 리처드 헌트(Richard Hunt) 해군 소장도 해외 미군의 재조정에 담긴 군사 변환의 의미에 대해 매우 중요한 언급을 했다. "미군의 전 지구적 재조정은 이미 무르익었으며 다른 변화들과 함께 적은 병력으로 미국의 군사적 능력을 증가시킬 것이다. 전 지구적 태세 변화는 대통령이 더욱 빨리 병력을 재배치하도록 허용할 것이다. 또 이것은 문제들이 갈등으로 비화되기 전에 병력들이 저지하거나 작은 갈등들이 커지기 전에 병력들이 짓밟을 수 있도록 허용할 것이다."

헌트 소장은 이어 해외 미군의 재조정이 군사 변환 작업임을 강조했다. "해외 미군 재배치는 변환 전략에 따른 것이다. 그것은 우리가 일하고 있는 다른 변환 분야들과 서로 협조하고 있다. 과거에 우리는 전쟁 계획을 개발해 선반 위에 올려놓은 뒤 그것들을 실행할 필요가 있을 때 그 먼지를 떨어야 했다. 우리는 그 수준을 넘어섰다. 우리가 작전해야 하는 환경은 매우 빠르게 변하고 있다."

헌트 소장은 한국에 주둔하는 미군 병력이 다음 3년간 12,500명까지 감축하는 것과 관련해 "한국은 경제적으로 성장했을 뿐만 아니라 정치적으로도 성숙했다"라고 말했다. 한국군이 이제 미군의 역할을 맡을 때가 되었음을 시사한 것이다. 그는 이어 "한국에서 미군의 공헌은 병력 숫자보다는 정보·감시·정찰에서 더 많이 이루어진다"라며, "미국은 이들 능력을 향상시키기 위해 향후 몇 년간 110억 달러 이상을 투자할 것이다"라고 지적했다. 한국에서 미군의 병력 감축은 그렇게 중요하지 않다는 점을 강조한 것이다.

헌트 소장은 주한 미군의 기지 통합은 좀더 나은 장소로의 병력 통합이라고 지적했다. "우리는 우리의 주둔 국가들을 깔고 뭉개길 원치 않는다. 우리는 매우 비강제적 방식으로 주둔하려고 한다. 이제 미군은 너무 포화한 지역에서 나와야 한다. 병력을 (한강) 이남으로 통합하는 것은, 한국에 남는 병력들이 훈련 지역으로 접근하는 것을 좀더 용이하게 해 줄 것이다."

또 헌트 소장은 미군 지휘부가 유일하게 휴전선 근처에 주둔해 있던 미 2사단을 한강 이남으로 이전하기로 한 목적 중에는 (북한의 장사정포와 방사포로부터) 미군 병력 보호가 있다는 것을 밝혔다. "그것(한강 이남으로의 이전)은 그들(미 2사단)의 기동성을 향상시켜 주고 병력 보호 방정식을 단순화시킬 것이다." 이 같은 언급은 2사단을 한강 이남으로 이전한다는 결정이 군사 변환 전략에 의한 것이긴 하지만 2사단 병력을 북한의 위협에서 벗어나게 하려는 의도가 그 결정 과정에 영향을 미쳤다는 것을 뒷받침한다.

그리고 헌트 소장은 미 2사단이 한강 이남으로 이전함으로써 주한 미군의 작전 효율성이 향상된다고 말했다. "이것은 전투 효율성을 전반적으로 향상시킨다. 적은 숫자가 임무 성취 능력을 감소시키지는 않는다.

도널드 럼스펠드 미 국방장관(사진 가운데 연단에 서 있는 사람)이 2003년 11월 18일 방한 기간 도중 오산 공군기지를 찾아 주한 미군 병사들과 만나 대화를 갖고 있다./미국 국방부(U.S. Department of Defense)

사실 미군의 능력은 향상됐다." 이 같은 언급은 미국이 미 2사단을 한강 이남으로 이전하는 것이 북한 핵 문제의 외교적 해결이 어려워질 때 대북 선제공격을 가하기 위한 준비가 아니냐는 시각을 설명이라도 하는 듯한 뉘앙스를 풍겼다.

문제는 유동군화에 따른 주한 미군의 전략적 유연성과 그것이 한반도의 안보에서 갖는 의미를 한국 정부가 정확하게 인식하고 대응했느냐 여부일 것이다. 이에 대해서는 양론이 엇갈린다. 노무현 정부 안팎에서 주한 미군의 전략적 유연성에 대한 지지파와 반대파의 평가가 다른 것이다.

주한 미군의 전략적 유연성을 한국의 안보를 위해서라도 인정해야 한다는 인식을 갖는 학자들과 정부 관계자들은 노무현 정부의 인식과 대응에 대해 비판적이었다. 미국이 주한 미군의 감축을 통해 노리는 목표가 군사 변환 전략에 따라 주한 미군을 유동군으로 만들어 전략적 유연성을 갖추게 하는 데 있다는 점을 노무현 정부의 외교안보팀이 간파하지 못하고 졸속으로 대응했다는 것이 비판의 이유였다. 그러다 보니 노무현 정부의 외교안보팀은 자신들이 동의하지 않을 경우 부시 행정부는 주한 미군의 감축은 물론이고 미 2사단의 이전도 강행할 수 없을 것이라고 인식했다. 그 결과 노무현 정부의 외교안보팀은 부시 행정부에 주한 미군의 감축과 미 2사단의 이전 문제를 북한 핵 문제가 해결될 때까지 연기해 달라고 조르기만 하는 모습을 연출하고 말았다는 것이 주한 미군의 전략적 유연성 지지파의 지적이다.

사실 이들 지지파의 입장에서 보면, 2001년 9월 미 국방부의 4개년 방위 재검토 발표에 따른 주한 미군의 감축 움직임에 대해 당시 한국 정부와 언론, 그리고 학계가 가지는 인식에는 문제가 적지 않았다. 어느 누구도 미국의 21세기 미군 개혁 전략인 변환을 전제로 해서 주한 미군의 감축 가능성을 보지 않았기 때문이다. 친미 세력이나 반미(反美) 세력 모두 2001년 6월 한국 여중생 두 명이 주한 미군 궤도차량에 치여 사망한 사건 이후 확산된 반미 정서가 주한 미군의 감축이나 철수 움직임을 낳은 변수라고 이해하는 수준을 벗어나지 못했다.

특히 한국 정부는 무조건 반대하는 입장으로 일관했다는 것이 주한 미군의 전략적 유연성 지지파의 비판이다. 한국 정부는 부시 행정부가 미국 국민의 안전을 위해 주한 미군의 감축을 비롯한 해외 미군의 개혁에 나섰음을 이해하고 미국과 감축 협상에 임했어야 했다는 것이다. 그러나 현실은 그렇지 않았다. 감축설이 제기될 때마다 한국 정부는 그럴 리가 없다는 입장만 되풀이한 것이다.

특히 4개년 방위 재검토가 발표된 이후 부시 행정부의 제의에 따라 출범한 '미래 동맹을 위한 한미 간 정책 구상 회의'에서 미국 측 대표단이 주한 미군의 감축을 제안했을 때도 그랬다. 당시 한국 정부는 "북한 핵 문제가 해결될 때까지 연기해 달라"라고 요구했다. 북한의 군사적 위협이 상존하는 만큼 주한 미군을 감축해서는 안 된다는 것이었다. 이는 주한 미군의 감축 문제와 관련한 대미 협상에서 한국이 미국에 냉전 시기의 군사전략을 고수하라고 떼쓰는 수준을 벗어나지 못했다는 것을 의미했다. 그러는 사이 펜타곤은 특정 지역의 대규모 주둔군에 의존하던 냉전 시기의 전략에서 위기 발발 지역으로의 신속한 화력과 병력 이동을 중요시하는 21세기 변환 전략으로 급속히 전환하고 있었다.

북한의 도발 위협 상존론은 한국 정부가 휘두를 수 있는 유일한 전가(傳家)의 보도(寶刀)였다. 북한의 안보 위협을 강조하면 미국이 주한 미군을 감축하지 않을 것이라고 굳게 믿었던 것이다. 미 2사단의 한강 이남 이전 문제 때도 마찬가지였다.

미 2사단은 그동안 휴전선 근방에 배치돼 북한의 남침 시 미국을 자동으로 개입하게 만드는 이른바 '인계 철선(tripwire)' 역할을 해 왔다. 그러나 2003년 들어 부시 행정부는 주한 미군 2사단을 한강 이남으로 이전한다는 방침을 정했다. 이전 이유는 변환 전략에 따라 더 이상 북한이라는 예상 가능한 위협에 대응하기 위해 대규모 병력을 휴전선에 주둔시킬 필요가 없어졌다는 데서 찾을 수 있다. 여기에 2사단 병력을 사정거리 60km에 달하는 북한의 막강한 장사정포와 방사포의 위협에서 벗어나게 함으로써 향후 대북 선제공격 시 쓸데없는 인명 피해를 줄이려는 의도 역시 복합적으로 작용했다는 관측도 유력하게 제기됐다.

당시 한국 정부는 갑자기 미 2사단이 인계 철선 역할을 중단하면 안보상 문제가 있다고 판단, 연기를 요청하기로 했다. 이에 따라 외교 당국이 2003년 3월 미 국무부에 이 문제에 대한 한국의 입장을 전달했는데, 이때 제시한 논리가 북한의 핵 위협론이었다. 북한의 핵 문제가 해결된 이후로 연기해 달라는 것인데, 이는 한국 정부가 미국의 주한 미군 감축 계획에 반대하며 제시한 논리와 다를 바 없었다. 그러나 국무부는 펜타곤이 이미 결정한 사안이라며 한국의 요청을 거절했다.

경위야 어찌됐든 주한 미군의 전략적 유연성 지지파가 보기에 한국

정부는 부시 행정부의 주한 미군 감축 의도를 정확히 읽어 내지 못했다. 이 때문에 이들은 노무현 정부의 외교안보팀이 과연 9·11 사태 전후로 미국이 군사 변환에 착수한 배경과 목적을 올바로 파악하고 있는지에 대한 의문을 제기했다. 만약 파악했다면 한국 정부가 미국이 한국 정부의 동의 여부와 관계없이 주한 미군을 감축할 것이라는 점을 예상하지 못했을 리가 없지 않았겠느냐는 것이다.

그러나 주한 미군의 전략적 유연성 반대파의 생각은 달랐던 것으로 보인다. 반대파의 입장은 유동군으로 변화한 주한 미군이 동북아의 온갖 위기에 관여함으로써 한국이 본의 아니게 다른 나라들의 갈등에 개입하게 되는 사태는 막아야 한다는 것이다. 반대파에 의하면, 미국의 주한 미군 감축과 2사단의 한강 이남 이전 목적이 주한 미군에 동북아의 각종 안보 위기에 긴급 대응하는 전략적 유연성을 부여하려는 데 있다는 것을 노무현 정부의 외교안보팀은 미국과의 협상 초기부터 인지하고 있었다. 그런데도 이들 당국이 이 같은 사실을 노무현 대통령에게 정확히 보고하지 않았다는 것이 반대파의 비판이었다.

실제로 미국과 주한 미군 감축 합의안에 서명할 즈음 한국의 국방 당국은 주한 미군의 감축과 미 2사단의 한강 이남 이전이 미국의 군사 변환에 따른 것임을 인식하고 있었다. 2004년 10월 6일 안광찬 국방부 정책실장은 합의안에 대해 이렇게 설명했다. "미군 감축 이후 미 육군의 군사 변혁 계획에 따른 미 2사단 개편과 2006년까지 110억 달러를 투입하는 전력 증강 계획 등으로 비록 병력 규모는 축소되나 실질적인 전투 능력은 더욱 강화돼 (한미 양국 군의) 연합 억제와 방위 태세는 더욱 굳건해 질 것이다."

반대파에 의하면, 노 대통령은 한국 정부의 외교안보팀이 미국과 주한 미군의 전략적 유연성에 합의했다는 것을 전혀 알지 못했다고 한다. 그가 처음 주한 미군의 전략적 유연성 때문에 한국이 동북아 분쟁에 휘말리는 일은 없을 것이라는 점을 천명한 것은 2005년 3월 8일 공군사관학교 졸업식에서였다. 그러나 노 대통령은 그 전에 외교안보팀으로부터 한미 간에 주한 미군의 전략적 유연성에 대한 합의가 이루어졌다는 사실을 보고받지 못했다. 2004년 10월 6일 미국과 주한 미군의 감축에 합의했을 때 주한 미군의 전략적 유연성에도 합의했다는 것을 외교안보팀이 노 대통령에게 보고하지 않았다는 것이다. 그러니까 노 대통령의 공사 발언은 사전에 외교안보팀의 조언을 받아 작성한 것이 아니라 혼자만의 고민의 결과였다는 것이다. 외교안보팀으로부터 미국과 주한 미군의 전략적 유연성에 합의했었다는 사실을 보고받지 못했음을 노 대통령이 알게 된 시점은 미국에서 자신의 공사 발언에 대한 비판적인 목소리가 나오기 시작한 이후였다. 이에 따라 내부 조사가 이루어졌다. 그 결과 외교안보팀이 주한 미군의 전략적 유연성에 대해 합의한 사실을 노 대통령에게 보고하지 않았음이 확인됐다고 반대파는 주장했다.

주한 미군의 전략적 유연성에 대한 합의 여부를 확인하기 위한 노무현 정부의 외교안보팀 내부 조사는 청와대 국정상황실과 민정수석실에 의해 이루어졌다. 2005년 4월 17일 김만수 청와대 대변인은 "지난달 초 (주한 미군의) 전략적 유연성 문제와 관련, 국가안전보장회의(NSC)를 비롯한 정부 외교안보팀의 대미 협상 과정에서 부실한 점이 없지 않았나 하는 청와대 국정상황실의 문제 제기가 있었다"라고 밝혔다. 김 대변인은 이어 "이에 따라 국가안전보장회의 상임위원장인 정동영 통일부 장관 주재로 민정수석, 국정상황실장 등이 참여하고 이종석 국가안전보장회의 사무차장이 답변하는 검토 회의가 두 차례 있었다"라고 덧붙였다.

만약 반대파의 주장이 사실이라면, 외교안보팀은 왜 노 대통령에게 주한 미군의 전략적 유연성에 관해 합의했다는 사실을 숨긴 것일까?

조사 과정에서 국가안전보장회의 사무처를 비롯한 외교안보팀은 그 같은 합의는 이루어지지 않았다고 부인했다고 한다. 그러나 국방부가

2004년 10월 6일 발표한 미국과의 합의문에는 "주한 미군은 병력을 24,000명으로 유지해 한국군과 함께 북한군의 남침을 억제하고 동북아 지역의 전략적 안정 균형자 역할을 맡기로 했다"라는 대목이 들어 있다. 이는 한미 양국이 당시 주한 미군의 전략적 유연성에 합의했음을 뒷받침한다. 외교안보팀이 노 대통령에게 이 같은 합의 사실을 숨긴 배경에는 외교안보팀을 주도해 온 일부 인사들이 급속히 친미로 돌아선 것도 한몫하지 않았겠느냐는 것이 반대파의 관측이다.

미군의 변환 전략에 따른 주한 미군의 감축은 이처럼 한국 내 친미 세력과 반미 세력 간 갈등, 그리고 정부 내부의 균열까지 초래했다. 사태는 여기서 끝나지 않았다. 주한 미군의 전략적 유연성 논란이 계속되면서 한미 관계는 미국 싱크탱크들이 주한 미군의 완전 철수와 한미 동맹의 청산을 제기하는 상황으로까지 악화되고 만 것이다(이에 관한 내용은 다음 장을 참조).

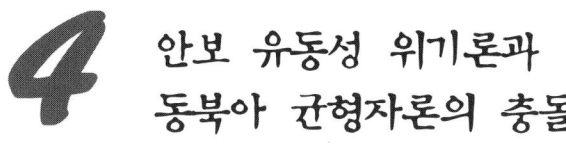

4 안보 유동성 위기론과 동북아 균형자론의 충돌

주한 미군 감축 문제의 핵심은 감축 시기와 감축 병력 수에 대한 한미 간 갈등이 아니었다. 그보다는 잔류하는 주한 미군의 역할에 대한 양국 간 인식 차이가 갈등의 축으로 부상했다. 합의 이후 한국에서 군사 변환 전략에 따라 기동군 또는 유동군 체제로 바뀌는 주한 미군의 역할을 둘러싸고 제기된 상반된 위기론이 더 큰 논란을 낳았던 것이다.

하영선 교수(서울대·국제정치학)를 필두로 한 중견 국제정치학자들이 제기한 위기론은 이른바 '안보 유동성 위기론'으로 정리할 수 있다. 이 위기론의 논리는 미국의 군사 변환 전략을 전제로 한다. 말하자면 한미 동맹 관계가 악화되면서 미국이 감축한 만큼의 병력과 화력을 유사시 한반도로 유동시킬, 즉 투입할 가능성이 낮을 수 있다는 것이다.

이 위기론에 따르면, 해외 미군이 유동하게 됐다는 것은 안보도 신용이 있어야만 가능하게 됐다는 것을 의미한다.

어느 국가든지 대미 신용이 없다면 안보 문제가 발생하더라도 미군을 자국으로 유동시켜 줄 것을 요청하기 어렵게 되었다는 것이다. 미국의 군사력이 이제 외국 투자 자본과 같은 성격을 지니게 되었다는 얘기다.

미국의 군사 변환에 따라 대미 신용이 안보를 좌우하는 상황에서 한국이 직면한 안보 유동성 위기 역시 대미 신용의 하락에서 말미암은 것이라고 위기론 주창자들은 지적한다. 이들에 따르면, 한국의 대미 신용이 악화된 원인으로는 두 가지가 꼽힌다.

하나는 노무현 정부의 대북 정책과 북한 핵 문제에 대한 인식과 해법이 미국과 차이를 보여 왔기 때문이라는 것이다. 한국은 북한의 대량살상무기 개발과 확산 행위엔 크게 주목하지 않고 남북한 관계의 개선에만 골몰해 온 반면, 미국은 북한의 대량살상무기 문제의 해결 없이 대북 관계 개선과 경제 지원은 안 된다는 입장을 고수해 왔다.

다른 하나는 9·11 이후 미국이 추진하고 있는 대테러전과 대량살상무기 확산방지 노력에 노무현 정부가 소극적으로 협력해 왔다는 것이다.

안보 유동성 위기는 주한 미군이 더 감축되거나 철수할 경우에 더욱 심화할 가능성이 있다. 실제로 미국의 군사 변환 전략이 궁극적으로 추구하는 미군의 편제가 유동군이나 기동군인 만큼 주한 미군도 더 감축될 가능성을 배제할 수 없다. 럼스펠드 미국 국방장관은 2005년 3월 18일 미군 병사들과 대화하는 자리에서 주한 미군의 추가 감축 가능성을 시사했다. "미국은 한반도의 억지력과 방위력을 제공하는 책임을 점차 한국에 이양하고, 그 같은 이양이 이루어진 뒤에 미군은 서울과 비무장지대에서 나와 해상 중심축(a sea hub)과 공중 중심축(an air hub)으로 이동할 것이다." 또 그는 한국에서 미군을 계속 주둔시키더라도 주한 미군은 한국의 안보에 기여하는 역할에서 일정 부분 벗어날 것이라는 복안을 표명하기도 했다. "한국에서 우리는 한국 정부에 지원적인 역할을 하며 도움이 될 수 있으나 한국 쪽의 의존도를 창출하는 식으로는 행동하지 않겠다."

이 같은 위기를 막기 위해서는 주한 미군이 대규모로 주둔해 있을 때보다 대폭 감축됐을 때 미국과 정치적 신뢰 관계를 더욱 강화해야 한다는 것이 이 위기론 주창자들의 주장이다. 바야흐로 대미 신뢰가 한국의 안보를 지키는 데 관건이 된 것이다.

실제로 한미 양국이 2004년 10월 6일 주한 미군의 감축안에 합의할 때 유사시 미군의 투입을 상정해서 결정한 것도 있다. 미 2사단이 보유하고 있던 전차와 야포 등 주요 전투 장비들을 미 육군 사전 배치 재고(APS: Army Prepositioned Stocks)로 분류하여 한국에 그대로 두고, 유사시 투입되는 병력이 즉각 사용할 수 있도록 한다는 데 합의한 것이다. 그러나 문제는 이 같은 합의가 반드시 미군의 투입을 보장하는 것이 아니라는 데 있다. 안보 유동성 위기론에 따르면, 미군의 투입은 한미 간 신뢰도에 따라 결정된다는 것이다.

노무현 정부가 중시한 위기는 이 같은 안보 유동성 위기론과 전혀 다른 차원의 것이었다. 주한 미군이 유동군 또는 기동군으로 바뀌면서 한반도의 평화유지라는 본래의 역할에서 벗어나 대만 문제와 같은 것에 개입하는 사태가 위기라고 노무현 정부는 인식했다. 주한 미군이 대만 문제에 개입할 경우, 이는 미중 간 군사적 충돌로 이어질 수 있고 그렇게 되면 동북아의 안보가 극도로 불안해질 수 있다는 것이다.

노무현 정부가 주한 미군이 한반도를 들락날락하면서 주변의 안보 문제에 개입하는 이른바 '전략적 유연성'을 허용하지 않겠다는 방침을 분명히 한 것은 이 때문이다. 그 같은 방침이 처음 드러난 것은 2005년 3월 8일 공군사관학교 졸업식에서 이루어진 노무현 대통령의 연설에서였다. "주한 미군은 한반도의 평화와 안정을 위해서 매우 중요하고, 앞으로도 지속적인 역할을 해 나갈 것입니다. 최근 일부에서 주한 미군의 역할 확대를 둘러싸고 여러 가지 우려의 목소리가 나오고 있습니다. 이른바 '전략적 유연성'에 관한 문제입니다. 그러나 분명한 것은 우리의 의지와 관계없이 우리 국민이 동북아시아의 분쟁에 휘말리는 일은 없다는 것입니다. 이것은 어떤 경우에도 양보할 수 없는 확고한 원칙으로 지켜 나갈 것입니다."

　이날 노 대통령은 주한 미군의 전략적 유연성 허용을 거부하는 방침에서 한 걸음 더 나아가 동북아시아의 세력 균형자 역할을 담당하겠다고 천명했다. 이는 한국이 동맹 관계인 미국과 그렇지 않은 중국 간에 군사적 충돌이 발생하지 않도록 양국 사이에서 세력 균형을 잡겠다는 것을 의미했다. "이제 우리 군은 한반도뿐만 아니라 동북아시아의 평화와 번영을 지키는 것을 목표로 하고 있습니다. 동북아시아의 세력 균형자로서 이 지역의 평화를 굳건히 지켜낼 것입니다. 이를 위해 동북아시아의 안보 협력 구조를 만드는 데 앞장서고, 한미 동맹의 토대 위에서 주변국들과 더욱 긴밀히 협력을 강화해 나갈 것입니다." 노 대통령의 '주한 미군의 전략적 유연성 허용 거부 방침'과 '한국의 동북아 세력 균형자론'은 '노무현 독트린'으로까지 불리기도 했다.

　그러나 노 대통령의 이 같은 방침이 알려지면서 한미 동맹 관계를 중시하는 언론사와 지식인들을 중심으로 비판이 거세게 나타났다. 비판의 요지는 미국과 동맹 관계에 있는 한국이 동맹을 맺은 나라와 동맹이 아닌 나라 사이에서 균형자 역할을 한다는 것은 가능한 일이 아니라는 것이다. 한미 동맹은 한미상호방위조약을 바탕으로 하고 있다. 이는 한미 양국이 서로가 전쟁이나 분쟁에 직면하면 돕는 관계라는 것을 의미한다. 그런데 노무현 정부가 한국이 군사적 위협에 직면할 때 미국이 도와주는 동맹은 유지하면서 동북아 다른 지역에서 미국이 분쟁 당사자가 될 때 한국은 세력 균형자 역할을 하겠다는 것은 모순이라고 비판적 지식인들은 입을 모았다. 이 같은 비판이 계속되자, 3월 30일 국가안전보장회의 고위 관계자가 익명을 전제로 반박하고 나섰다. "냉전 시기의 진영(陣營) 외교 틀에서 벗어나겠다. 한국은 적극적이고 역동적인 행위자로서 동북아 균형자 역할을 해 나갈 것이다. 동북아 균형자론이 기존 한미 동맹을 부정하고 이완시킨다는 일부 주장은 잘못된 것이다. 균형자 역할을 수행하는 과정에서 한미 동맹을 기본 토대로 삼는다."

주한 미군의 감축에 따른 위기 인식과 그에 대한 대응 방안은 이처럼 관점에 따라 전혀 상반되게 나타났다. '동북아 균형자론'은 노 대통령이 공개적으로 발언한 까닭에 언론에 크게 보도된 반면, '안보 유동성 위기론'은 국제정치학자들의 담론(discourse) 상태로 논의돼 온 탓에 상대적으로 일반에 덜 알려졌다.

한 가지는 분명하다. 군사 협력을 바탕으로 출발한 한미 동맹의 변화방향이 21세기 들어 반드시 상승 곡선을 그리고 있는 것은 결코 아니라는 사실이다. 이를 뒷받침하는 대표적인 예로는 2005년 4월 8일 주한 미군 사령부가 폴 월포위츠 전 미국 국방부 부장관의 서한을 공개한 것을 꼽을 수 있다. 이날 주한 미군 사령부는 "2004년 5월 당시 폴 월포위츠 미국 국방부 부장관이 조영길 한국 국방부 장관에게 서한을 보내 전시예비 물자(WRSA-K) 프로그램을 2006년 12월까지 폐지한다는 것을 알렸다"라는 사실을 공개했다. 한반도 전시(戰時)에 대비해 주한 미군이 비축한 탄약·물자 관리 프로그램을 2006년 말로 폐지한다고 미국이 한국과 주한 미군 감축에 합의하기 5개월 전에 통보했다는 것이다.

WRSA-K라는 것은 한반도에서 전면전이 발발하면 한미 양국 군이 즉시 공동으로 사용하는 탄약을 비롯한 전시 물자를 말한다. 이를 관리하는 WRSA-K 프로그램을 중단하면 한국이 협상을 통해 새로운 관리 프로그램을 만들거나, 비축돼 온 탄약과 물자를 무상으로 넘겨받거나, 아니면 그중 일부를 사들여야 한다. 그렇지 않을 경우 미국은 그 전시 물자를 한반도에서 철수시킨다.

그동안 WRSA-K는 미군의 전쟁 억제력을 보여 주는 상징처럼 인용돼 왔다. 전국에 비축된 WRSA-K는 90% 이상이 각종 탄약이다. 포탄에서 미사일까지 280종 58만 톤에 이르며, 그 가치는 5조 원에 달하는 것으로 평가된다. 한반도 유사시 탄약 필수 소요분의 60%라는 분석도 있다. 미군이 한국의 부족한 탄약을 채워 주는 형태이다.

주한 미군이 월포위츠 서신을 전격 공개함으로써 제기되는 본질적인 의문은 한 가지이다. 대체 미국이 이렇게 중요한 WRSA-K 프로그램을 2006년 말까지만 유지하겠다고 통보한 이유가 무엇이냐는 것이다. 미국의 목적은 한반도 유사시 한국을 군사적으로 지원하지 않으려는 데 있는 것일까? 아니면 유지하는 데 많은 비용이 드는 WRSA-K 프로그램을 한국에 넘기려는 데 있는 것일까?

당시 월포위츠 부장관은 서한에서 "WRSA-K 프로그램과 긴급소요부족품목록(CRDL: WRSA-K 이외에 한국에 필요한 전시 물자) 이행은 과거 한반도의 평화와 안정 유지에 중요한 역할을 했지만 (지금은) 당초 목적을 달성하지 못하고 있다"라고 지적했다. 주한 미군은 서한 공개 후 "세계 11위 경제 대국인 한국 상황을 고려할 때 수년 전부터 더는 전시 비축 물자를 유지하는 것이 불필요하다고 판단돼 왔다"라고 설명했다.

월포위츠의 지적과 주한 미군의 설명을 종합하면, 미국의 의도는 한반도 유사시 외면하겠다는 뜻은 아닌 것으로 보인다. 그보다는 한국이 경제 발전을 이룩한 만큼 이젠 더 이상 안보 문제에서 무임승차하는 것을 두고 볼 수 없다는 의도로 해석된다. 한국이 11위 경제 대국으로 발전한 상황에서 한반도 유사시에 대비한 전시 물자 관리 프로그램의 유지 책임은 이제 한국이 맡는 것이 당연한 것이 아니냐는 얘기다. 요컨대 미국은 WRSA-K 프로그램의 유지 부담을 2006년 말까지는 질 테니 2007년부터는 경제적으로 발전한 한국이 맡으라는 요구인 것이다.

이 같은 해석을 간접적으로 뒷받침해 주는 근거는 두 가지이다. 하나는 주한 미군이 월포위츠 부장관의 서신을 공개한 시점이 한국 정부의 방위비 분담금 감축에 대해 찰스 캠벨(Charles C. Campbell) 주한 미8군 사령관이

도널드 럼스펠드 미 국방장관(왼쪽)이 2003년 11월 17일 방한, 청와대를 예방해 노무현 대통령과 환담을 나누고 있다. 이날의 우호적인 분위기는 오래가지 못했다. 양국 간에 2004년 10월 6일 주한 미군 감축이 합의된 지 몇 개월도 지나지 않아 노 대통령이 주한 미군의 전략적 유연성을 반대한다는 의사를 천명한 것이다./미국 국방부(U.S. Department of Defense)

불만을 표시한 직후였다는 사실이다. 다른 하나는 럼스펠드 미 국방장관이 2004년 10월 22일 한미 국방장관 회담 때 주한 미군의 역할 변화와 관련해 밝힌 언급이다. 당시 그는 한반도 평화와 지역 안보를 위한 억제력, 즉 주한 미군의 역할은 변함이 없지만 만약 변화가 있다면 양국 관계의 진전에 따라 한국이 일부 임무와 책임을 떠맡게 되는 것이라고 지적했다. 결과적으로 보면, 럼스펠드가 이때 말한 '책임'은 월포위츠의 서신이 공개되면서 '전시 물자 프로그램의 유지에 필요한 비용'을 부담하라는 것으로 드러났다고 볼 수 있다.

그러나 사태는 단순히 한국이 주한 미군의 주둔에 소요되는 경제적 부담을 더 진다고 해서 해결될 수준을 넘어섰다. 노무현 대통령의 주한 미군의 전략적 유연성 허용 거부와 동북아 균형자론 주장을 계기로 이미 북핵 해법을 둘러싸고 갈등을 벌여 온 한미 관계가 더욱 악화된 것이다.

한국과 미국은 2005년 6월 10일 워싱턴에서 열린 한미 정상회담을 통해 양국 관계가 변함없는 동맹 관계라는 것을 나타내 보이려고 애썼다. 그럼에도 불구하고 이 같은 노력은 미국 유수의 싱크탱크들에게서 한국과 미국이 조용히 결별해야 한다는 주장들이 제기되는 것을 막지는 못했다.

미국의 대표적인 보수 성향의 싱크탱크인 미국기업연구소는 격월간지인 아메리칸 엔터프라이즈(American Enterprise) 7·8월호에 "지금 저지하라, 북한에서의 악몽을 피하기 위해"라는 특집을 실었다. 여기서 한미 관계를 담당한 대니얼 케넬리(Daniel Kennelly)는 "이제는 한국과 우호적으로 결별해야 할 때"라는 제목의 글에서 "현재의 한미 동맹은 외교적인 구속복(광포한 죄수에게 입히는 옷)으로서 한국이 어떠한 대북 군사 조치에도 반대하고 있다"라고 주장한 뒤 한미 동맹 청산론을 제기했다. 그는 이어 "한국 방어는 이제 한국에 맡겨야 한다"라면서 주한 미군의 완전 철수를 주장했다. 그리고 그는 "미군 재조정과 창의적인 외교를 통해 우리가 만일에 대비할 수 있는 군사적 선택 방안을 되찾아야 한다"라고 촉구했다.

니컬러스 에버슈타트(Nicholas Eberstadt) 미국기업연구소 선임연구원은 "한국 정부의 핵심은 용서할 수 없는 반미라는 것이 입증됐고, 한국은 이제 도망간 동맹국이다"라고 주장했다. 그는 이어 "북한 문제에서 외교는 실패할 것이기에 강경 제재와 군사적 선택 방안을 준비해야 한다"라고 지적했다.

이 같은 주장은 이미 2004년에도 제기됐다. 미국의 보수 성향의 싱크탱크인 케이토 연구소(Cato Institute) 소속 테드 갤런 카펜터(Ted Galen Carpenter)와 더그 밴더우(Dug Bandow)는 『한국의 수수께끼(The Korean Conundrum)』라는 공동 저서에서 "한국은 지난 수십 년 동안 안보에서 무임승차해 왔다"라고 주장했다. 카펜터와 밴더우는 이어 "미국에서 한국의 안보적 가치는 하락하고 있고 한국이 스스로를 방어할 능력은 점차 향상되고 있는 만큼 미국은 이제 새로운 접근 방법을 채택할 필요가 있다"라고 지적했다.

이들은 새로운 접근 방법으로서 주한 미군의 완전 철수를 통한 한미 동맹 관계의 청산론을 제기했다.

문제는 미국의 모든 대외 정책 변화가 워싱턴 D.C.를 중심으로 포진한 싱크탱크들로부터 논의가 시작되면서 이루어져 왔다는 것이다. 이라크에 대한 군사공격 필요성을 처음 제기한 것도 싱크탱크들이었다. 이는 주한 미군의 철수와 한미 동맹의 청산론이 미국 싱크탱크들로부터 제기된 이상, 한미 관계가 그 같은 방향으로 나아가지 말라는 법이 없다는 것을 의미한다.

5 일본판 21세기 군사 변환 전략 '신방위대강'의 정체

"지금 왜 '메이지(明治: 1868~1912)의 머리로 쇼와(昭和: 1926~1989)의 군비(軍備)를 논하지 말라'는 이노우에 시게요시(井上成美) 해군 제독의 말이 생각나는지 모르겠다."

2004년 10월 초 일본 고이즈미 준이치로 수상이 받은 한 보고서의 서문이다. '미래에 대한 안전보장과 방위력 비전'이라는 제목의 이 보고서는 고이즈미 수상의 사적 자문 그룹인 '안전보장과 방위력에 관한 간담회'가 21세기에 맞게 일본의 중장기 국방 계획인 '신방위대강(新防衛大綱)'을 수정하기 위해 만든 것이다.

이 문장을 쓴 사람은 그룹의 좌장으로서 도쿄전력 고문인 아라키 히로시(荒木浩)이다. 이 보고서가 '아라키 보고서'로 불리는 것도 이 때문이다. 아라키가 이 같은 서문을 쓰게 된 것은, 이노우에의 해군 공군화 제안을 무시한 결과 태평양 전쟁에서 패전하고만 당시 일본 군 수뇌부의 잘못을 되풀이하지나 않을까 걱정스러워서였다. 일본 해군의 항공본부장이었던 이노우에 제독은 비행기를 더 만들어야 한다고 주장했다. 그러나 당시 군 수뇌부는 이노우에의 제안을 무시한 채 거함과 대포를 중시했고 그 결과 패전하고 말았다. 아라키로서는 당시의 일본 군 수뇌부처럼 일본의 21세기 군사력 개혁 방향에 관한 보고서를 만드는 과정에서 20세기의 머리로 21세기 군비를 논하는 잘못을 저지르는 것은 아닌지 두려웠던 것이다.

아라키가 이 같은 두려움을 느끼면서 제시한 일본의 21세기 군사력 개혁 방향은 세 가지이다. 자위대의 자유로운 해외 진출을 위한 법안 개정, 무기·방어 체계 개편, 그리고 테러와 대량살상무기 확산에 대비한 미일 동맹 강화이다.

고이즈미 수상이 내각 회의를 열고 아라키 리포트를 바탕으로 수립된 신방위대강 개정안을 승인·확정한 때는 2004년 12월 10일이다. 신방위대강 개정안은 일본의 입장에서 볼 때 21세기 군사력 개혁 방향을 정확히 잡았다는 평가를 받았다. 아라키의 우려와 달리 신방위대강 개정안이 제시한 일본의 21세기 군사전략은, 태평양전쟁 당시의 기준으로 보면, 일본군 수뇌부가 고집한 '거함과 대포'가 아니라 이노우에 해군 대장이 주창한 '비행기'였다는 것이다.

이 같은 평가는 고이즈미 내각이 20세기적 시각에서가 아니라 21세기적인 시각에서 일본의 군사전략을 도출하는 데 성공했다는 것을 의미했다. 개정안은 세 가지 주요 목표를 갖고 있다. 이들 목표는 테러리즘과 같은 새로운 위협들에 대응하기, 미사일 방어 시스템을 도입하기, 그리고 국제 평화 협력 행위들에 참여하기이다. 이 개정안은 냉전 종식 이후, 특히 비국가(非國家) 단위들의 위협들을 조명하게 된 계기를 제공한 9·11 테러 사태 이후, 지구 안보 환경의 근본적인 변화를 반영했다는 평가를 받았다. 21세기 일본판 군사 변환 전략이 탄생한 것이다.

1954년 창건 이래 자위대는 외부 공격으로부터 일본을 방어하기 위해

도널드 럼스펠드 미 국방장관이 2004년 11월 19일 펜타곤을 방문한 오노 요시노리(大野功統) 일본 방위청 장관(왼쪽)을 맞이하고 있다. 이로부터 약 한 달 뒤인 12월 10일 일본은 미일 군사동맹을 동북아에서 세계 전역으로 확대·적용하기로 한다는 내용의 신방위대강을 확정·발표했다./미국 국방부 (U.S. Department of Defense)

한 번도 동원된 적이 없다. 대신에 지난 냉전 기간 50년 동안 주로 재난 구호 같은 비군사적인 임무들을 수행해 왔다. 1990년대 초 이후 참여해 온 국제적인 임무들도 엄격하게 수송 지원과 인도적 지원 임무에 국한됐었다. 그러나 신방위대강 개정안의 승인에 따라 자위대는 마침내 테러 공격이나 미사일 공격이 발생할 경우 전쟁에 돌입하기 위해 준비하는 군사 조직의 본래 임무를 수행하기 직전 단계까지 도달했다.

일본 자위대 합동참모회의의 한 간부는 감격스러운 나머지 당장 전쟁이라도 하러 갈듯이 이렇게 말했다. "지금은 작전 시간이다. 지금까지 우리는 억지의 기능을 수행하기 위해 훈련에 참가해 왔다. 그러나 이제부터는 우리의 능력이 시험될 것이다. 우리도 (군사적으로) 다른 나라들과 같은 수준을 맞출 것이다."

일본 정부가 신방위대강 개정안을 통해 목표로 하는 것은 '다기능적이며 유연하고 효율적인 방위력'의 건설이다. 이를 위해 개정안은 자위대의 재편과 함께 자위대의 해외 배치를 가능하게 만드는 일본과 미국의 전략적 파트너십 구축을 요구하고 있다.

개정안의 효력이 미치는 시기는 회계연도 2005년부터 시작해 10년 동안이다. 또 고이즈미 내각은 회계연도 2005년부터 2009년까지 신중기 방위프로그램을 승인했다. 따라서 앞으로 10년 안에 미일 군사동맹의 세계 적용 합의에 따라 자위대의 자유로운 해외 파견이 가능해지는 일본의 군사 대국화가 실현될 가능성이 높아진 것이다.

신방위대강 개정안에서 제일 먼저 문제가 되는 것은 기존의 방위대강들과 전제하는 개념이 다르다는 데 있다. 기존의 방위대강들은 한 독립국가가 필요로 하는 최소한의 방위력인 '기본 방위 능력'의 개념을 전제로 했다. 그러나 개정안은 이 개념과의 관계를 단절했다. 일본 정부가 기본 방위 능력만으로는 만족할 수 없다는 의사를 공개적으로 드러낸 것이다.

9년 만에 처음으로 수립된 개정안은 기본 방위 능력에만 안주할 수 없는 근거로 중국과 북한의 위협들이 증가하고 있다는 것을 들었다. 일본을 둘러싼 지역들에서 군사적 위협들이 눈에 띄게 증가해 왔다는 것이 일본의 지배적인 여론이다. 북한의 경우 대포동 미사일 시험 발사, 핵무기 프로그램 의혹, 간첩선의 일본 영해 침범 등이, 그리고 중국의 경우 군사력 증강과 핵잠수함의 일본 영해 침범 등이 꼽혔다. 일본 정부가 개정안을 통해 군사 대국화를 본격 추진할 수 있었던 데는 이 같은 국내 여론이 큰 보탬이 됐다.

북한과 관련해서, 신방위대강 개정안은 최근 몇 년간 이 은둔의 공산국가에서 전개된 사태들이 "지역 안보의 심각한 불안정 요인"을 대표한다고 언급했다. 중국에 관해서, 개정안은 이 지역에서 의미 있는 영향력을 갖고 있는 이 나라가 "해군 및 공군력과 마찬가지로 핵과 미사일 능력을 현대화하고 있고 해상에서 활동 반경을 확대하고 있다는 사실에 주의할 필요"가 있다고 지적했다. 방위대강이 중국을 구체적으로 거론한 것은 이번이 처음이다.

신방위대강 개정안은 다섯 가지 유형의 '새로운 위협들과 다양한 상황들'을 제시했다. 이들 중 대규모 자연 재해를 제외하고 나머지 넷은 북한, 중국과 관련이 있다. 일본 정부가 군사 대국으로 가는 길을 열기 위해 북한과 중국을 근거로 삼았다는 것을 여실히 보여 주는 대목이다. 어쨌든 이 네 가지 위협과 상황은 미사일 공격, 게릴라들 또는 특수부대들의 공격, 섬들에 대한 침략, 그리고 영공과 영해에서의 감시·경계·영공 위반 또는 무장 간첩선의 침범이다. 2004년 한 해 동안 중국 해양 연구 선박들은 일본 정부의 거듭된 항의에도 불구하고 일본의 배타적경제수역(EEZ)을 30회 이상 침범했다고 일본의 언론들은 보도했다.

11월에는 중국의 한 핵잠수함이 오키나와(沖繩) 근처 일본 영해에 진입해 일본 정부가 해양 경찰 활동을 강화하는 빌미를 제공했다. 그 결과 신방위대강 개정안은 "영해 해저에서 항해하는 외국 잠수함들에 대처하기 위한 적절한 행동"을 요구하고 있다.

냉전 기간 자위대는 홋카이도(北海道)에 대한 소련의 침략 가능성에 대비하는 데 최우선순위를 두었다. 그러나 개정안은 장비와 인력 두 가지 기준에서 자위대의 이 같은 목표에 대한 '근본적인 검토'를 요구했다. 일본 방위의 지리적인 초점이 북방에서 남방으로 이동하고 있는 것이다. 그 결과 정보와 통신뿐만 아니라 중앙 조직을 포함한 작전들이 잘 통합돼 자위대는 더욱 효과적으로 임무를 수행할 수 있게 됐다고 평가받는다.

일본이 안보 정책에서 질적인 변화를 촉진한 것은 북한의 노동 미사일 배치와 핵무기 프로그램이라는 데 일본 내 이견이 없다. 일본 내각이 북한의 미사일 위협에 대처한다는 명분으로 미사일 방어 시스템의 도입을 결정한 때는 2003년 12월이다. 2004년 일본 정부 예산은 이 같은 목적을 위해 1,000억 엔을 충당했다. 2005년도 예산안은 여기에 1,100억 엔을 배정했다. 현재 미사일 방어 시스템의 도입과 배치에 드는 총비용은 1조 엔 이상으로 평가되고 있다.

미사일 방어는 일본의 방위 및 안보 정책과 관련해 가장 중요한 의문들을 제기한다.

첫 번째는 무기 수출 금지에 관해 무엇을 할 것이냐는 의문이다. 1983년에 그 예외적인 경우로서 당시 나카소네 야스히로(中曾根康弘) 수상은 미국으로 무기 기술을 이전할 수 있는 길을 열었다. 현 고이즈미 준이치로 수상은 미사일 방어에 관한 일본과 미국의 공동 개발 및 생산 프로젝트들을 준비하면서 그 문을 좀더 넓게 열었다는 것이 일본 언론의 대체적인 평가이다.

일본 언론에 의하면, 무기 수출 금지는 일본이 대인지뢰의 사용을 막고 소형 무기들을 규제·해체하려는 노력으로 국제적인 찬사를 얻게 된 근거의 일부이다. 유엔 안보리의 5개 영구 상임이사국들은 주요 무기 수출국들이다.

방위 산업은 무기 수출 금지의 철폐를 요구하고 있다. 그러나 만약 미사일 방어 프로젝트들이 무기 수출을 위한 배출구를 여는 것으로 끝날 경우, 일본은 2차 대전 후 성취한 외교정책 성과 중 많은 것을 잃어버릴 수밖에 없다. 이 때문에 일본 내에서도 무기 수출 금지의 철폐 문제는 신중해야 한다는 목소리가 나오고 있다.

일본과 미국은 미사일 방어 시스템에서 포괄적인 협력을 요구하는 외교적 견해들을 주고받아 왔다. 일본의 한 미사일 방어 시스템은 미국의 미사일 발견과 추적 능력 없이는 수립되기가 불가능할 수 있다. 미사일 방어가 통합된 미일 군사전략의 출현을 정당화하는 것은 이 때문이다.

이 때문에 한국과 중국 등 동북아 국가들의 신경이 날카로워지고 있다. 미일 군사동맹의 세계 적용을 21세기 목표로 삼고 동북아와 세계 문제에서 군사적 역할을 증대시키려는 일본의 움직임을 예의 주시하고 있는 것이다. 그러나 일본의 군사 변환에 대한 한국과 중국의 대응은 상이하게 나타나고 있다.

한국의 노무현 정부는 미국의 대테러 세계 전쟁에 적극적으로 참여하여 동북아와 세계에서 군사적 역할을 넓히려는 고이즈미 일본 내각과 다른 길을 걷고 있다. 미국의 주한 미군 감축 결정에 대해 '협력적 자주국방'이라는 기치를 내걸고 미국과 적절한 긴장을 조성하면서 북한 핵 문제의 평화적 해결을 주창하는 것처럼 한반도 또는 민족문제에 골몰해 온 것이다.

그러나 중국은 일본이 궁극적으로 미국의 지원에 힘입어 동북아에서 군사적 헤게모니를 잡는 것을 막기 위한 노력을 게을리 하지 않고 있다. 후진타오(胡錦濤) 체제의 중국은 덩샤오핑(鄧小平)이 제시한 이래 모토가 돼 온 '그런대로 괜찮게 사는 사회' 이른바 '샤오캉(小康) 사회'를 목표로 경제 발전에 매진하면서도 국방 예산의 증액을 통해 군사력 증강에도 서둘러 왔다. 그런 중국이 일본이 신방위대강 개정안을 통해 동북아의 군사적 헤게모니를 추구하는 것을 그냥 두고 보지만은 않으리라는 것은 분명해 보인다.

한 미국 외교관은 한국에서 일본의 군사 대국화에 대한 우려가 제기되는 것과 관련해 "민주주의 체제를 갖고 있는 나라들 간에는 전쟁이 일어나지 않는다"라고 말했다고 한다. 일본이 이미 군국주의에서 민주주의로 이행한 지금 한일 간에 군사적 갈등이 벌어질 가능성은 없다는 것이다.

그러나 독일 철학자 게오르그 빌헬름 헤겔(Georg Wilhelm Hegel)은 민족이 사라지지 않는 한 전쟁도 사라지지 않는다고 했다.

한국과 일본은 서로 다른 민족이다. 일본과 중국의 경우는 민주주의 체제를 공유하지도 않고 같은 민족도 아니다. 따라서 한일 간에는 민족이 다르다는 이유로, 그리고 중일 간에는 체제가 다르다는 이유로 군사적 충돌 가능성은 존재하는 것이다.

물론 일본의 미일 군사동맹의 강화와 그것의 세계적 적용 결정은 세계

2위인 경제력에 걸맞은 국제정치·군사 역할을 맡겠다는 긍정적인 의도에서 비롯됐을 것이다.

그렇다고 하더라도 이 때문에 일본과 중국의 무력 충돌 가능성은 오히려 증가할 가능성이 높다. 특히 미국은 주둔군 체제인 해외 미군을 군사 변환 전략에 따라 유동군 또는 기동군 체제로 전환하고 있다. 따라서 다른 지역에서 안보 위협이 발발해 동아시아에 배치된 미군이 그 지역으로 이동하게 되면 미국은 일본이 동북아의 안보 질서를 주도하도록 지원할 가능성이 높다. 중일 간 무력 충돌이 현실화할 공산이 큰 것은 바로 이 때문이다. 중국은 냉전 기간 미국이 동북아의 군사적 헤게모니를 쥐고 있는 상황에서도 이에 도전하기 위해 군사력을 증강해 왔다. 그런 중국이 그 헤게모니가 일본으로 넘어가는 것을 그냥 보고 넘길 가능성은 없다.

일본이 동아시아 전역을 작전권으로 삼을 수 있는 공군력과 해군력을 갖춘 지 이미 오래다. 공중 급유기들로부터 지원받는 일본의 전투기들은 동아시아 어느 곳으로든 출격해 작전을 수행하고 귀환할 수 있다. 함대공과 함대지 공격 미사일 시스템으로 무장한 전투형 구축함인 이지스함과 첨단 잠수함들을 갖춘 일본 해군은 동아시아 해역 어디서든 작전을 펼 수 있다. 2001년 초 중국 하이난도(海南島) 근처 상공에서 첩보 수집 중이던 미국의 첩보기를 나포한 중국이 일본의 전투기나 첩보기에도 격추로 대응할지도 모를 일이다.

북일 간 군사적 충돌도 그 가능성을 배제하기 어렵다. 특히 북일 간 군사적 충돌은 미국이 중동 문제에 집중하면서 북한의 미사일을 비롯한 대량살상무기 확산 행위에 대한 저지 역할을 일본에 맡길 경우 발생할 가능성이 제일 높다. 일본 자위대가 대북 군사적 경계나 압박에 돌입한다면, 북일 간에 군사적 갈등이 발발할 가능성은 어느 때보다 높은 것이다.

북일 간 군사적 충돌이 발발할 경우 그로 인한 위기는 한반도는 물론이고 동북아 전역으로 확산될 가능성이 크다.

그런데도 미국은 일본과 군사동맹 강화에 나섰다. 부시 대통령은 2004년 11월 대통령 선거에서 재선이 확정된 뒤 고이즈미 일본 총리와 함께 미일 동맹을 '세계 속의 미일 동맹'으로 만들어 가자는 데 합의한 것이다.

미일 정상의 이 같은 합의에 따라 양국은 2005년 들어 미일 동맹의 전략을 수정하기 시작했다. 그해 2월 19일 부시 행정부와 고이즈미 내각 간 외무·국방장관 회담인 이른바 '2+2 회담'이 개최돼 21세기 미일 동맹의 전략을 가다듬은 공동성명을 발표한 것이다. 이날 채택된 공동성명은 양국이 아시아·태평양 지역과 국제사회의 안정을 위한 공동의 전략 목표에 관한 내용을 담고 있다.

이 공동성명에서 가장 주목할 것은 '미일 동맹의 세계화'이다. 양국이 대량살상무기 확산방지와 국제 테러 방지 및 근절 등 국제 안보 환경의 개선을 위해 파트너십을 강조한 것이다.

미일 양국은 이 같은 파트너십을 넘어 민주주의와 인권 등 기본적 가치들을 함께 추진하기로 함으로써 민주주의 공동체의 일원임을 과시했다. 그리고 양국은 아프가니스탄과 이라크에서의 평화유지 활동 및 인도양 지진 해일(쓰나미) 같은 국제적 재해에도 공동 대응하기로 합의했다. 이 같은 사실은 양국이 기존의 안보상 동맹 관계를 넘어서 이념적 동맹 관계로 발전하고 있다는 점을 드러냈음을 의미한다.

2·19 미일 공동성명에서 주목할 또 다른 내용은 동아시아·태평양이라는 지역 전략을 공유하기로 했다는 점이다. 미일 양국은 중국에 대만 문제의 평화적 해결을 촉구한 뒤 군사 분야의 투명성을 높이고 동아시아 지역과 세계 안정에 책임 있고 건설적인 역할을 요구했다. 이는 미일 양국이 중국의 잠재적 위협을 공동의 전략적 목표로 설정하고 대만 문제에 공동 대응할 가능성이 있다는 것을 보여 준다.

북한에 대해서도 미일 양국은 공동성명에서 핵, 미사일, 납치 문제 등 구체적인 현안들의 평화적인 해결을 촉구했다.

결국 2·19 공동성명은 미일 양국이 중국과 북한을 공통의 위협 요인으로 인식한다는 것을 보여 준다. 2004년 12월 10일 일본 정부가 발표한 신방위대강도 중국과 북한을 위협 요인으로 지목했다. 이는 미일 동맹이 신방위대강에서 제시한 방향대로 가고 있다는 것을 의미한다.

영국의 권위지인 파이낸셜타임스(Financial Times)는 2005년 3월 18일 미국이 중국을 견제하기 위해 일본 정치의 강력한 민족주의적 가치도 포용하고 있다고 보도했다. 이 보도에 의하면, 중국이 급속한 경제성장을 바탕으로 세계 유일의 초강대국인 미국을 위협하고 있다는 시각이 대두되면서 중국의 부상에 대응하기 위해서는 일본과 유대를 강화해야 한다는 견해가 미국 보수 성향의 싱크탱크들에서 제기되고 있다.

RED LINE

5 장

PSI, 선제공격으로의 미국 안보전략 이행
그리고 북한

 북한 겨냥한 PSI와 위기의 한반도

　이라크 전쟁이 미국의 조기 승리로 끝난 직후인 2003년 5월 31일. 이날 조지 W. 부시 대통령은 동유럽의 폴란드 크라코프(Krakow)를 방문했다. 그로서는 이라크 전쟁 승리 이후 첫 외국 방문이었다. 이는 9·11 사태 이후 미국의 동맹 질서가 어떻게 변화하는지를 여실히 보여 주는 사건이었다.

　폴란드는 프랑스와 독일 등 서유럽 국가들과 달리 9·11 테러 사태 이후 미국의 부시 행정부가 최고의 국정 목표로 삼아 온 테러와의 전쟁 차원에서 치러진 아프가니스탄 전쟁과 이라크 전쟁에 적극 참여해 왔다. 부시 대통령의 방문은 이에 대한 감사의 표시였다. 그는 이렇게 찬사를 표했다. "아프가니스탄과 이라크 전투에서 폴란드 군은 기술과 명예로서 봉사해 주었다. 미국은 폴란드가 함께 싸워준 것을 잊지 않을 것이다."

　그러나 폴란드 크라코프 방문이 갖는 더 큰 의미는 다른 데 있었다. 이날 부시 대통령이 크라코프에서 행한 연설에서 '대량살상무기 확산방지구상(PSI: Proliferation Security Initiative)'의 추진을 선언한 것이다. 가까운 동맹국들과 함께 대량살상무기와 운반 체계, 그리고 관련 물자들의 전 세계적인 확산을 저지하는 것을 목표로 한 새로운 지구적 노력으로서 PSI를 출범시키겠다는 선언이었다. "미국과 폴란드를 포함한 우리의 가까운 동맹국들은 의심되는 화물을 선적한 비행기들과 선박들을 찾고 불법 무기들 또는 미사일 기술들을 포획하기 위해 새로운 합의 작업을 시작했다." 이 같은 중대한 의미를 갖는 정책을 다른 곳도 아닌 미국의 새로운 동맹국인 폴란드에서 발표한 것은 부시 행정부가 9·11 테러 사태 이후 추진하고 있는 전 지구적 동맹 질서의 재편 방향을 보여 준다.

부시 대통령의 PSI 출범 선언은 미국이 아프가니스탄 전쟁과 이라크 전쟁에서 잇따라 승리를 거둠에 따라 반테러 전쟁의 전선 확대에 나섰음을 의미했다. 부시 행정부의 목표는 테러 조직의 일망타진과 테러 지원국가들에 대한 경계 수준에서 벗어나 대량살상무기 확산방지로까지 반테러 전쟁의 외연을 넓히겠다는 것이었다. 불량국가들에 의한 대량살상무기의 확산을 근본적으로 차단해 대량살상무기가 테러 조직의 수중으로 넘어가는 것을 원천 봉쇄하겠다는 의지였다.

부시 대통령의 PSI 선언은 단순한 의지나 수사에 그치지 않았다. 그것은 미 백악관이 2002년 12월 초 발표한 '대(對)대량살상무기 국가전략'을 바탕으로 한다. 이 전략이 주목받는 이유는 무엇보다도 전 세계적인 대량살상무기의 확산을 물리치기 위해 좀더 강고한 수단들의 필요성을 인식하기 때문이다. 이 전략 문건에서 특히 주목해야 할 수단으로 '저지(interdiction)'라는 행위를 지목한 것은 미국의 PSI 선언이 그 이전의 대량살상무기 방지 노력들과 근본적으로 다르다는 것을 뒷받침했다.

미국의 의도는 PSI를 통해 대량살상무기의 확산을 방지하는 데 필요하다면 군사적인 방법을 동원해서라도 저지에 나서겠다는 것이었다. PSI가 미국 주도의 국제적 군사 압박 네트워크로 불리는 까닭은 바로 여기에 있다고 볼 수 있다.

문제는 미국이 PSI의 주 대상 국가로 삼고 있는 불량국가가 어디냐는 것이다. 물론 원론적으로 보면 미국은 대량살상무기를 개발하고 확산시키는 모든 불량국가들을 상대로 PSI 체제를 가동한다는 입장을 갖고 있다.

그럼에도 불구하고 미국이 처음부터 목표로 삼고 있는 불량국가는 북한이라는 징후가 포착된다. 대표적인 징후로는 두 가지가 꼽힌다. 첫 번째로는 미국이 2003년 6월 12일 스페인 마드리드(Madrid)에서 개최된 PSI 창립 회의에 한국을 초청하지 않았다는 사실이다. 미국이 초청하지 않은 이유는 당시 햇볕정책에 따라 북한의 대량살상무기 확산과 인권 탄압 등을 간과하고 있는 듯한 김대중 정부가 북한을 비롯한 불량국가들을 겨냥한 PSI에 참여하지 않을 것으로 판단했기 때문일 수 있다.

그러나 미국이 PSI를 불량국가 전체를 상대로 한 압박 기제로 출범시켰다면 한국을 제외했을 가능성은 없다. 따라서 미국이 한국을 굳이 배제했다는 것은 부시 행정부의 입장에서 봤을 때 한국이 참여할 경우 PSI의 활동에 지장을 받을 수 있다고 보았을 수 있다.

미국이 우려한 지장은 무엇이었을까? PSI가 타깃으로 삼고 있는 대량살상무기 확산 국가가 북한이라면, PSI 차원에서 북한 국적의 대량살상무기 선적 선박과 항공기를 나포하거나 저지하는 군사행동이 언제든지 가능하다. 문제는 그 같은 군사행동이 취해질 때 만약 한국이 PSI 회원국이라면, 한국이 그 정보를 북한에 넘겨줄 개연성이 있다는 것이 미국의 우려였을 수 있다.

부시 행정부의 고위 관리가 사실상 북한이 PSI의 타깃이라는 분석에 힘을 실어 주는 언급을 한 때는 2004년 6월 8일이었다. "내 생각에 북한의 오랜 확산 행위들을 전제할 경우 PSI는 주요 역할을 해 왔고 앞으로도

PSI 회원국인 스페인 특수부대원들이 2004년 1월 17일 아라비아 공해에서 대량살상무기를 선적한 선박을 정선시켜 점거하는 모의 훈련을 벌이고 있다./미국 국방부(U.S. Department of Defense)

주요 역할을 계속할 것이다. 북한은 탄도미사일 기술의 세계 최대 확산 행위자이고, 우리는 대량살상무기, 마약 판매, 그리고 일본에서의 불법 도박을 통해 버는 경화에 의존하는 한 국가(북한)가 다른 불량국가들이나 테러 집단들로부터 경화를 추가로 벌기 위해 무기 급 우라늄이나 플루토늄 또는 완전한 핵무기를 판매할 준비가 돼 있다는 것을 매우 우려한다. 그래서 우리는 PSI가 북한이 핵무기 프로그램을 진전시키기 위해 필요로 하는 주요 물질과 기술을 획득하는 것을 중단시키는 데 주요 역할을 해 왔고 계속 해야만 한다고 생각한다. 그뿐만 아니라 PSI는 북한이 탄도미사일이나 다른 무기 체계를 판매해서 그 프로그램을 재정 지원하는 것을 중단하도록 하는 데 주요 역할을 해 왔고 앞으로도 계속해야 한다고 생각한다."

부시 행정부가 PSI를 추진하게 된 계기 중 하나로 평가받는 서산호 사건도 PSI가 북한을 겨냥하고 있다는 분석을 뒷받침해 준다. 2002년 12월 10일, 미국은 스페인 해군과 공동작전을 펴 미사일과 부품을 싣고 예멘으로 향하던 북한 선박 서산호를 해상에서 나포했다. 그러나 미국은 서산호를 국제법으로 계속 억류할 근거가 부족해 결국 풀어 주고 말았다. 당시 스페인은 풀어 주려면 뭐 때문에 나포했느냐고 볼멘 소리를 했다. 이때 부시 행정부는 다시는 대량살상무기를 실은 불량국가의 선박을 나포 했다가 하릴없이 풀어 주는 경우는 만들지 않겠다는 결심을 했고 그 결과가 PSI인 것이다.

미국이 영국, 일본, 스페인, 호주, 프랑스 등 11개 동맹국과 함께 출범시 킨 PSI가 북한을 겨냥하고 있다는 것이 드러난 시점은 2004년 10월 26일 이었다. 이날 PSI 차원에서 북한의 대량살상무기 확산을 방지하기 위한 본격적인 다국적 군사훈련이 일본 자위대 주도로 도쿄 앞 바다에서 실시되 었다. 훈련명은 '팀 사무라이(Team Samurai)'였다. 이날 훈련에는 미국, 일본, 영국, 호주, 프랑스 등 PSI 8개 회원국이 참가했고 러시아를 비롯한 14개 국가가 옵서버로 참관했다.

훈련의 내용은 대량살상무기 관련 물자를 실은 선박을 정박토록 한 뒤 수색하는 가상의 군사작전이었는데 타깃 국가는 북한이었다. 당시 미 국무부 군축·국제안보 담당 차관 존 볼턴(John Bolton)은 훈련 사흘 전 일본 요미우리(讀賣)신문과 가진 회견에서 "북한의 (대량살상무기) 확산 이 일으키는 위협은 명백하다. (이번) 훈련은 북한처럼 확산에 관여하고 있는 국가와 거래하고 싶어 할지도 모르는 기업들을 단념하게 하는 유효한 수단이 될 것이다"라고 말했다. 이 같은 언급은 이번 훈련이 북한을 겨냥한 것임을 뒷받침한다.

볼턴 차관은 팀 사무라이 훈련이 북한을 겨냥한 것임을 확실하게 하기 위해 이렇게 말하기도 했다. "(북한의 대량살상무기 확산은) 탄도미사일 관련 기술에서 가장 심각하다. 과거 행위를 보면 핵 관련 물질을 불량국가 나 테러 조직에 매각하려는 게 아닌가 하는 불안을 갖게 한다."

회견 다음 날 볼턴 차관은 미국 시카고(Chicago)로 가 시카고 외교협회에서 가진 연설에서도 같은 맥락의 언급을 했다. "아시아 지역에서 북한의 대량살상무기 확산 위협은 명백하다. 이번 PSI 훈련은 훈련인 동시에 북한 같은 (대량살상무기) 확산 국가와 거래하려는 기업들에 대한 억지 역할도 유용하게 한다."

미국의 의도는 북한을 아프간과 이라크처럼 군사공격을 통해 정권교체를 추구해야만 하는 대상으로 보는 데 있지 않다. 대신 PSI와 같은 기제를 통해 북한이 대량살상무기 개발과 확산을 포기하도록 유도하는 것이 미국의 목표인 것이다.

따라서 북한이 핵무기 개발은 물론 미사일 개발과 수출을 중단하지 않을 경우, 미국이 주도하는 PSI 차원의 대북 군사적 압박은 거세질 가능성이 높다. 만약 김정일 정권이 그 같은 압박에도 불구하고 계속 버틴다면 PSI 회원국들, 특히 미국·일본과 북한 간에 군사적 충돌이 빚어질 개연성이 적지 않다. 그럴 경우 사태가 어디로 비화할지는 속단하기 어렵다.

이 같은 상황에서 문제는 역시 한국이 PSI 체제에 참여하지 않고 있다는 것이다. 그러나 노무현 정부의 외교안보팀은 미국 주도의 대북 국제 압박 네트워크에 동참할 의사가 없다는 점을 강조했다.

마드리드에서 PSI가 출범하던 2003년 6월 12일 저녁, 당시 노무현 정부의 외교안보 정책을 주도한다는 평가를 받는 국가안전보장회의 사무차장 이종석은 문화방송(MBC)의 토론 프로그램인 <100분 토론>에 출연하여, "(우리 정부는) 미일의 대북 압박을 예의 주시하고만 있고 여기에 동참하고 있지는 않다"라고 밝혔다. 또 이종석은 '한국이 미일의 대북 압박 외교에서 소외당하고 있다'는 지적과 관련, "소외당하고 있다는 말은 맞지 않는다"라며 "동참하고 싶은데 거부당하면 그런 표현이 맞지만 우린 동참할 생각이 없다"라고 말했다.

그러나 이종석의 말과 달리 노무현 정부의 외교안보 라인 모두가 PSI라는 국제적 대북 압박 네트워크를 거부하는 것은 아니었다. 국가안전보장회의 사무처를 중심으로 한 한미 동맹 재조정파와 외교통상부를 중심으로 한 한미 동맹 강화파로 첨예하게 대립한 것이다.

이 같은 전선은 대북 압박 네트워크가 2002년 6월 1일과 12일 각각 프랑스 에비앙(Evian)과 스페인 마드리드에서 G8 정상회담과 PSI 창립 회의를 통해 구축되면서 곧바로 형성됐다. 당시 이들 회의에서는 '북한의 핵 물질, 미사일, 그리고 마약 거래를 해상 나포와 공중 저지를 통해서라도 봉쇄해야 한다'는 의제가 많은 국가들에게서 동의를 얻은 것으로 나타났다. 그러자 노무현 정부의 외교안보 라인이 내부적으로 이 같은 의제를 지지하는 그룹과 반대하는 그룹으로 확연히 나뉘기 시작한 것이다. 그러나 노무현 정부는 PSI를 축으로 한 국제적 대북 압박 네트워크에 동참하지 않기로 결론 냈다. 모든 전투에서 한미 동맹 재조정파가 한미 동맹 강화파를 제압하는 데 성공한 것이다.

문제는 PSI 때문에 한반도에 예상치 못한 군사적 충돌 사태가 발발할 수 있다는 것을 인정해야 한다는 것이다. 그렇다면 PSI를 외면하는 것이 능사가 아니다. 그보다는 PSI에 적극 참여해 그 같은 예상 가능한 긴급사태를 예방하는 노력이 요구된다. 한국 정부가 PSI 체제 안에서 한반도 위기를 관리하는 성숙함을 보여 줄 필요가 있다는 지적들이 제기되는 것은 바로 이 점에서다.

PSI 차원에서 대북 군사 조치가 취해질 가능성이 높은 까닭은 2003년 9월 4일 파리(Paris)에서 개최된 3차 회의에서 '저지 원칙들에 관한 성명(Statement of Interdiction Principles)'이 채택됐기 때문이다. 이날 성명 채택에 합의한 국가는 호주, 프랑스, 독일, 이탈리아, 일본, 네덜란드, 폴란드, 포르투갈, 스페인, 영국, 미국 등 11개 창립 회원국들이다. 2차 회의는 그해 7월 호주 브리스번(Brisbane)에서 개최됐다.

그 이후 더 많은 국가들이 이 원칙을 승인해 왔다. 2004년 5월 31일 폴란드 크라코프에서 부시 대통령의 PSI 선언 일주년 기념으로 PSI 회의가 열렸을 때, 전 세계 62개국이 PSI와 저지 원칙들에 관한 성명을 승인하기 위해 참여했다. 이날 PSI 회원국들은 러시아가 핵심 그룹에 동참해야 한다는 데 합의했다. 러시아가 동참할 경우 선진 공업국 7개국과 러시아 간의 정상 모임인 G8 국가들 모두가 PSI의 핵심 그룹이 된다.

문제의 저지 원칙들은 대량살상무기 운송을 효과적으로 저지하고, 확산을 촉진하는 행위자들이 이 치명적인 거래에 참여하는 것을 막기 위한 조치들을 구체적으로 규정한 것이다.

첫 번째 원칙은 단독으로 하든지 다른 국가들과 협력하든지 간에 대량살상무기, 그 무기의 운반시스템, 그리고 관련 물자의 확산 우려가 있는 국가들과 비국가 행위자들 간의 이전과 운송을 저지하기 위해 효과적인 조치를 취하라는 것이다.

두 번째 원칙은 다른 나라들에 의해 제공되는 대외비 정보의 은밀한 내용을 보호하면서, 의심되는 확산 행위에 관한 관련 정보의 신속한 교환을 위해 간결한 절차를 채택하라는 것이다. 이와 함께 저지 작전과 능력에 적합한 자원과 노력을 바쳐야 하고, 저지 노력 시 참가국들 간 조정을 최대화해야 한다.

세 번째 원칙은 이들 목표를 달성하는 데 필수적인 관련 법적 기관들을 강화하라는 것이다. 이와 함께 이 공약들을 지원하기 위한 적합한 방법으로, 필요시에 관련 국제법과 기본 틀을 강화하는 작업을 해야 한다는 것이다.

네 번째 원칙은 국가 법적 기관들이 허용하고, 국제법과 기본 틀하에서 그들의 의무와 일치하는 정도까지 대량살상무기, 그 무기의 운반 시스템, 그리고 관련 물자에 대한 저지 노력을 지원하는 구체적인 행동을 취하라는 것이다.

PSI 체제는 이처럼 공식 조약에 기반한 조직이 아니라 일련의 행위들이라는 것이 미 국무부 비확산국의 지적이다. PSI 체제는 필요성이 제기될 때 구체적인 행위의 협력을 위한 토대를 확립하는 일련의 파트너십으로 이해하는 것이 최선이라는 것이다. 국무부 비확산국에 의하면, PSI 체제는 참가국들에게 공식적인 의무를 부여하지는 않지만 확산과 관련된 운송을 중단시키는 최고의 수단들을 확립하기 위해 정치적 공약을 만든다. PSI의 저지 훈련과 기타 작전 노력은 회원국들이 좀더 협력적이고 조정된, 그리고 효율적인 자세로 (그 같은 화물의) 운송을 중단하고 수색하며 압수하기 위해 함께 노력하는 것을 돕는다는 것이 국무부 비확산국의 설명이다.

국무부 비확산국에 의하면, PSI의 초점은 파트너 국가들 간의 더 나은 조정과 특별한 행동이 필요할 때 효율적으로 행동할 준비를 확립하는 데 맞춰져 있다.

그 결과 PSI는 적지 않은 성과를 거두어 왔다. 가장 대표적인 성과는 출범 첫해인 2003년 미국과 영국 정보기관들이 리비아로 운송되던 핵무기 제조용 고성능 부품들을 발견한 것이다. 이는 독일과 이탈리아 당국의 지원으로 가능했다. 리비아가 그해 12월에 자발적으로 대량살상무기 프로그램 폐기에 합의한 것은 이 발견 때문이었다.

미국과 영국의 정보 요원들이 2003년에 파키스탄의 핵무기 프로그램 설계자인 A. Q. 칸이 이끄는 지능적인 핵 암시장을 찾아내 폐쇄할 수 있었던 것도 PSI 체제 덕분이다.

2 봉쇄에서 선제공격으로 이행한 미국의 21세기 국가안보전략

조지 W. 부시 미 대통령이 2001년 1월 취임한 이후 2002년 1월 상·하원 합동 회의에서 행한 '악의 축' 연설 못지않게 많은 주목을 받은 연설이 있다. 바로 2002년 6월 미국 육군사관학교 웨스트포인트(West Point)의 입학식에서 행한 연설이다. 이 연설이 관심을 모은 까닭은 부시 대통령이 선제공격의 가능성을 처음으로 언급했기 때문이다.

그로부터 3개월 후인 9월 백악관은 30여 쪽에 달하는 '국가안보전략(National Security Strategy)'이라는 문건을 발표했다. 이 문건에서 부시 대통령은 45년에 걸친 냉전 시기와 탈냉전 시기인 1990년대를 지나오는 동안 미국의 안보전략이었던 '봉쇄(containment)'와 '억지(deterrence)'가 수명을 다했다고 선언했다. 따라서 대화와 설득이 효과가 없다고 판단될 경우 '선제공격'을 적극 검토할 것이라고 그는 밝혔다.

봉쇄가 미국의 냉전 전략으로 채택된 것은 1946년 모스크바

주재 미국 대리 대사였던 조지 케넌(George Kennan)에서 비롯되었다. 그는 소련의 대외 팽창정책을 저지하기 위해 봉쇄가 필요하다는 8,000 단어에 이르는 장문의 전문을 본국에 보냈다. 그 후 이 전문이 인정받아 국무부 정책기획국장으로 발탁된 케넌은 1947년에 '미스터 X'라는 필명으로 이 전문을 미국 외교협회가 발간하는 외교안보 전문지 포린 어페어스(Foreign Affairs)에 기고해 주목받았다. 그 결과 케넌이 제안한 봉쇄를 당시 트루먼 행정부가 안보전략으로 채택해 그 후 반세기에 걸친 냉전 시기에 미국의 핵심 전략으로 기능해 왔다.

그러나 부시 대통령이 2002년 9월 선제공격을 적극 검토하기로 선언하면서 봉쇄와 억지는 역사의 뒤안길로 사라졌다. 봉쇄 전략을 수립한 뒤 소련 대사와 유고 대사를 역임하고 프린스턴대학교 고등연구원으로 물러나 집필 활동을 해 왔던 미국의 외교정책 대부인 케넌이 101세의 일기로 사망하기 2년 반 전의 일이었다.

미국 안보전략의 이 같은 전격적인 이행을 주도한 사람은 당시 백악관 국가안보보좌관으로 있던 콘돌리자 라이스였다. 대학에서 소련 문제를 전공하기 전 한때 피아니스트의 길을 걸었던 그녀는 2005년 1월 출범한 부시 2기 행정부의 신임 국무장관으로 임명됐다.

라이스 보좌관은 9·11 테러 사태 직후 미국의 21세기 안보전략이 부재하다고 판단했다. 이에 따라 9·11 테러와 같은 새로운 안보 환경에 대비하는 안보전략을 수립해야 한다고 부시 대통령을 설득해 승인을 받았다. 그 뒤 그녀는 당시 국무부 정책기획실장으로 있던 리처드 하스(Richard Haass: 현 미 외교협회 총재)에게 초안 작성을 맡겼다.

그러나 하스의 초안을 검토한 라이스는 이 방향으로는 부족하다고 여기고 부시 대통령의 아버지 조지 H. W. 부시(George H. W. Bush) 대통령 시절(1988~1992) 백악관 국가안보회의에서 동료로 함께 일했던 필립 젤리코우(Philip Zelikow) 버지니아대학교 교수에게 다시 초안 작성을 맡겼다.

미국 해군이 2005년 6월 27일 호주 산호해(Coral Sea)에서 호주 해군과 함께 대량살상무기를 불법 선적한 선박을 정선시킨 뒤 헬리콥터를 이용하여 대량살상무기를 압수하는 PSI 해상 저지 훈련을 벌이고 있다. 각각 1만 1,000명과 6,000명이 참여한 미국 태평양함대와 호주군은 이 훈련 기간에 육해공 저지 훈련을 실시했다./미국 국방부(U.S. Department of Defense)

그렇게 해서 나온 것이 2002년 9월 발표된 '국가안보전략'이다.

문제는 라이스 보좌관과 젤리코우 교수가 미국의 21세기 국가안보전략으로 선제공격을 선택하면서 그 근거로 든 요인이 무엇이냐는 것이다. 그것은 바로 불량국가들과 테러리스트들이 미국이 가지는 재래식 무력의 우위를 극복하기 위해 대량살상무기를 사용할 가능성이 갈수록 높아지고 있다는 것이다. 라이스 보좌관과 젤리코우 교수는 국가안보전략에서 이렇게 설명한다. "불량국가들에게 대량살상무기는 그들의 이웃들에 대한 위협과 군사공격의 수단이다. 또한 이 무기는 우리가 불량국가들의 침략 행위를 저지하거나 격퇴하는 것을 막기 위해 불량국가들이 미국과 우리의 동맹국들을 협박할 때 사용할 수도 있다. 또한 불량국가들은 대량살상무기를 미국이 지닌 재래식 무력의 우위를 극복하기 위해 사용하는 최고의 수단으로 본다."

억지가 국가안보전략으로서 수명을 다했다고 라이스 보좌관과 젤리코우 교수가 결론 내린 것은 이 같은 맥락에서다. "억지라는 전통적인 개념은 무자비한 파괴와 무고한 사람들에 대한 공격을 공공연하게 행하는 테러리스트들에 대해서는 작동하지 않을 것이다. 테러리스트들은 순교를 추구한다. 그들은 국적을 노출시키지 않음으로써 무국적을 그들의 가장 효과적인 보호 수단으로 이용한다. 테러를 지원하는 국가들과 대량살상무기를 추구하는 자들이 겹친다는 것이 우리를 행동하게 만든다."

어떤 행동을 하게 만든다는 것인가? 그것은 바로 선제공격이라는 것이 라이스와 젤리코우의 설명이다. 그들이 수립한 국가안보전략에 의하면, 적의 공격 위험이 긴급하다고 판단되면 선제공격을 해서라도 적의 공격 위험성을 사전에 제거해야 한다. 선제공격은 공격 준비를 하고 있는 육해공군의 동원을 비롯한 가시적인 위협이 존재할 때만 그 합법성을 부여받아왔다. 그러나 그 같은 전제가 이제는 바뀌어야 한다는 것이 국가안보전략의 주장이다. "우리는 긴급한 위협이라는 개념을 오늘날 적들의 능력과 목적에 맞춰 조절해야만 한다"라는 것이다.

그러면서 국가안보전략은 오늘날 미국이 직면한 적들의 능력과 목적을 이렇게 설명한다. "불량국가들과 테러리스트들은 재래식 수단들을 이용해 우리를 공격하려 하지 않는다. 그들은 그 같은 공격이 실패하리라는 것을 알고 있다. 대신에 그들은 테러 행위와 잠재적으로 대량살상무기의 사용에 의존한다. 그 같은 무기들은 감추기도 쉽고 비밀리에 전달할 수 있으며 경고 없이 사용하기 쉽다. 이들의 공격 대상은 우리의 군 병력과 우리의 시민들인데 이는 전쟁에 관한 법의 원칙적인 규정들 중 하나를 직접적으로 위반하는 것이다."

국가안보전략에 의하면, 1990년대에 출현하여 미국의 안전을 위협하는 불량국가들이 갖는 공통 속성은 모두 다섯 가지이다. 첫 번째는 "지배자들의 개인적인 이익을 위해 국민을 잔인하게 다루고 자연 자원을 낭비한다"

라는 것이다. 두 번째는 "국제법을 존중하지 않고 이웃 국가들을 위협하며 그리고 그들이 속한 국제조약들을 무정하게 위반한다"라는 것이다. 세 번째는 "호전적인 목표들을 공격적으로 달성하기 위해서 또는 위협들로 사용하기 위해서 고급 군사기술과 함께 대량살상무기를 획득하기로 결정한다"라는 것이다. 네 번째는 "전 지구적으로 테러리즘을 후원한다"라는 것이다. 다섯 번째는 "기본적인 인간적 가치들을 부정하고 미국과 미국이 지지하는 모든 것을 증오한다"라는 것이다.

국가안보전략은 이들 속성 모두를 만족시키는 불량국가로 이라크와 북한 두 나라를 꼽았다. "걸프전 당시 우리는 이라크의 속내가 이란과 자국 국민들을 상대로 사용했던 화학무기에 국한하지 않고 핵무기와 생물무기의 입수까지 확대되었다는 것을 뒷받침하는, 반박할 수 없는 증거를 획득했다. 지난 10년간 북한은 세계의 주요 탄도미사일 조달자가 되었으며 자신만의 대량살상무기 병기고를 발전시키면서 미사일 실험을 더 많이 해 왔다." 이라크의 사담 후세인(Saddam Hussein) 정권은 이 전략이 발표된 지 반년 만에 미국의 선제공격으로 붕괴됐다. 이 전략이 북한의 향후 운명에 시사하는 바가 적지 않은 것은 바로 이 점에서다. 만약 북한이 미국의 요청을 거부하고 핵무기 개발을 강행할 경우, 미국은 이 전략에 의거하여 이라크에 이어 북한에도 선제공격을 감행해 정권 교체를 시도할 가능성을 배제할 수 없는 것이다.

부시 대통령이 선제공격의 필요성을 역설하게 된 데는 불량국가들과 테러리스트들이 언제 어디서 대량살상무기로 공격을 가해 올지 모른다는 우려가 결정적인 요인이 됐다. 국가안보전략에서 라이스와 젤리코우는 이렇게 설명한다. "미국은 오랫동안 우리의 국가안보에 대한 위협에 반격하기 위해 선제공격이라는 선택을 유지해 왔다. 비록 적의 공격 시간과 장소에 관해 불확실성이 남아 있다고 하더라도 그 위협이 클수록 무기력의 위험도 크다. 적들의 적대적인 행위를 예방하거나 기선 제압을 하기 위해 미국은 필요하다면 선제공격을 할 것이다."

그러나 국가안보전략은 한 가지 사족을 붙인다. "미국은 부상하는 위협들을 선제공격하는 모든 경우에 무력을 사용하는 것은 아니고 (다른) 국가들은 선제공격을 침략의 구실로 사용해서는 안 된다"라는 것이다. 선제공격이라고 해서 반드시 인명 피해를 수반하는 무력을 행사하는 것이 아니라 선박·항공기의 나포와 저지 또는 무력시위와 같은 인명 피해가 없는 공격도 있을 수 있다는 것이다. 그런데도 문명의 적들이 공개적이고 적극적으로 세계에서 가장 파괴적인 기술들을 추구하는 시대에 미국은 위험들이 늘어나는 동안 한가하게 있을 수 없다는 것이 국가안보전략의 다짐이다. "우리는 언제나 우리 행동들의 결과를 평가하면서 신중히 나아갈 것이다."

국가안보전략에 의하면, 미국이 선제공격이라는 선택 방안을 뒷받침하기 위해 착수하겠다고 밝힌 준비는 모두 세 가지이다. 첫 번째는 "위협들이 어디서 발발하든지 간에 그 위협들에 대한 정확한 정보를 적시에 제공하기 위해 더 낫고 좀더 통합된 정보 능력을 구축한다"라는 것이다. 두 번째는 "가장 위험한 위협들에 대한 공통된 평가를 수립하기 위해 동맹국들과 긴밀히 조정한다"라는 것이다. 마지막으로 "결정적인 결과를 성취하기 위해, 그리고 신속하고 정확한 작전을 수행하도록 우리의 능력을 확실하게 하기 위해 우리의 군사력 변환 노력을 계속한다"라는 것이다.

부시 행정부가 국가안보전략에서 선제공격을 새로운 안보 개념으로 취했다고 해서 봉쇄나 억지 개념을 아주 폐기한 것은 아니다. "국가안보전략은 50년의 독트린을 뒤집고 봉쇄나 억지를 버리지 않는다. 이들 전략적 개념은 적합한 사안에서 채택될 수 있고 계속 채택될 것이다. 그러나 어떤 위협들은 잠재적으로 너무 파국적인데, 너무 적은 경고와 추적할 수 없는 수단들로 다가올 수 있어서 봉쇄될 수 없다. 자살을 세례로 보는 듯한 극단주의자들은 결코 저지될 것 같지 않다. 그리고 새로운 기술은 어떤 위협이 긴급히 닥쳐올 때에 대비하도록 새로운 사고를 요구한다. 그래서 상식적으로 미국은 위협들이 완전히 가시화되기 전에 필요할 때 행동을 취할 준비를 해야만 한다."

그러나 선제공격 방안은 매우 신중하게 다뤄져야 한다는 것이 국가안보전략의 지적이다. "그것(선제공격)이 정당화될 수 있는 경우의 수는 언제나 적을 것이다. 그것은 미국이나 어떤 다른 국가에게 외교를 비롯한 다른 수단들을 소진하지 않고 선제공격하도록 공식 허가를 주는 것은 아니다. 선제공격은 일련의 많은 노력 중의 시작 단계에서 선택되는 것이 아니다. (선제공격 방안을 선택하기 위해서는) 그 위협은 틀림없이 매우 심각한 것이어야 한다. 그리고 기다리는 위험이 먼저 행동을 취하는 위험보다 틀림없이 훨씬 큰 것이어야만 한다."

미국이 안보전략을 봉쇄와 억지에서 선제공격 적극 검토로 이행한 것은, 2001년 10월 아프가니스탄 전쟁으로 촉발된 전 세계적인 반미와 반부시 정서를 더욱 확산시키는 계기가 됐다.

그러나 미국 역사에서 선제공격을 안보전략으로 삼은 것은 부시 행정부가 처음이 아니다. 2004년에 미국에서 출간돼 호평받은 『안보, 놀람, 그리고 미국의 경험(Security, Surprise and the American experience)』에서 저자인 예일대 역사학과 교수 존 루이스 개디스(John Lewis Gaddis)는 미국은 19세기에도 외부의 공격에 따른 위기들을 선제공격으로 돌파한 사례가 있다고 지적했다. 개디스 교수는 1818년 당시 먼로(Monroe) 행정부의 존 퀸시 애덤스(John Quincy Adams) 국무장관이 일련의 국경 침범 사건 직후 스페인이 점령하고 있던 플로리다를 공격한 것을 예로 들었다. 선제공격이라는 독트린은 1845년 텍사스(Texas) 합병 때도 적용됐는데, 당시 제임스 K. 포크(James K. Polk) 미 행정부가 든 합병 이유에는 텍사스가 9년 전 멕시코로부터 획득한 독립을 유지하기 어려울 수 있고 영국이나 프랑스가 텍사스를 취할지도 모른다는 우려가 있었다는 것이 개디스 교수의 설명이다.

라이스와 젤리코우도 이 같은 지적에 동의한다. 이들은 국가안보전략에서 이렇게 말한다. "선제공격은 새로운 개념이 아니다. 한 국가가 실존하는 위협들을 역점을 두고 다루기 전에 공격당하기를 기다려야 한다는 어떤 도덕적이거나 법적인 요구는 없다. 미국은 1962년 쿠바 미사일 위기부터 1994년 한반도의 위기(1차 북한 핵 위기)에 이르기까지 오랫동안 예상되는 자기 방어에 대한 권리를 지지해 왔다."

부시 행정부가 이 같은 국가안보전략을 떠받치기 위해 세운 기둥들은 모두 세 가지이다. 첫 번째 기둥은 "우리는 테러리스트들과 무법 정권의 폭력을 예방하고 반대함으로써 평화를 방어하겠다"라는 것이다. 두 번째 기둥은 "우리는 세계 강국들 간 우호 선린 관계의 시대를 촉진함으로써 평화를 유지하겠다"라는 것이다. 마지막 기둥은 "우리는 전 지구적으로 자유와 번영의 혜택 확대를 추구함으로써 평화를 확대하겠다"라는 것이다.

어느 나라든지 안보전략이 먼저 정해지고 난 뒤 군사전략이 새로이 수립되게 마련이다. 안보전략이 누가 적이며 그 적을 어떻게 대처하겠다고 규정하는 전략이라면, 군사전략은 그 적을 효율적으로 공략하는 방법에 관한 전략이다.

이 점에서 미국은 선후가 바뀌었다. 미 국방부가 럼스펠드 장관의 지휘 하에 21세기 새로운 안보 위협에 올바로 대응하기 위해 미군을 변환시키겠다는 군사 변환 전략을 추진하기로 결정한 것은 2001년 9월 의회에 제출한 4개년 방위 재검토에서였다. 반면 군사 변환의 상위 전략인 국가안보전략은 그보다 1년이나 늦게 수립됐다.

이 같은 사실은 부시 행정부가 21세기 미군 개혁 방안보다 21세기 안보전략을 수립하는 데 더 많은 시간을 들였다는 것을 역설적으로 보여 준다. 그만큼 21세기의 새로운 적은 누구이며, 냉전 때처럼 군사력으로 그 적을 봉쇄나 억지를 할 것인지 아니면 선제공격할 것인지를 결정하는 것이 더 어려운 고민이었던 것이다.

냉전 종식 직후인 1990년대 초반에 미국은 이 시기에 맞는 안보전략을 수립하는 데 실패했다. 냉전을 종식시키는 임무를 다한 조지 H. W. 부시 공화당 행정부를 이은 클린턴 민주당 행정부는, 공산주의와 계획경제라는 적의 소멸로 더 이상 미국과 세계의 안보를 위협할 세력은 없다고 보았다. 이 같은 판단에 따라 클린턴 행정부는 월스트리트를 중심으로 활동하는 초국적(transnational) 자본에 의한 세계화(globalization)에 역점을 두었다.

그 결과 클린턴 행정부는 유라시아와 아프리카 지역을 중심으로 확산되기 시작한 인종 청소와 같은 극단적인 민족주의나 이슬람 근본주의 테러리즘 등의 새로운 위협에 대응하는 안보전략을 마련하지 못했다. 그러다 보니 클린턴 행정부는 어떤 지역의 분쟁에는 개입하고 또 다른 지역의 분쟁은 외면하는 등 일관되지 않은 모습을 보였다.

미국과 같은 초강대국의 안보전략에 요구되는 핵심 기능 중 하나는 재생 가능(reproducible)해야 한다. 이 점에서 1990년대 중·후반 들어 봉쇄라는 냉전 전략은 이미 세계 도처의 극단적인 민족주의로 인한 갈등과 분쟁에서 효력을 잃었다고 볼 수 있다.

따라서 미국의 입장에서 보면, 선제공격을 핵심으로 하는 부시 행정부의 국가안보전략은 클린턴 행정부의 안이한 세계관에 따른 탈냉전 시기의 안보전략 부재를 반성하는 의미를 갖는다.

부시 행정부는 군사 변환 전략과 국가안보전략의 수립을 마치자 미국이 직면한 21세기의 안보 위협이 구체적으로 무엇인지를 정의(define)하는 작업에 착수했다. 미군 병력과 화력으로 선제공격을 해서라도 대처해야 하는 새로운 적들을 속속 규정하기 시작한 것이다.

부시 행정부가 9·11 직후 최고의 국정 목표로 채택한 테러와의 전쟁에 따라 아프간 전쟁을 치러 내면서 21세기 최대 위협으로 꼽은 것은 대량살상무기의 개발과 확산이었다. 이를 정책화한 것이 2002년 12월 11일 나온 '대(對)대량살상무기 국가전략(National Strategy to Combat WMD)'이

이탈리아 특수부대원들이 2004년 4월 22일 지중해에서 벌어진 PSI 해상 저지 훈련 도중 헬리콥터에서 로프를 타고 대량살상무기를 선적한 선박 위에 투입되고 있다. '영리한 파수꾼 훈련(Exercise Clever Sentinel)'이라고 명명된 이번 훈련에는 미국을 비롯한 5개국이 훈련 장비를 제공했고 여러 나라들이 옵서버들을 파견했다./미국 국방부 (U.S. Department of Defense)

라는 제목의 문건이다.

 이 문건의 중요성은 대량살상무기의 확산을 방지하기 위해 저지를 비롯한 강력한 수단들의 필요성을 처음으로 제기하고 있다는 데 있다. 저지라는 공격적인 수단의 필요성은 국가안보전략이 봉쇄와 억지에서 선제공격의 적극 검토로 이행하기로 한 데 따른 것이다. 이는 부시 행정부가 대량살상무기의 확산을 막기 위해서라면 군사적인 수단을 적극 검토할 필요가 있다고 판단하기 시작했음을 의미한다. 이 판단은 그 후 두 가지 정책으로 실행됐다.

첫 번째 정책은 2003년 3월 20일 대량살상무기 개발을 계속해 왔다는 이유를 들어 영국과 함께 이라크에 선제공격을 가해 사담 후세인 정권을 붕괴시킨 것이다. 그러나 이라크 전쟁 후 이라크 내에서 대량살상무기가 발견되지 않아 미영의 전쟁 명분은 빛이 바랬다. 그런데도 미국과 영국이 이라크 공격을 강행한 것은, 후세인 정권이 러시아에서 핵무기 개발 장비를 들여오려 했고 이미 개발한 대량살상무기를 은닉해 놓았다는 미국 CIA의 정보를 믿었기 때문이다.

결과적으로 CIA의 이 같은 정보가 잘못된 것으로 드러났지만 부시 대통령과 토니 블레어(Tony Blair) 영국 총리는 당시 자신들의 믿음에는 변함이 없다고 주장했다. 이는 미국과 영국이 대량살상무기의 개발과 확산을 9·11 이후 최대의 안보 위협으로 여기고 있다는 것을 보여 준다.

두 번째는 2003년 5월 31일 부시 대통령이 폴란드 크라코프에서 제안해 12일 뒤인 6월 12일 스페인 마드리드 창립 회의를 통해 대량살상무기 확산방지 체제인 PSI가 출범한 것이다. PSI는 대량살상무기를 선적한 선박과 항공기를 나포하거나 저지해서라도 대량살상무기의 확산을 막겠다는 적극적인 의미의 국제적 압박 네트워크이다.

PSI의 출범은 대량살상무기의 개발과 확산을 감행하는 불량국가들과 지도자들에 대한 부시 행정부의 분명한 경고를 뜻한다. 대량살상무기를 계속 만들어 수출하는 국가의 지도자는, 이라크 전쟁처럼 권좌에서 쫓겨나 전범 재판에 회부되는 비극적인 운명을 맞은 후세인의 처지가 된다고 천명한 것이다.

부시 행정부가 대량살상무기의 확산과 함께 미국이 직면한 최대의 안보 위협으로 꼽은 것은 테러리즘이다. 부시 행정부는 2003년 2월 14일

'테러리즘에 대한 국가안보전략(National Security Strategy for Combating Terrorism)'이란 보고서를 발표, 테러리즘의 위협을 강조했다.

이 보고서에는 세계적 차원의 주요 갈등은 냉전 시대의 자본주의와 공산주의 간 대결에서 탈냉전 시대의 전 지구화하고 첨단적이면서 네트워크화된 테러리즘으로 이행했다는 부시 행정부의 인식이 담겨 있다.

더 중요한 점은 미국이 이런 테러리즘에 맞서 이른바 '4D' 정책을 추진하고 있다는 것이 하영선 교수(서울대·국제정치학)의 지적이다. 4D 정책은 테러 단체를 파괴(destroy)하고, 테러 지원국을 제거(deny)하고, 테러가 잉태되는 곳의 경제적 취약성을 줄이고(diminish), 자국 국민들을 보호(defend)하겠다는 전략을 가리킨다.

3 '리비아 모델'의 성사 과정이 북한에 던지는 메시지

　중동의 대표적인 테러 지원국가로 지목돼 온 리비아의 카다피(Qaddafi) 국가원수가 대량살상무기 개발을 포기하겠다는 의사를 처음 표시한 시점은 2003년 3월이다. 그로부터 9개월 뒤인 12월, 리비아는 대량살상무기 개발 프로그램을 조건 없이 폐기하고 국제 사찰에 성실히 응하겠다고 선언했다.
　테러 지원국가로 낙인찍힌 리비아는 그동안 대량살상무기 개발을 지속함으로써 국제적으로 소외당해 왔다. 그런 리비아가 이 같은 선언을 통해 대량살상무기의 개발을 포기하고 미국과 관계 개선을 이루어 국제사회의 책임 있는 일원이 되겠다고 발표한 것이다.
　리비아의 이 같은 선택은 대량살상무기의 확산을 최대 안보 위협으로 여겨 온 미국에게 큰 힘이 됐다. 대량살상무기를 개발하고 확산시켜 온 불량국가들이 그것을 포기하고 중단할 경우 리비아처럼 미국과의 관계 개선을 통해 정치·경제적으로 국제사회의 책임 있는 일원이 될 수 있도록 지원하겠다는 부시 대통령의 정책이 효과를 거두기 시작했다는 것을 의미하기 때문이었다.

이에 따라 부시 행정부는 리비아의 대량살상무기 포기와 국제사회 편입 결정을 이른바 '리비아 모델'로 명명했다. 그 후 미국은 이 모델을 북한을 비롯한 다른 불량국가들에게도 적용시키려고 노력하기 시작했다.

미국의 리비아 모델 확산 노력에 처음 불을 지핀 사람은 부시 대통령이었다. 그는 2004년 2월 11일 미 국립 국방대학교 연설에서 비밀 핵무기 프로그램을 추진하고 있는 다른 국가 정부들에게 리비아의 긍정적인 사례(affirmative example)를 따를 것을 요구했다.

미국이 리비아 모델을 북한에도 적용시키려는 노력을 시작한 것은 부시 대통령의 이 같은 언급에 따른 것이다. 부시 미 행정부가 처음 김정일 정권에 리비아 모델을 수용할 것을 설득한 자리는 2004년 2월 25~28일 중국 베이징에서 열린 2차 6자 회담에서였다.

당시 설득 내용은 미국 대표단의 수석대표였던 제임스 켈리 국무부 동아시아·태평양 담당 차관보가 2004년 3월 2일 상원 외교위원회에서 증언한 데서 찾을 수 있다. "우리는 북한과 '리비아 사례'를 논의했다. 우리는 북한이 그것의 의미(significance)를 이해하길 희망한다."

부시 행정부가 이 같은 설득을 했다는 것은 북한이 미국의 '선 핵 포기' 요구를 받아들이면 어떻게 되는지에 대해 구체적인 사례로 보여 주었다는 것을 의미했다. 2002년 10월 4일 북한의 고농축우라늄 핵무기 프로그램 보유 시인 이후 3자 회담과 1차 6자 회담에 이르기까지 미국이 고수해 온 '선 핵 포기·후 대화' 입장을 북한이 받아들이면 리비아처럼 대미 관계를 개선해 국제사회의 책임 있는 일원이 될 수 있음을 설명할 수 있었던 것이다.

미국은 2차 6자 회담에서 리비아 모델의 수용을 설득한 뒤 북한에 모든 핵무기 개발 프로그램을 '완전히 검증 가능한 방법으로 돌이킬 수 없이 폐기한다'는 CVID 원칙에 따라 먼저 폐기할 것을 요구했다. 그래야만 양국 관계 정상화를 위해 미사일, 인권, 마약 등의 문제를 논의할 수 있다는 것이 미국의 변함없는 입장임을 강조한 것이다.

그러나 북한은 단호히 거부했다. 대신 북한은 두 가지를 제안했다. 하나는 "미국이 적대 정책 포기 의사를 피력하면 북한은 핵 계획 포기 의사를 천명한다"라는 '말 대 말' 안이었다. 다른 하나는 "북한이 핵무기 계획을 동결하면 미국과 유관국들은 동시에 보상 조치를 한다"라는 '행동 대 행동' 안이었다.

그런데도 미국은 2004년 6월 23~26일 열린 3차 6자 회담에서도 북한에 선 핵 포기를 요구한 뒤 리비아 모델의 수용을 설득했다. 이와 관련, 켈리 차관보는 7월 15일 상원 외교위원회에 출석해 이렇게 증언했다. "우리는 북한의 협상 상대자들과 리비아의 사례를 논의해 왔다"라며 "우리는 국제사회에서 오랫동안 고립되어 온 또 다른 국가인 리비아의 경우처럼 북한과 우리의 관계를 변화시키기 위해 필요한 것이 무엇인지를 개괄해 왔다."

그러나 북한의 반응은 냉담했다. 북한은 리비아가 선택한 길을 북한에 적용하겠다는 것은 어림도 없다는 듯 거세게 비난하고 나섰다. 7월 24일 외무성 대변인 담화에서 북한은 미국이 이 같은 설득과 함께 CVID에 따른 선 핵 폐기를 위해 북한에 핵 폐기 준비 기간으로 3개월을 제시한 것에 대해 이렇게 비판했다. "미국의 제안은 '리비아식 선 핵 포기'이며 여기에는 '말 대 말·행동 대 행동'의 원칙이 없고 적대 정책 폐기 공약과 그 실천 방안이 없다."

3차 6자 회담 이후 한성렬 북한 유엔 대표부 차석 대사는 북한은 관심이 없다고 한 뒤 북한에 리비아 모델을 적용하는 것을 거부한다고 말한 것으로 보도됐다. 그러면서 그는 "미국과 같은 강대국이 우리를 신뢰하지 않는데 우리가 어떻게 미국을 신뢰할 수 있는가?"라고 말했다.

그러나 미국은 미동도 하지 않았다. 오히려 긍정적인 입장을 유지하려고 애썼다. 이는 7월 15일 켈리가 상원 외교위원회에서 평가한 데서 엿보인다. "6자 회담은 북한에 자기 스스로 결정한 정치·경제적 고립을 끝내고 국제금융 기구들과 관계를 수립하는 것을 포함한 정상적인 국제 교역과 지원의 혜택을 얻기 위하여 미일과 관계를 증진시키는 기회를 제공한다."

미국은 리비아 모델이 북한을 비롯한 대량살상무기 개발 국가들에게 희망을 줄 것으로 기대한다고 당시 켈리는 말했다. "부시 대통령이 말한 바와 같이 대량살상무기와 그것의 운반 수단 추구를 포기한 지도자들은 미국을 비롯한 다른 자유국가들과 좀더 향상된 관계로 나아가는 길을 발견하게 될 것이다. 리비아 사례는 이 사실을 입증하고 있다."

그렇다면 리비아 모델이 가능할 수 있었던 배경은 무엇일까?

우선 카다피가 대량살상무기 개발 포기 결정을 내린 시점이 2003년 3월이라는 사실을 주목할 필요가 있다. 미국이 영국과 함께 이라크를 공격한 시기와 거의 일치한다. 따라서 다음과 같은 추론이 가능하다. 부시 행정부가 '반테러전'의 전선을 대량살상무기의 개발과 확산방지로 확대하여 이라크를 공격하자, 리비아도 대량살상무기를 포기하지 않으면 미국의 군사공격 대상이 될 수 있다고 우려, 전격적으로 대량살상무기 개발을 포기하기로 결정했을 수 있다는 것이다.

2004년 7월 21일 부시 행정부의 고위 관리인 존 볼턴 미 국무부 군축 담당 차관(2005년 1월 부시 2기 행정부 출범 이후 주 유엔 대사로 지명됨)의 언급은 이 같은 추론을 뒷받침한다. 당시 볼턴 차관은 방한(訪韓) 기간 중 연세대에서 가진 연설에서 카다피가 미국의 침공을 두려워한 나머지 대량살상무기 포기 결정을 내렸다는 뉘앙스의 말을 했다.

리비아 모델의 성공적인 도출 과정은 2004년 3월 9일 미 상원·군사위원회에 출석한 당시 조지 테닛 CIA 국장의 증언에서 엿볼 수 있다. 그의 증언에 따르면, 카다피 국가원수는 2003년 3월 대량살상무기 개발 포기 결정을 내린 뒤 영국 정보기관을 통해 미국에 그 제안을 해 왔다. 그 후 미국은 9개월 동안의 민감한 협상을 통해 리비아가 대량살상무기의 선언적 포기 의사에서 대량살상무기 프로그램을 폐기하고 공개하겠다는 명백하고 공개적인 공약을 하도록 만들었다고 테닛은 증언했다.

그러나 그 과정은 쉽지 않았다. 리비아 관리들이 자신들의 대량살상무기 개발 관련 정보를 미국이 정확히 파악하지 못하고 있다고 여겨 모든 것을 공개하지 않으려 했기 때문이다.

미국으로서는 이 같은 장애물들을 넘어야 했는데 그때 지렛대가 되어 준 것이 정보였다고 테닛 국장은 증언했다. "리비아의 대량살상무기에 관한 우리의 전체적인 파악 덕분에, 미국 CIA와 영국 정보기관 요원들이 리비아가 질문들에 정확히 대답하도록 압박을 가할 수 있었고, 그 결과 리비아가 공개한 대량살상무기 정보와 실제 현황이 불일치하다는 것이 드러났다. 그리고 (모든 정보의 공개를) 망설이는 것은 역효과라는 것을 그들에게 확신시켜 줄 수 있었다. 우리는 반복해서 우리의 지식의 깊이로 그들을 놀래 주었다."

리비아 관리들이 정확한 대량살상무기 정보 공개를 망설인 것과 관련해 테닛 국장은 대륙간탄도미사일 개발 정보 입수 사례를 들었다. 그의 증언에 따르면, 2003년 3월 이후 미국과 영국 정보 관리들이 비밀리에 리비아를 방문, 리비아의 대륙간탄도미사일 프로그램을 감독하겠다고 요청했다. 그런데 리비아 관리들은 처음에 주요 시설들을 공개하지 않았다. 이에 미국과 영국 정보 관리들이 리비아의 주요 대륙간탄도미사일 시설 정보를 확보하고 있음을 보여 주었다. 그러자 리비아 관리들은 스커드 B 미사일 배치 현장들과 북한이 비밀리에 원조해 줘서 건설한 스커드 C 미사일 생산 라인을 비롯한 시설 수십여 개를 공개했다는 것이다.

또 테닛 국장은 다른 드라마틱한 사례도 증언했다. 테닛에 의하면, 미국은 리비아에 미국의 정보력을 과시하기 위해 리비아의 고농축우라늄 제조 장비를 비롯한 가장 민감한 대량살상무기 장비 획득 네트워크에 침투해 왔다는 것을 리비아에 보여 주기로 결정했다. 이 같은 결정에 따라 미국은 2003년 10월 원심분리기(고농축우라늄 핵무기 개발을 위한 핵심 장비) 부품이 리비아로 긴급 수송되고 있다는 정보를 포착해 그 화물을 수송하던 선박을 나포했다는 것이다.

그 결과 2003년 12월 미국과 영국 정보 관리들의 마지막 리비아 방문 때 리비아는 마침내 세 가지 사실을 인정하고 말았다. 테닛의 증언에 의하면, 그 세 가지는 핵무기 프로그램 보유와 가스 원심분리기 농축에 필요한 우라늄인 6불화우라늄 핵 물질을 구입해 왔다는 것, 핵무기 디자인 문건들을 보유하고 있다는 것, 유황 겨자 화학무기 약품 25톤, 겨자 공중 폭탄, 그리고 신경 약품 소량을 제조했다는 것 등이다.

이 같은 사실은 리비아가 그해 12월 19일 대량살상무기 프로그램의 조건 없는 폐기를 선언하고 국제 사찰에 성실히 응하기로 한 것이 반드시 자발적인 결정에 의한 것만은 아니라는 것을 보여 준다. 미국과 영국 정보 기관들이 정확한 정보로 압박했기 때문에 가능한 것이었다.

이 점에서 리비아 모델은 미국이 리비아의 대량살상무기 포기 의사를 무조건 믿지 않고 도리어 불신했기 때문에 가능했다. 미국은 불신한 만큼 리비아의 모든 말을 검증했고 그 결과 리비아는 조금이라도 감추려고 했던 것들을 뒤늦게 공개할 수밖에 없었다.

이 같은 평가에 존 볼턴 미 국무부 군축 담당 차관도 동의한다. 미국이 리비아 사례를 접근한 방법은 '신뢰하라, 그러나 검증하라(trust, but verify)'는 러시아 속담이었다고 볼턴은 2004년 7월 21일 한국의 연세대에서 가진 특강에서 털어놓았다. 이 속담은 레이건(Reagan) 대통령이 재임 중에 고르바초프(Gorbachev) 소련 서기장과의 협상에서 소련과의 신뢰 부족 문제에 대한 질문을 받았을 때 내놓은 답변이기도 했다고 볼턴은 지적했다.

사실 리비아 모델이 갖는 가장 중요한 의미는, 리비아가 대량살상무기를 미국과 국제기구들의 철저한 검증하에 폐기한 뒤 어떤 대가를 받았느냐는 데서 찾을 수 있다. 그 대가가 만족스러운가 여부에 북한을 비롯한 대량살상무기 개발과 확산 행위를 해 온 불량국가들의 리비아 모델 수용 여부가 달려 있기 때문이다.

리비아의 혜택에 대해 볼턴 차관은 7·21 연세대 특강에서 이렇게 설명했다. "리비아가 받고 있는 혜택들은 추상적인 것이 아니라 직접적인 것이다. 리비아는 좀더 나아진 미국과의 관계로 얻을 수 있는 실체적인 혜택들을 알고 있다. 우리는 여행 제한과 함께 석유 및 기타 산업들에서의 교역을 포함한 대리비아 경제제재를 더 이상 실행하지 않고 있다. 그 결과 그동안 비어 있던 트리폴리(Tripoli: 리비아 수도) 호텔들이 서방 기업인들로 북적인다는 것이 미국 관리들의 전언이다. 미국은 트리폴리에 연락사무소를 열었고 리비아도 워싱턴에 연락사무소를 여는 것을 계획하고 있다."

리비아 모델과 관련해 언급할 가치가 있는 것은 미국과 영국이 리비아 사람들에게 특정 약속이나 보상을 제공하지 않았다는 사실이라고 볼턴 차관은 강조했다. "우리가 제공한 유용하면서도 매력적인 인센티브는 국제사회에 완전히 참여함으로써 오는 혜택들을 자연스럽게 수확하는 능력이었다. 그 결과 리비아는 부랑자 신세를 종식함으로써 더 이상 외부세계로부터 외면당하지 않게 됐다. 경제와 안보상의 혜택들은 자연스럽고 불가피한 결과들이다."

그러나 볼턴의 주장과 달리 미국과 영국은 카다피에게 정권 교체 시도는 하지 않겠다고 보장한 것으로 보인다. 볼턴의 유엔 대사 인준 여부를 둘러싼 논란이 일던 2005년 4월, 미 시사주간지 뉴스위크는 한 가지 흥미로운 보도를 했다. 리비아가 2003년 12월 19일 대량살상무기 프로그램의 폐기와 사찰 수용을 결정하기 전, 그 조건으로 정권 유지의 보장을 요구했다는 것이다. 그러나 볼턴의 반대로 리비아의 최종 결정은 늦어졌고,

그래서 영국이 미 백악관에 리비아와의 협상에서 볼턴을 제외시켜 줄 것을 요구했다는 것이다. 그 결과 미국과 영국 합동 협상팀은 리비아에 정권 유지를 보장했고, 리비아는 대량살상무기 프로그램의 폐기와 사찰에 동의했다고 뉴스위크는 보도했다.

북한의 레드 라인 위반 시 미국의 선택:
선제 군사공격인가 내부 봉기 유도인가

"부시와 체니(Cheney)는 (김정일의) 머리를 손쉽게 취하기를 원한다. 협상이 있을 것이다. 그러나 그들(부시와 체니)은 (김정일을 제거하기 위한) 계획을 갖고 있다. 그들은 이 자를 이라크를 처리한 다음 손봐 주려고 할 것이다. 김정일은 그들에게 또 다른 히틀러이다."

2002년 말과 2003년 초 사이 백악관 회의들에 참석했던 한 미국 정보기관 관리가 익명을 전제 조건으로 2003년 1월 27일 미국의 주간지 뉴요커에 털어놓은 말이다. 요컨대 미국이 북한 핵 문제를 해결한다면서 제안한 6자 회담과 같은 다자간 대화는 계략이라는 것이다. 그리고 미국의 최종적인 북핵 해법은 이라크 전쟁처럼 선제공격을 통한 김정일 정권의 교체라는 것이다.

만약 이 관리의 주장이 사실이라면, 미국이 2003년 5월 이라크 전쟁 승리 직후 극비리에 대북 군사공격 계획을 수립했을 가능성을 배제할 수 없다. 부시 대통령이 아프간 전쟁이 끝난 직후인 2001년 12월 곧바로 럼스펠드 국방장관에게 이라크 공격 계획을 수립하라고 지시했다는 사실은 그 같은 가능성을 간접적으로 뒷받침한다.

진실이 무엇이든 간에 6자 회담이 2003년 8월 처음 개최될 때까지 국제사회의 최대 관심사가 미국의 최종 대응이었다는 것은 분명했다. 만약 북한이 모든 핵무기 프로그램을 폐기하라는 미국의 요구를 끝내 거부할 경우, 부시 행정부가 아프가니스탄과 이라크에 한 것처럼 북한을 군사적으로 공격할 것이냐 여부에 전 세계의 이목이 모아졌던 것이다.

미국은 2002년 10월 아프가니스탄을 공격해 9·11 테러를 주도한 알카에다를 지원해 온 탈레반 정권을 무너뜨렸다. 이어 2003년 3월 이라크에 군사공격을 감행해, 쿠르드족을 비롯한 주민들에 대한 억압과 이웃 국가들에 대한 침략, 그리고 대량살상무기를 개발해 온 사담 후세인 정권을 교체했다. 북한이 핵무기 개발을 강행할 경우 미국의 최종 대응에 큰 관심이 집중됐던 것은, 부시 행정부가 아프가니스탄 전쟁과 이라크 전쟁에서 했던 것처럼 9·11 사태 이후 대화와 협상이 효과가 없다고 판단하면 즉각 선제 군사공격에 나서는 대외 안보전략을 채택했기 때문이다.

미국의 대북 선제 군사공격 가능성은 미국이 2002년 12월에 실제로 공격 방안을 검토했다고 노무현 대통령이 학자들과의 만남에서 밝히면서 더욱 주목을 받았다.

그러나 그 후 그 같은 관심은 6자 회담이 2004년 6월까지 세 차례나 개최되는 등 북한 핵 문제의 평화적 해결 노력이 본격화하면서 낮아졌다. 여기에 부시 행정부가 북한을 공격할 의사가 없다고 계속 밝힌 것도 영향을 미쳤다.

문제는 세 차례의 6자 회담에서 진전이 없었다는 것이다. 북한은 3차 6자 회담에서 미국이 내놓은 제안을 거부한 데 이어 이 회담에서 동의한 2004년 9월 4차 6자 회담의 개최 합의도 지키지 않았다. 북한이 이 합의를

미 태평양함대 주력 항공모함인 키티호크(Kitty Hawk)가 태평양을 항해하고 있다. 키티호크는 미국이 북한의 레드 라인 위반 시 대북 선제 군사공격에 나설 경우 선봉에 설 가능성이 가장 높은 항공모함이다./미국 국방부(U.S. Department of Defense)

깬 것은, 2004년 11월 미 대통령 선거에서 북미 직접 협상을 지지하는 존 케리(John Kerry) 민주당 후보가 승리할 가능성이 있는데 괜히 6자 회담을 계속할 필요가 있겠느냐고 판단했기 때문이다. 여기에다 미국 주도의 PSI 회원국들이 2004년 10월 일본 도쿄 만에서 대량살상무기를 선적한 북한 선박을 가상으로 삼아 일본 자위대를 중심으로 해상 나포 훈련까지 벌였다. 그 결과 북한 핵 사태는 다시 악화되었다.

이런 상황에서 미국 대통령 선거에서 부시 대통령이 재선에 성공했다. 2005년 1월 20일 부시 대통령이 재취임하면서 그의 2기 행정부가 출범했다. 그는 이 과정에서 북한의 회담 복귀를 유도하기 위해 가급적 북한이라는 이름은 언급하지 않는 것을 비롯해 직접적인 대북 발언은 자제했다. 이에 따라 북한으로선 6자 회담에 복귀할 수밖에 없을 것이라는 전망이 적지 않았다.

그러나 상황은 정반대로 돌아갔다. 부시 집권 2기가 시작된 지 20여

일이 지난 2005년 2월 10일, 북한이 외무성 대변인의 담화를 통해 핵무기 보유를 전격적으로 선언하고 6자 회담 참여를 무기한 연기하겠다고 발표하고 나온 것이다. 미국이 상정해 온 '레드 라인'은 핵무기 개발과 확산의 강행이다. 부시 집권 2기 행정부가 1기 때의 아프가니스탄과 이라크 문제 해결 방식대로 군사공격으로 김정일 정권을 교체할 것인지 여부가 다시금 주목받기 시작했다.

국제사회의 관심이 온통 북한의 레드 라인 위반 시 미국의 군사적 대응 여부로 모아지는 까닭은 2002년 9월에 발표된 '국가안보전략'에서 찾아야 한다. 이 전략에 따라 부시 행정부의 안보전략은 봉쇄와 억지에서 선제공격의 적극 검토로 이행했다. 따라서 북한이 핵무기 보유를 선언하면서 핵무기 개발을 강행하는 것을 선제공격을 감행할 만한 충분한 사유로 볼 경우, 부시 행정부가 결국 북한에 대해서도 군사공격을 하지 않겠느냐고 많은 사람들과 국가들은 예상했던 것이다.

국가안보전략에 따른 대외 안보전략의 이행으로 미국이 대북 군사 조치를 취할 가능성을 배제할 수 없게 된 것은 사실이다. 대량살상무기 확산을 막기 위해서는 저지라는 강력한 수단을 적극 고려할 것을 제안한 '대(對)대량살상무기 국가전략(2002년 12월 11일 발표)'과 해상 나포 및 공중 저지를 통한 대량살상무기 확산방지 체제인 PSI 등의 강경 정책들 모두 이 새로운 안보전략에서 비롯됐다. 그런 만큼 6자 회담과 같은 다자간 회담을 통한 평화적 해결 노력이 위기에 직면할 경우 미국이 군사력에 의존할 가능성은 높다고 할 수 있다.

이런 점 때문에라도 미국은 부시 대통령과 고위 관리들을 통해 북한을 공격할 의사가 없다는 점을 자주 밝혀 왔다. 그런데도 북한은 각종 정부 성명과 선전 매체 논평을 통해 미국의 대북 선제공격 가능성을 제기하는 것을 그치지 않았다. 한국과 일본 등 동맹국들과 심지어 미국 안에서도 그 같은 가능성을 우려하거나 전망하는 목소리가 끊이지 않았다.

F/A-18C 호넷(Hornet) 전투기들이 미국 항공모함 칼빈슨 선상에서 출격 준비를 하고 있다. 칼빈슨은 미국이 한반도 주변 해역 훈련에 투입해 온 항공모함 중 하나이다./미국 국방부(U.S. Department of Defense)

부시 행정부가 북한에 군사공격을 가할 의사가 없다는 입장을 처음 공식 표명한 시점은 2002년 10월 17일이다. 미국이 북한의 고농축우라늄 핵무기 프로그램 보유 시인 사실을 공개한 다음 날이다. 이날 백악관 대변인은 "이라크는 부시 대통령이 10월 초 신시내티(Cincinnati)에서 언급한 대로 독특하다. 이라크는 최근에 이웃 국가들을 군사공격한 공격적인 침략자로서 대량살상무기 사용 의지를 과시했다"라고 지적했다. 그는 이어 "북한의 지도자도 대량살상무기에 집착하는 살인적인 지도자임이 분명하며 국민들을 굶주리게 하고 있다"라고 말한 뒤 이라크와 북한은 다르다는 인식을 표명했다. "그러나 이라크와 북한은 지역이 다르고 환경도 다르다."

2003년 5월 14일 워싱턴 D.C.에서 열린 한미 정상회담에서 미국이 북한을 공격할 의사가 없다고 하면서 그 이유로 든 것도 이 같은 인식이었다. 당시 미국이 이 같은 인식을 갖게 된 배경은 두 가지로 볼 수 있다. 하나는 북한의 핵 사태가 아직 이라크 사태와 달리 미국이 설정한 레드 라인을 넘지 않았기 때문일 수 있다. 다른 하나는 이라크와 달리 북한의 경우 선제공격을 가하면 즉각 반격할 수 있는 화력을 보유하고 있어 자칫 미국의 경제적 이해가 크게 걸려 있는 동북아시아 전역이 전쟁터로 비화할 수 있기 때문이다.

이 두 가지 배경 외에 고려할 수 있는 또 다른 배경이 있다. 바로 미국으로선 이라크 공격을 앞두고 괜히 북한까지 군사공격 대상으로 삼아 두 개의 전선이 형성될 경우 여의치 않다고 봤을 수 있다는 것이다. 북한이 핵 개발 재개와 시설 건설 재개를 선언한 다음 날인 2002년 12월 13일, 부시 대통령은 김대중 당시 한국 대통령에게 전화를 걸어 "미국은 북한을 공격할 의사가 없다"라며 "북한이 이를 전해 듣기를 바란다"라고 말한 데는 이런 제3의 배경이 있을 수 있다는 것이다. 당시는 미국이 이라크 전쟁 준비에 총력을 기울이던 시점이었다.

2003년 5월 부시 대통령의 이라크 전쟁 승리 선언 이후 미국의 대북 군사공격 가능성에 대한 우려와 전망은 줄어드는 양상을 보였다. 1차 원인은 그해 4월 3자 회담 개최에 이어 8월부터 6자 회담이 열리는 등 북한 핵 사태 해결을 위한 미국 주도의 다자간 회담이라는 외교적 노력이 본격화한 데서 찾을 수 있다.

다른 원인은 이라크 재건 과정에서 이슬람 근본주의 테러 조직들의 거센 저항으로 많은 미군이 사상당함으로써 미국 내 반전 여론이 비등해졌다는 데서 찾을 수 있다. 이라크 전쟁을 조기 승리로 이끌어 놓고도 이슬람 테러 조직들과 사담 후세인의 잔당들로부터 공격받아 미군 사상자 수가 늘어나는 상황에서 부시 행정부로서는 또다시 북한을 공격하겠다고 나설 수는 없기 때문이었다.

문제는 북한이 레드 라인을 넘더라도 미국이 군사공격을 하지 않을 것이냐는 점이다.

북한 핵 사태가 2년이 넘도록 해결 전망이 보이지 않으면서 미국 내에서는 대북 선제공격을 지지하는 여론이 높아지기 시작했다. 존 싱글러브(John Singlaub) 전 주한 미군 사령관과 토마스 무어러(Thomas Moorer) 전 합참의장은 이스라엘이 1981년 이라크 원자로 오시락(Osirak)을 성공적으로 폭격한 것이 대북 군사공격의 모델이 될 수 있다고 주장했다. 리처드 펄(Richard Perle) 전 국방부 차관보도 "누구도 1981년 우리가 보았던 외과수술 폭격 같은 종류의 군사공격을 배제할 수 없다"라고 경고했다. 사무엘 버거(Samuel Berger) 전 국가안보보좌관과 로버트 갈루치 전 국무부 한반도 특사도 북한이 계속 플루토늄을 추출할 경우, 미국은 군사공격 방안을 포함한 모든 선택을 테이블 위에 놓고 북한에 심각한 결과를 초래할 수 있다는 점을 분명히 해야 한다고 주장했다.

이와 관련해서, 주목해야 할 사실이 있다. 부시 행정부의 고위 관리들이 그동안 대북 군사공격 의사가 없다는 입장을 표명할 때 '북한이 레드라인을 넘더라도 그렇게 하겠다'고 전제한 것은 결코 아니라는 것이다. 그들이 전제로 했던 조건은 '지금'이라는 시간뿐이다. 다시 말해서 그들이 그 같은 입장을 언급하는 시점에 한해서만 '미국은 북한을 군사공격하지 않을 것'이라는 구두 약속이 유효한 것이다.

부시 행정부의 이 같은 정책은 외교를 성공시키기 위해서는 당연한 것으로 볼 수 있다. '군사공격 의사가 없다'는 입장을 밝히면서도 언제나 그 입장을 유지할 것이라고 약속하지 않는 것은, 북한에 다자간 대화인 6자 회담이라는 외교적인 틀 안에서 핵무기 프로그램을 포기하겠다고 결정하지 않으면 미국으로부터 군사공격을 당할 수 있다는 위기감을 갖게 하는 효과를 낳는다. 그래야만 외교가 성공할 가능성이 높은 것이다.

이 점에서 부시 행정부가 다자간 대화 노력을 지속하면서 '대북 군사공격 의사가 없다'는 입장을 밝히더라도 오해하지 말아야 할 점이 있다. 바로 미국의 기본 전략은 외교적 방법과 군사적 방법 등 모든 선택 방안 중 어느 특정 방안을 배제하지 않는다는 것이다. 부시 대통령이 2003년 2월에

미국 공군 B-2 스피릿(Spirit) 폭격기가 2005년 4월 8일 네바다(Nevada) 시험 훈련장에서 화력 시범 도중 MK-82 500파운드 폭탄을 투하한 뒤 비행하고 있다. B-2 폭격기는 재래식 폭탄은 물론이고 핵폭탄까지 투하할 수 있는 다목적 폭격기이다./미국 국방부(U.S. Department of Defense)

이어 2005년 4월에도 "북한 핵 문제는 외교적으로 해결하겠지만 모든 선택은 테이블 위에 놓여 있다(all options are on the table)"라고 분명히 한 것은 이 때문이다. 뉴욕타임스 칼럼니스트 니콜러스 크리스토프(Nicholas Kristof)가 2003년 2월 "부시 대통령이 군사공격을 명령할 가능성이 증가하고 있다"라고 분석하게 된 데는 그 직전에 나온 "모든 선택은 테이블 위에 놓여 있다"라는 부시 대통령의 말이 큰 영향을 미쳤을 것이다.

2003년 5월 14일 한미 정상회담 당시 미국이 공동성명 문안 협의 과정에서 '모든 선택은 테이블 위에 놓여 있다'라는 표현을 굳이 넣자고 고집했던 까닭은 여기에 있다. 정상회담 기간에 미국 측은 구두로 북한에 대한 공격 의사가 없다는 의사를 표명함으로써 북한 핵 문제를 외교적으로 해결하겠다는 의지를 분명히 밝혔다. 그런데도 미국이 군사공격 방안도 배제하지 않겠다는 의미인 '모든 선택은 테이블 위에 놓여 있다'라는 표현을 공동성명에 넣으려고 했던 것은 북한에 위기감을 불러 일으켜 외교적 노력을 성공시키기 위해서였다. 그러나 당시 한국의 반대로 미국은 문제의 표현을 공동성명에 담는 데 실패하고 말았다.

그러나 2005년 1월 20일 부시 대통령의 재취임에 따라 그의 2기 행정부가 출범하면서 북한에 대한 군사공격이 미국의 대북 선택 방안 중에서 완전히 배제된 것이 아니냐는 평가를 받았다. 이 같은 평가를 낳은 직접적인 계기는 부시 대통령의 재취임 연설이었다.

이 연설에서 부시 대통령은 두 번째 임기의 최대 과제로서 자유의 확산을 꼽았다. 그는 이어 전 세계의 전제(專制, tyranny) 체제의 종식이라는 궁극적인 목표를 위해 모든 국가와 문화에서의 민주 운동들과 기관들의 성장을 추구하고 지원하는 것이 미국의 정책이라고 밝혔다.

그리고 그는 의미심장한 언급을 했다. "이것은 반드시 무력으로 해결할 과제는 아니다. 그러나 우리는 필요하다면 우리 자신들과 우리 친구들을 무력의 힘으로 지킬 것이다. 자유는 속성상 시민들에 의해 선택되고 지켜지며 법의 지배와 소수자들의 보호에 의해 지탱되어야 한다. 우리의 목표는 다른 사람들이 그들만의 목소리를 찾고 그들만의 자유를 얻으며 그들만의 길을 가도록 돕는 것이다."

이 언급은 두 가지 의미를 갖고 있다. 하나는 북한과 같은 전제 체제들의 종식을 반드시 무력으로 할 필요가 없다는 것이다. 다른 하나는 그 같은 전제 체제하에서 자유를 억압받는 시민들이 자유를 되찾을 수 있도록 지원하겠다는 것이다. 따라서 북한에 굳이 군사공격을 하지 않고 북한 내부의 '반김정일' 세력을 지원해 북한 정권을 개혁적인 정권으로 대체시키는 '정권 변환'을 추구하겠다는 것이 부시 대통령의 의도라고 볼 수 있다.

결국 부시 대통령의 재취임 연설은 그의 2기 행정부가 김정일 정권을 붕괴시키는 이른바 '정권 교체'가 아닌 정권 변환을 추진하기로 했다는 선언이다.

다시 말해서 북한이 핵무기를 비롯한 대량살상무기를 포기하지 않을 경우 반김정일 세력을 지원해 봉기를 유도해서라도 김정일 정권을 개혁 정권으로 대체시키는 정권 변환이 부시 대통령의 2기 행정부의 대북 전략인 것이다. 이는 미국이 군사공격을 통해 김정일 정권을 무너뜨리는 정권 교체 전략은 일단 보류했다는 것을 의미한다.

부시 행정부의 국방 정책에 관여해 온 리처드 펄 전 국방부 차관보는 그 전부터 이와 비슷한 견해를 피력해 왔다. 그는 일본의 한 저널리스트와 가진 인터뷰에서 이렇게 말했다. "우리는 북한에 절대로 핵무기를 갖게 할 수 없다. 북한이 핵무기를 갖게 되면 여러 나라가 계속해서 핵무기를 보유하면서 미국을 위험에 빠트린다. 따라서 전쟁을 하지 않고 김정일 정권을 무너뜨릴 생각을 해야 한다. 미국이 통상 병력으로 북한을 공격했다고 해도 북한 군대가 미군과 싸우지 않도록 하면 된다. 그렇게 하려면 북한 내 반김정일 세력에 의한 저항 세력을 집결시키면 된다." 부시 대통령이 재취임 연설에서 밝힌 북한과 같은 전제 체제 국가들의 정권 변환 전략은 펄의 아이디어가 마침내 현실화하기 시작했다는 것을 의미한다.

그러나 부시 행정부가 김정일 정권의 변환을 추진하기 시작한 것은 2001년 출범 첫해부터였던 것으로 알려졌다. 부시 행정부의 김정일 정권 변환 전략을 연구해 온 한 전문가에 의하면, 미국이 중국의 북한 접경지대인 동북 3성(요령성, 길림성, 흑룡강성)에서 정보기관을 통해 북한 내 반김정일 세력에 지원을 시작한 때는 부시 행정부의 출범 첫해였다.

부시 대통령의 2기 행정부가 이미 추진하고 있거나 추진할 가능성이 높은 '북한의 정권 변환' 전략을 뒷받침하고 있는 것은 '북한 인권법안'이다. 이 법안은 미국 상원에서 2004년 9월 28일 만장일치로 통과된 뒤 그해 10월 19일 부시 대통령의 서명으로 정식 발효가 됐다. 이날 백악관은 부시 대통령이 북한의 인권과 자유 신장을 위해 서명했다고 밝혔다. 북한 인권법안은 북한 주민의 인권 신장, 궁핍한 북한 주민 지원, 탈북자 지원 등으로 나뉘어 있다.

미국 상원에서 북한 인권법안이 통과되자 북한은 '반공화국 모략 단체들을 물질적으로 후원하고 제도의 전복을 위한 환경을 조성하려는 목적'이라고 강력히 반발하고 나섰다.

북한은 첫 포문을 2004년 10월 4일 조선중앙통신 기자의 질문에 대한 외무성 대변인의 대답으로 열었다. 여기서 북한은 "이번 법안은 존엄 높은 주권국가인 우리 공화국을 악랄하게 중상 모독하고 우리 인민이 선택한 사회주의 제도의 붕괴를 노리는 미국의 진의도를 숨김없이 드러내 놓은 또 하나의 대조선 적대 선언이다"라고 비난했다.

외무성 대변인의 대답은 이어 북한 인권법안은 북한의 체제를 무너뜨리기 위한 것이므로 미국에 맞서기 위해 억제력 강화를 추진하는 길 이외의 선택이 없다고 선언했다. "미국은 우리와의 공존을 전면 부정하고 우리의 사회주의 제도를 말살하려는 무분별한 단계에 들어섬으로써 핵 문제 해결을 위한 대화와 협상의 의미를 상실케 하고 있다. 이제 우리에게는 핵 문제에 대한 6자 회담은 고사하고 미국과 상종할 그 어떤 명분도 없게 되었다. 그러므로 우리로서는 미국과 힘으로 끝까지 대응하기 위해 억제력 강화에 더 박차를 가할 수밖에 없다."

6자 회담이 3차 회담 이후 북한의 참여 거부로 인해 개최되지 못한

세계 최초의 초음속 스텔스 전투기인 미 공군의 F-22 랩터(Raptor)가 공중 급유를 받기 위해 공중 급유기인 KC-135R 스트라토탱커(Stratotanker)와 랑데부를 준비하고 있다. 랩터는 미국이 대북 선제 군사공격 감행 시 가장 먼저 발진할 전투기 중 하나로 평가받는다./미국 국방부(U.S. Department of Defense)

지 1년이 가까워 오던 2005년 5월 초, 북핵 위기는 북한의 핵실험설(說) 때문에 다시 심화됐다. 북한의 핵실험설은 북한이 함경도 길주 근처에서 처음으로 핵실험을 할지도 모른다는 우려가 부시 행정부 관리들과 정보 기관들 사이에 높아지고 있다는 5월 5일 뉴욕타임스 보도와 함께 확산됐다. 나중에 북한의 핵실험설은 근거가 없는 것으로 드러났다. 그러나 5월 6일과 15일 각각 부시 행정부는 만약 북한이 핵실험을 할 경우 미국과 몇몇 태평양 강대국들은 제재 조치를 취할 것이라고 경고했다. 스티븐 해들리(Stephen Hadley) 백악관 국가안보보좌관은 미국 케이블 뉴스 방송인 CNN에 출연하여, "제재 조치가 취해져야 할 것이다"라고 말했다.

그러나 부시 행정부는 북한의 6자 회담 복귀를 유도하기 위해 당근을 제공하기도 했다. 5월 13일 미 국무부는 북한의 유엔 대표부에 북한의 주권국가 인정과 대북 불침 의사를 전달한 것이다. 그러나 북한은 5월

22일 외무성 대변인을 통해 국무부의 메시지는 긍정적으로 평가하지만 미국 고위 관리들의 위협 발언이 계속되고 있다고 지적했다. 그런 만큼 6자 회담이 개최될 수 있는 조건과 분위기를 미국이 마련해야 한다는 것이 북한의 요구였다.

북한의 핵실험설을 둘러싸고 미국이 채찍과 당근을 병행하면서 한반도의 긴장이 고조되던 6월 10일, 이날 워싱턴에서 열린 한미 정상회담에서 부시 대통령은 북한 핵 문제의 외교적 해결 원칙을 다시금 확인했다.

그러나 한미 정상회담 하루 전날 콘돌리자 라이스 장관이 미국 공영방송인 PBS와 가진 회견에서 의미심장한 언급을 했다. 미국이 북한 핵 문제의 해결을 위해 최후 시한을 정하지 않고 6자 회담 재개에 전념하고 있지만 유엔 안보리 회부를 통한 제재를 배제한 것은 아니라고 한 것이다.

문제는 라이스 장관의 이 같은 언급이 왜 중요한 의미를 갖느냐는 것이다.

북한이 레드 라인을 위반할 경우, 미국이 최종 대응 방안으로서 정권 교체와 정권 변환 중 어느 것을 선택하든 간에 그 전에 반드시 요구되는 것이 있는데, 그것이 바로 유엔 안보리의 대북 결의안이다. 부시 행정부가 북한에 대한 선제 군사공격 방안을 선택하더라도 유엔 안보리가 대북 결의안을 채택해야만 미 의회로부터 대북 무력 사용을 승인받을 수 있다. 부시 행정부가 2002년 10월 중순 미 의회로부터 이라크에 대한 무력 사용권을 부여받을 수 있었던 것도 유엔 안보리가 여러 차례에 걸쳐 대이라크 결의안을 채택했기 때문에 가능했다고 볼 수 있다. 이라크 전쟁 이후 부시 행정부는 불법적으로 이라크를 침공했다는 비판에 직면했다. 그러나 부시 대통령은 이라크가 안보리의 결의안을 위반했기 때문에 이라크 공격이 불법이라는 논리는 맞지 않다고 주장했다.

부시 행정부가 북한의 내부 봉기 유도를 통해 김정일 정권을 개혁적인 정권으로 교체하는 정권 변환 방안을 선택하더라도 마찬가지다. 미국이 북한의 내부 봉기를 유도하기 위해서는 북한을 압박하는 대북 경제제재 조치가 필요하다. 그러나 이 같은 조치는 미국 단독으로 취해서는 효과를 거둘 수 없다. 한국과 일본은 물론이고 중국과 러시아 등 주변국들을 비롯한 국제사회가 대북 경제제재에 동참할 때 비로소 내부 균열을 일으킬 수 있는 수준까지 북한을 경제적으로 압박하는 것이 가능하다. 미국이 안보리의 대북 결의안 채택에 집착하는 것은, 그것이 국제사회가 일치단결해서 대북 경제제재에 동참하도록 유도할 수 있는 방법이기 때문이다.

2005년 1월 20일 부시 2기 행정부의 출범 이후 라이스 국무장관이 북한 핵 문제와 관련해 가장 먼저 마무리 지은 전략은 유엔 안보리 상정에 관한 것이었다. 이는 북한의 레드 라인 위반 시 선제 군사공격에 의한 정권 교체와 내부 봉기 유도를 통한 정권 변환 중 어느 것을 선택하더라도 안보리 결의안이라는 법적 근거를 확보하기 전에는 아무것도 추진할 수 없다는 것을 부시 행정부가 인식하고 있다는 것을 의미한다.

RED LINE

6장

6자 회담을 둘러싸고 벌어지는 북미 간 치킨 게임

1 미국의 북핵 다자 회담 전략과 부시 행정부 내 파워 게임

2002년 12월의 한반도 국제정치적 체감 온도는 더욱 낮았다. 북한이 일주일이 멀다하고 핵 개발 재개와 국제원자력기구의 봉인과 감시 카메라 제거, 그리고 감시 요원 추방 등 벼랑 끝 전술들을 총동원하고 있었다. 북미 간 긴장 고조로 인한 군사 충돌의 위기감이 추위와 합쳐 '핵 한파'를 몰고 왔던 것이다.

'선 핵 폐기·후 대화' 입장을 고수하던 미국으로서는 곤혹스러울 수밖에 없었다. 국제 여론은 북한의 일방적인 제네바 기본합의 파기에도 비판적이었으나 무조건 대화를 거부하는 부시 행정부에도 따가운 눈초리를 보냈다. 그러나 콜린 파월 국무장관의 처지는 아이러니컬하게도 이때부터 나아졌다. 북한 핵 문제를 해결하기 위해 다자간 대화를 추진하기 시작했기 때문이다.

모두가 동면할 수밖에 없던 핵 한파에 파월 장관만이 마치

봄이 온 듯 기지개를 켜기 시작한 것이다. 2004년 7월 15일 당시 제임스 켈리 국무부 동아시아·태평양 담당 차관보는 상원 외교위원회에 출석해 이렇게 증언했다. "(파월) 국무장관은 2002년 말 북한에 핵무기를 폐기해야만 한다는 것을 명확히 하기 위해 동아시아 국가들과 함께 북한 핵 사태 해결을 위한 다자간 포럼에 관한 대화를 시작했다."

부시 대통령이 선 핵 폐기·후 대화 입장 고수에서 다자간 대화의 추진으로 이행했다는 것은 중대한 정책 변화였다. 이는 부시 행정부의 외교안보팀 내 북한 핵 문제의 주도권 경쟁 구도에 변화가 생겼다는 것을 의미했다. 적어도 외견상 구도에서 파월 국무장관과 아미티지 국무부 부장관을 중심으로 한 온건파(doves)가 럼스펠드 국방장관과 리처드 월포위츠 국방부 부장관을 비롯한 네오콘(neocons: 신보수주의자)들로 이루어진 강경파(hawks)를 이긴 형국인 것은 분명했다.

미국이 북한 핵 사태 직후 선 핵 포기·후 대화라는 입장을 천명했다는 것은 부시 대통령이 네오콘의 손을 들어주었다는 의미였다. 그 같은 입장은 '인민을 굶기고 억압하면서 핵무기를 개발하려는 김정일 정권과 같은 부도덕한 전제 세력과 협상해서는 안 된다'는 네오콘의 강경한 인식에서 비롯된 것이기 때문이다.

따라서 부시 대통령이 북한과의 다자간 대화를 추진하기로 했다는 것은 북한 핵 위기가 재발한 지 두 달 만에 어떤 형태로든 북한과의 대화를 주창해 온 온건파에게 기회를 준 것을 의미했다.

온건파의 리더인 파월 장관으로서는 2001년 1월 부시 행정부 출범 이후 대북 문제에서 처음 맛보는 승리였다. 그 전까지 그는 대북 정책의 주도권을 네오콘에게 빼앗겼다. 그 계기는 2001년 3월 김대중 한국 대통령의 워싱턴 방문 직전에 그가 미국의 대북 정책 기조와 관련해 내놓은 언급이었다. 문제의 언급은 "부시 행정부의 대북 정책은 클린턴 행정부가 남겨 놓고 간 지점에서 시작한다"라는 것이었다.

당시 이를 전해 들은 부시 대통령과 네오콘 참모들은 경악했다. 그들은 클린턴 행정부가 1994년 10월 체결한 북한과의 제네바 기본합의가 실패했다고 믿고 있었다. 제네바 기본합의에 따라 미국은 북한에 핵 개발 중단을 대가로 매년 중유 50만 톤을 제공하면서 한국, 일본 등과 함께 경수로 2기를 건설해 왔다. 그러나 부시 대통령과 네오콘 참모들은 북한이 핵무기 개발을 중단하지 않았을 뿐만 아니라 미국 본토에까지 도달할 수 있는 탄도미사일 기술을 개발했다는 의혹을 갖고 있었다. 그런 그들로서는 파월의 언급을 수용할 수 없었다. 결국 부시 대통령은 간접적으로 경고하기에 이르렀고 그때부터 파월 장관은 사실상 대북 정책에서 소외돼 왔다.

부시 행정부가 다자간 대화를 추진하기로 방향을 선회하게 된 계기는 북한 핵 사태 이후 어떤 형태로든 북미 양국 간 대화를 바라는 국제 여론에 있었다. 특히 미국의 입장 변화에 영향을 미친 것은, 미국이 굳게 믿어 왔던 동맹국인 한국이 북한과 함께 북한 핵 문제를 대화로 해결한다는 데 합의했다는 사실이다. 미국으로서는 한국 정부가 미국의 정책인 선 폐기·후 대화를 적극 지지하지 않는 것까지는 이해할 수 있었다. 그러나 한국이 북한 핵 사태 발발 직후 평양에서 개최된 남북 장관 급 회담에서 그 같은 합의를 한 것은 워싱턴의 입장에선 곤혹스러울 수밖에 없었다. 여기에 대북 영향력이 큰 중국이 북미 간 대화를 촉구하는 입장을 취한 것도 부시 행정부가 다자간 대화를 추진하도록 방향을 선회하게 만든 계기가 된 것으로 평가받는다.

미국이 다자간 대화를 추진하면서 북한의 비밀 핵무기 프로그램 보유 시인 직후 급격히 위험 수위로까지 치닫던 북미 간의 긴장은 일단 한숨을 돌렸다. 당시 긴장 고조 속도는 예측을 불허할 정도였다. 북한이 북미 직접 협상을 통한 불가침조약 체결을 요구하자 미국은 선 핵 포기·후 대화라는 입장을 천명했다. 그러다가 미국은 북한이 자신의 입장을 수용하지 않자, 2002년 11월 14일과 2003년 12월 1일 각각 대북 중유 공급 중단과 경수로 건설 공사 중지 조치를 신속히 취했다. 전선이 말에서 행동으로 옮겨지자 북한도 뒤지지 않았다. 2002년 12월 12일 핵 개발 재개 결정에 이어 2003년 1월 10일엔 핵확산금지협정 탈퇴를 공식 선언한 것이다.

그렇게 난타전을 벌이던 미국과 북한이 안색을 바꾸고 다자간 대화를 갖기 시작한 것은 2003년 4월 23~25일 열린 북한·미국·중국 간 3자 회담에서부터였다. 이어서 그해 8월 27~29일 한국과 일본, 그리고 러시아까지 참여하는 6자 회담이 개최되면서 북한 핵 문제를 해결하기 위한 다자간 대화가 본격화하기 시작했다.

부시 행정부가 굳이 북한 핵 문제를 대화를 통해 해결하기로 해 놓고 북미 양자 대화의 형식이 아니라 관련 주변국가들이 참여하는 다자간 대화를 선택한 것은 북한에 대한 근본적인 불신에서였다. 부시 행정부 외교안보팀이 북한의 고농축우라늄 프로그램 보유 시인 사태를 통해 얻은 교훈은 북한과는 절대 단독으로 협상해서는 안 된다는 것이었다. 제네바 기본합의와 같이 북핵 문제를 또다시 북미 양자 간 회담을 통해 해결해봤자 북한이 이를 위반하면 그 부담은 고스란히 미국의 몫이 될 수밖에 없다는 것이 부시 행정부의 판단이었다.

이에 따라 파월 장관을 비롯한 온건파는 북한과 대화를 하되 한국은 물론 중국과 일본, 그리고 러시아 등 주변국가들을 모두 참여시키기로 했다. 북한이 합의를 위반할 시 그 부담을 참가국 모두 나누도록 하기 위해서였다. 그래야만 북한도 쉽사리 합의를 위반할 수 없으리라는 것이 온건파의 계산이었다.

3자 회담에 이어 미국이 북한에 6자 회담이라는 다자간 대화를 제안한 데는 이런 판단이 작용했다. 이는 2005년 2월 콘돌리자 라이스 국무장관의 로이터통신 회견에서 확인된다. "우리는 1994년에 북한의 핵 프로그램을 중단시키는 데 효과적일 수 있는 것을 했다고 생각했다. 우리는 플루토늄 프로그램을 동결시킬 수 있었다. 그러나 제네바 기본합의를 이익의 기준에서 본다면, 북한에게 그 이익은 (북한이 합의된 사항을 이행하기도 전인) 초기에 배분된 것이었다. 그리고 나서 북한은 다른 길, 즉 고농축우라늄 핵무기 개발의 길로 나아갔다. 나는 이것이 우리에게 한 가지 교훈을 주었다고 생각한다. 제네바 기본합의는 북한이 국제사회에 화가 나는 어느 때든 (핵무기 동결을) 해제할 수 있는 방식이었다. 초기에 그들에게 이익을 배분하는 북한과의 양자 협정은 (결국 미국이) 가야 할 올바른 길이 아니었다."

네오콘도 다자간 대화의 필요성에 동의했다. 국무부에서 첫 손가락에 꼽히는 강경파인 존 볼턴 군축 담당 차관은 2004년 7월 방한 기간에 연세대를 방문해 가진 연설에서 이렇게 말했다. "일부에서는 부시 행정부가 직접적인 양자 간 협상을 거부한다고 해서 북한 핵 이슈를 무시해 곪아 터지도록 내버려 두고 있다고 비난해 왔다. 이 비판은 옳지 않다. 미국 정부는 양자 간 협상을 시도했으나 그것은 실패했다. 그것은 1994년의 기본합의로 불렸다. 부시 행정부의 비판자들이 주장하는 것과 정반대로 북한은 간단히 그것을 연기시켰고 끝내 그것을 악화시켰다. 그 시기 우리는 당근으로 김정일에게 보상할 때 그의 의도들을 시험했다. 그러나 우리가 받은 보상은, 그가 플루토늄에 기초한 한 가지 핵무기 프로그램을 일시적으로 동결시킨 뒤 비밀리에 우라늄 농축에 기초한 또 다른 핵무기 프로그램을 추진하기 시작했다는 것이다. 8년 후 그는 거의 글자 그대로 (핵무기 프로그램 동결을) 해제하기 위해 스위치를 톡 건드렸고, 그 결과 그의 플루토늄 프로그램을 재가동할 수 있었다."

볼턴 차관의 요지는 북한과의 양자 협상이 김정일의 농락으로 실패했기 때문에 지속적이고 의미 있는 해법에 관심을 가질 수밖에 없고 그것이 다자간 대화라는 것이다.

볼턴 차관은 이어서 이렇게 덧붙였다. "우리는 다시는 농락당하지 않을 것이다. 북한이 다시 스위치를 켜서 핵무기 프로그램들의 동결을 해제하기로 결정할 때, 부시 행정부가 임시 처방식 해법으로 협상하고 그 문제를 미래의 행정부에 남긴다면 그것은 무책임의 극치일 것이다. 우리는 북한의 핵무기 프로그램이 제기하는 위협에 대한 지속적이고 의미 있는 해법에 관심이 있다. 이것은 1994년 기본합의의 근본적인 실패였고, 이번 임기든 다음 임기든 부시 행정부는 되풀이하지 않을 것이다. 핵 문제와 관련된 우리, 다른 나라들, 그리고 국제기구들의 북한과의 슬픈 협상 역사를 비춰 보면, 진행 중인 핵 프로그램들을 중단시키는 것은 그것이 신속한 해체로 이르는 분명한 계획의 명백하고 신뢰할 만한 일부일 때만 말이 될 수 있다. 우리가 리비아 사례를 통해 얻은 경험에 의하면 동결은 불필요하다. 그뿐만 아니라 북한 주민들이 국제사회로 다시 합쳐지게 될 때 얻을 수 있는 혜택의 시간들을 단순히 연기시키는 것에 불과하다. 더군다나 동결이 오래 지속되면 될수록 김정일이 진짜로 올바른 전략적 선택을 했는지 여부나 그가 단순히 더 많은 보상을 요구하는 것은 아닌지 여부를 우리는 더욱 의문시할 것이다."

미국이 북한과의 대화 형식을 다자간 대화로 결정했다고 해서 모든 문제가 해결된 것은 아니었다. 부시 행정부로서는 책임지고 북한이 다자간 대화에 나와 핵무기 개발 프로그램을 폐기하도록 설득할 수 있는 국가가 필요했다. 그래서 미국이 선택한 국가가 중국이었다. 중국으로서는 북한이 핵무장을 할 경우 일본은 물론이고 대만도 핵무장을 할 것으로 우려하고 있는 만큼 어떻게든 북한의 핵무장을 허용하지 않을 것이라고 미국은 판단했기 때문이다.

특히 미국이 보기에, 중국은 북한의 핵무장으로 인해 동아시아의 헤게모니 경쟁 상대국인 일본이 핵무장을 하게 되는 상황을 극도로 우려했다. 그래서 미국은 중국의 이 같은 우려를 활용해 중국한테 다자간 대화가 이루어질 때까지 북한에 핵무기 개발을 포기하도록 압박하게 하는 전략을 구사했다. 이 전략이 바로 '재팬(일본) 카드'라고 불리는 것이다. 이 같은 구상은 찰스 크라우트해머(Charles Krauthammer)가 2003년 7월 3일 워싱턴포스트에 "재팬 카드"라는 제목으로 실은 글에서 처음 주장한 것이다.

실제로 재팬 카드는 효력을 발휘했다. 미국은 북한이 2002년 말부터 2003년 초까지 핵 위기를 고조시켜 왔는데도 이에 적극적으로 개입하지 않고 마치 방치하고 있는 듯한 태도를 취했다. 북한의 핵 보유가 일본과 대만의 핵무장으로 이어질까 우려한 중국이 북한 핵 문제 해결에 적극 뛰어들 것이라고 예상했기 때문이었는데 이 예상은 들어맞았다. 중국 정부가 2003년 2월 북한으로 연결된 다칭(大慶) 유전 송유관을 일시 중단한 데 이어 3월에는 북한에 미사일 시험 발사를 자제해 줄 것을 요청한 것이다.

북한은 중국의 이 같은 압박에 중국 상품 구매중단 조치로 대응했다. 북한은 중국 정부가 다칭 유전과 북한을 잇는 송유관의 일시 작동 중단 조치를 취한 데 이어 미사일 시험 발사 자제까지 요구해 오자, 3월 말 중국 단둥(丹東)에 진출한 무역 관계자들에게 중국 상품 구입을 중단하라고 지시했던 것으로 알려졌다. 북한의 중국 상품 구입중단 조치는 중국과 북한 관계가 서로 경제제재를 하는 상황까지 발전했다는 것을 의미하는 것이었다.

중국은 이처럼 북한 핵 사태의 초기부터 미국 편에 섰다. 미국의 다자간 대화 입장을 지지한 것이다. 중국은 북한의 고농축우라늄 핵무기 개발 프로그램 시인 사태가 발생한 이후 2003년 2월까지만 해도 북미 간 직접 대화를 촉구했다. 그러다가 중국은 그해 3월 협상 형식이 무엇이 됐든 간에 북한 핵 문제의 해결이 중요하다는 입장으로 이행했다. 그 후 중국이 다자간 협상을 처음으로 공식 지지한 것은 4월 6일 베이징에서 개최된 중일 외무장관 회담에서였다. 당시 양국은 '북한 핵 문제의 다자간 해결'에 합의했다. 미국이 중국한테 북한에 4월 3자 회담에 이어 8월 미국·남한·일본·북한·중국·러시아 간 6자 회담의 수용을 설득하도록 요청하게 된 것은 이 때문이다.

특히 6자 회담의 전 단계인 3자 회담의 성사 과정과 관련해 2004년 7월 15일 제임스 켈리 당시 미 국무부 차관보는 미 상원 외교위원회에 출석해 이렇게 증언했다. "그(파월 국무장관)는 다자간 포럼에 관해 중국을 설득하는 데 성공했다. 그 결과 중국은 2003년 3월 평양에 5자 회담이라는 제안을 전한다. 북한은 거부했으나 중국이 북·미·중 간 3자 회담의 베이징 개최를 제안했을 때는 동의했다. 이에 미국은 한국과 일본에 그들이 앞으로 회담에 참여하게 될 것이라는 점을 확신시켜 준 뒤 (3자 회담에 대해) 협의하고 나서 4월 23~25일 베이징 3자 회담에 참여했다."

그러나 부시 행정부가 3자 회담에 이어 6자 회담을 추진했다는 사실이 네오콘에서 온건파로 북한 핵 문제의 주도권이 넘어간 것을 의미하지는 않았다. 부시 행정부는 본격적인 다자간 대화라고 할 수 있는 6자 회담에서 북한과 대화를 한 것이 아니었다. 미국 측 대표단이 한 것이라고는 핵무기 프로그램을 폐기하면 그때 가서 테러 행위, 마약 밀매, 재래식 무력 등 양국 관계를 정상화하는 데 필요한 이슈들에 관해 대화를 하겠다는 입장을 되풀이한 것뿐이었다. 결국 다자간 대화는 부시 행정부가 기존의 선 핵폐기·후 대화 입장을 폐기하고 선택한 방안이 아니라 그 입장을 북한에 좀더 효율적으로 전달하기 위해 마련한 수단에 불과했던 것이다.

2 북한의 6자 회담 수용을 가능하게 한 미국의 3각 압박

북미 양자 간 대화가 아니면 어떤 대화도 거부할 것 같던 북한이 2003년 4월과 8월 각각 3자 회담과 6자 회담이라는 미국의 다자간 대화 제의를 잇달아 수용한 배경은 무엇일까?

북한이 미국과의 협상에서 얻어 내려는 목표는 북한 외무성이 2002년 10월 25일 대변인 성명을 통해 밝힌 바와 같이 북미 불가침조약의 체결이었다. 그러면서 북한은 북미 양자 간 직접 협상을 요구했다. 북한으로서는 북미 불가침조약이라는 목표가 북미 양자 간 대화가 아닌 한국, 일본, 그리고 중국까지 참여하는 다자간 대화를 통해서는 관철되기 어렵다고 판단했던 것이다.

2002년 12월 전후 북한이 벼랑 끝 전술들을 총동원하면서 미국을 압박했던 것도 이 목표를 이루기 위해서였다. 핵 시설의 가동 재개에 이어 국제원자력기구 감시 요원 추방과 핵확산금지조약 탈퇴 선언 등 파괴력이 강한 카드들을 단숨에 소진시킴으로써 미국을 북미 직접 대화의 장으로 이끌어 내려고 했던 것이다.

그런데 다자간 대화라니. 미국으로부터 3자 회담과 6자 회담에 앞서 5자 회담(미국·한국·일본·북한·중국) 제의를 받았을 때 북한으로선 이런 반응이었던 것이다. 도저히 받아들일 수 없는 대화 형태라고 여겼을 것이다. 그렇다고 해서 5자 회담 내에서 북미 직접 대화가 이루어지는 것도 아니었다. 그런 상황에서 이 제의를 수용하는 것은 북한으로선 치욕이었을 것이다. 북한은 2003년 1월 23일 조선중앙통신사 기자의 질의에 대한 외무성 대변인의 대답을 통해 "그 어떤 형태의 다자 회담에 절대 참가않는다"라는 입장을 밝혔다. 북한은 같은 해 3월 1일 외무성 대변인의 대답에서는 좀더 직설적으로 북미 직접 대화를 요구하고 나섰다. "핵 문제는 조(북)미 직접 대화로 해결되어야 한다."

그런데 중국이 미국을 대신해 3월에 북미 간 직접 대화를 전제로 하지 않는 북·미·중 3자 회담을 북한에 다시 제의하자 예상 밖의 일이 벌어졌다. 북한이 4월 12일 외무성 대변인의 대답을 통해 3자 회담을 수용하겠다는 의사를 표명한 것이다. "우리는 NPT의 조약국이 아닌 만큼 핵 문제를 국제화할 근거가 없고 국제화해서는 문제를 풀 수 없다. 우리가 직접 회담을 주장하는 것은 미국이 대북 압살 정책을 포기할 의지를 가지고 있는가를 확인하기 위해서이다. 미국이 대조선(북한) 적대 정책을 전환할 용의가 있다면 대화 형식에 구애되지 않겠다."

이에 따라 미국과 중국은 4월 중순 북한과 3자 회담을 갖기로 합의했다. 2차 북한 핵 사태가 마침내 대화라는 형태에서 다루어지게 된 것이다.

3자 회담이 4월 23~25일 중국 베이징에서 개최된다는 사실을 북한이 발표한 시점은 4월 18일이다. 이날 북한은 외무성 대변인의 대답을 통해 "조선반도(한반도) 핵 문제를 해결하기 위해 조(북)미 회담이 곧 베이징에서 열린다"라며, "여기서 미국의 정책 전환 의도를 확인하고자 한다"라고 밝혔다.

　북한이 마치 3자 회담을 북미 양자 간 직접 대화인 것처럼 발표하고 나선 것이다. 북한은 3자 회담이 북미 양자 간 직접 대화는 없고 북·미·중 3자 간 전체 회의와 미중 간 대화와 북중 간 대화만으로 이루어진다는 미국의 제의에 동의했다. 그런데도 북한이 3자 회담을 북미 간 직접 회담인 양 발표한 것을 두고 일부에서는 내부 선전용이라고 평가했다. 김정일 정권으로서는 그렇게 해서라도 주민들에 대한 체면을 세워 내부의 반발을 무마할 필요가 있었다는 것이다.

　관심은 북한의 수용 배경에 모아졌다. 고농축우라늄 프로그램의 보유 시인 사태 이후 그토록 반대하던 다자간 회담인데다 회담 기간 내내 미국과는 직접 대화도 할 수 없는 3자 회담을 북한이 왜 받아들였느냐는 것이다.

　이와 관련해서, 주목해야 할 것이 있다. 바로 2003년 3월 20일 부시 대통령의 개전 명령과 함께 미영 연합군이 이라크에 대한 공격을 감행하자 개전 초기부터 사담 후세인 정권이 급속히 붕괴되기 시작했다는 사실이다. 이 같은 사실을 주목해야 하는 까닭은 공교롭게도 북한이 3자 회담 제의를 받았던 시기와 그 제의를 수용하기로 결정한 시기가 각각 이라크전이 발발한 시기와 후세인 정권의 붕괴로 미국의 승리가 초읽기에 들어가던 시기와 맞아떨어지기 때문이다. 이는 당초 5자 회담을 거부했던 김정일 정권이 3자 회담도 굴욕적이라고 판단해 거부하려다가 이라크 전쟁의 결과를 목도하고 생각을 바꾸었을 가능성을 보여 준다. 북한은 미영 연합군의 공격을 잘 버틸 것으로 여겼던 후세인 정권이 개전 초기부터 궤멸하자 충격을 받았을 수 있다. 북한으로선 다자간 대화를 계속 거부하다가는 후세인 정권의 비극적인 전철을 밟을지도 모른다고 우려한 나머지 3자 회담을 전격 수용했을 수 있는 것이다.

　이러한 가능성을 간접적으로 뒷받침해 주는 근거가 한 가지 있다. 2003년

미군 101 공수부대원들이 2003년 7월 22일 이라크 모술에서 사담 후세인 전 이라크 대통령의 두 아들인 쿠사이와 우다이가 은신하고 있는 것으로 의심되는 건물을 향해 토우(Tow)미사일을 발사하고 있다. 북한이 2003년 8월 북미 간 양자 대화 주장을 거두고 6자 회담에 참여한 것은 그해 3월 20일 이라크를 침공, 두 달도 안 돼 사담 후세인 정권을 붕괴시킨 미국의 가공할 군사력을 목도했기 때문이라는 평가가 적지 않다./미국 국방부(U.S. Department of Defense)

4월 6일 북한 외무성 대변인의 성명이다. 여기서 북한은 자신들의 핵 문제가 유엔 안전보장이사회로 넘어가는 것을 우려하면서 "국제 여론도 유엔 헌장도 미국의 이라크 공격을 막지 못했다"라고 지적했다. 북한은 이어 "불가침조약을 체결해도 전쟁을 막지 못할 수 있다"라고 우려했다. 이 같은 언급들은 북한이 이라크전 초기에 이미 후세인 정권이 붕괴되는 것을 목격하고 미국에 잘못 대들었다가는 이라크 꼴을 피하기 어렵다는 인식에 도달했음을 보여 준다. 그 결과 북한은 더 이상 미국의 제의를 거부하기 힘들다고 판단하여, 3자 회담 제의를 수용하기로 결정한 것으로 보인다. 이 성명이 나온 지 6일 만인 4월 12일, 북한은 외무성 대변인의 대답을 통해 3자 회담 수용 의사를 표명했다.

그러나 3자 회담 이후 북한의 입장은 다시금 그 이전으로 반쯤 돌아갔다. 북미 양자 간 직접 대화를 가진 후 다자간 대화를 개최하자고 요구하기 시작한 것이다. 3자 회담이 끝난 지 한 달 정도 지난 5월 24일, 북한은 3자 회담을 5자 회담으로 확대 개최하자는 미국의 제의에 대해 외무성 대변인 담화를 통해 "우리는 먼저 조(북)미 쌍무 회담을 하고 계속하여 미국이 제기하는 다자 회담도 할 수 있다는 입장이다"라고 주장했다.

그러던 북한이 8월 들어서자마자 이 같은 요구를 포기하고 곧바로 러시아까지 포함한 6자 회담을 갖되 거기서 북미 양자 간 대화를 하자는 제안을 미국에 전달했다고 주장하고 나섰다. 8월 1일 북한은 외무성 대변인의 대답을 통해 "7월 31일 뉴욕 북미 접촉에서 우리는 3자 회담을 거치지 말고 직방 6자 회담을 개최하여 거기에서 조(북)미 쌍무 회담을 진행하자는 새로운 제안을 했다"라고 밝혔다.

그러나 6자 회담 내 북미 양자 간 대화를 먼저 제의한 쪽은 미국이다. 중국이 미국의 요청으로 6자 회담 내에서 북미 양자 간 대화가 가능하다는 제의를 북한에 전달한 시점은 7월 12~15일 다이빙궈(戴秉國) 중국 외교부 상무 부부장이 북한을 방문했을 때였다. 이는 북한의 8월 1일자 외무성 대변인의 대답에서도 대략적으로 확인된다. "미국은 얼마 전에 3자를 통해 다자 회담 틀 안에서 조(북)미 쌍무 회담을 할 수 있다는 것을 알려 왔다."

어쨌든 북한은 8월 4일 외무성 대변인 담화를 통해 기존의 북미 양자 회담 주장을 포기하고 미국의 다자 회담 제의에 응하기로 했다는 것을 발표했다. 이 때문에 관심은 북한이 북미 양자 간 대화 후 다자간 대화라는 입장에서 6자 회담 내 북미 양자 간 대화라는 입장으로 선회한 배경에 모아졌다.

그 배경을 이해하기 위해서는 무엇보다도 북한의 이 같은 입장 선회가 갖는 의미를 파악하는 것이 필요하다. 앞에서 살펴 본 바와 같이 북한이 3자 회담을 수용하게 된 배경은, 이라크 전쟁을 계기로 미국의 막강한 군사력을 목도하고 사담 후세인 정권의 전철을 밟지 않으려는 절박한 인식에서 비롯되었다고 볼 수 있다. 그러나 3자 회담 이후 북한의 이 같은 절박한 인식은 희미해져 갔고 애초에 요구했던 북미 양자 간 직접 대화를 절반만이라도 관철하려는 입장을 보이기 시작했다. 그것은 북미 양자 간 직접 대화를 먼저 갖고 그 뒤에 미국이 제의한 다자간 대화를 갖자는 것이다. 마찬가지로 북한이 그 같은 요구를 포기하고 미국의 6자 회담 제의를 전격 수용한 것도 미국 주도의 국제 정세가 극도로 북한에 불리하게 작용했기 때문일 것이다.

실제 3자 회담 이후 국제 정세는 북한에게 매우 불리하게 돌아가고 있었다. 특히 미국은 6월 12일 불량국가들의 대량살상무기 개발과 확산을 막기 위해 영국, 일본, 호주, 캐나다, 스페인 등 11개 동맹국과 PSI 체제를 출범시켰다. 사실상 북한을 겨냥한 PSI 체제는 단순한 국제 회의체가 아니라 회원국들이 공동으로 대량살상무기를 선적한 선박이나 항공기를 나포하고 저지하기 위해 군사훈련까지 하는 국제적 군사 압박 네트워크였다. 이 때문에 북한은 자칫 잘못하면 미국이 주도하는 PSI 체제의 군사적 위협에 직면할 수 있다는 위기감을 느꼈던 것으로 보인다. 이는 북한이 6월 8일 외무성 대변인의 대답을 통해 다음과 같이 주장한 데서 엿볼 수 있다. "미국이 G8(선진 공업국 7개국과 러시아) 회의에서 PSI라는 제안을 내놓았는데 이는 조(북)미 사이의 핵 문제를 국제적인 문제로 부각시켜 국제적 포위망을 형성하기 위한 미국의 봉쇄 작전이 이미 실행 단계에 들어섰다는 것을 보여 준다."

PSI 체제의 출범만큼 북한이 우려한 국제 정세는 미국이 북한 핵 문제를 유엔 안보리로 가져가려고 시도하기 시작했다는 것이다. 이 같은 사실은 북한이 6월 26일 백남순 외무상의 명의로 안보리 의장에게 보낸 편지에서 간접적으로 확인된다. 안보리 상임이사국이 북한 핵 문제를 최근 다시 상정하려는 데 대한 내용이었다. 북한은 이 편지에서 미국이 주도하는 PSI 체제의 출범과 미국의 군사 변환에 대해서 위협을 느낀다고 주장했다.

미국에 의한 북한 핵 문제의 안보리 이관 시도에 대한 북한의 우려는 6월 30일자 북한의 노동당 기관지인 노동신문 논평에서도 나타난다. 북한은 이 신문에 실린 "미, 유엔을 대조선(북한) 핵 압박 공간으로 도용하면 수습할 수 없는 사태"라는 제목의 논평에서 6월에 개최된 10차 아세안지역안보포럼에서 미국이 의장 성명을 채택한 데 이어 유엔 안보리 의장 성명도 채택하려고 압박하고 있다고 비난했다.

북한이 6자 회담을 수용할 수밖에 없었던 데는 혈맹국가로 여겨 온 중국이 미국에 동조했다는 사실도 크게 작용했다. 중국이 북한 핵 문제의 해결을 위한 대화 형태로서 미국의 6자 회담이라는 다자간 대화 방식에 동의한 것은 6월 초 G8 정상회담 기간에 이루어진 후진타오 국가주석과 부시 대통령 간 정상회담에서였다.

그러나 북한은 6자 회담에 참여하면서도 북미 양자 간 직접 대화에 미련을 결코 버리지 못했다. 북한은 우여곡절 끝에 2004년 6월 3차 6자 회담까지 참여했다. 그러나 북한은 이 회담에서 한 9월 내 4차 6자 회담 개최 합의를 지키지 않았다. 그 까닭은 당시 치러지던 미국 대통령 선거에서 민주당 후보로 출마해 당선 가능성이 적지 않아 보이던 존 케리 상원의원이 북미 간 양자 대화를 지지한 데서 찾을 수 있다. 북한으로서는 케리 후보가 당선되면 굳이 6자 회담에 참여하지 않아도 될 것이라고 여겼던 것이다.

북한은 부시 집권 2기가 시작된 직후인 2005년 2월 10일에도 핵무기 보유를 선언하면서 동시에 북미 직접 대화를 요구했다.

그해 7월 9일 미국은 북한의 이 같은 요구를 절반쯤 들어주기로 하고 그 대가로 북한으로부터 6자 회담 복귀를 약속받았다. 이날 중국 베이징에서 미국 측 6자 회담 수석대표인 크리스토퍼 힐(Christopher Hill) 국무부 동아태 담당 차관보는 북한 측 수석대표인 김계관 외무성 부상과 만나

6자 회담 내에서 북미 간 직접 대화를 갖겠다고 약속했다. 그러자 김 부상이 7월 25일에 시작되는 주에 개최되는 6자 회담에 참여하겠다고 화답하고 나온 것이다.

3 3자 회담에서의 북한의 '새롭고 대담한 해결 방도'와 폭탄 발언

우여곡절 끝에 2003년 4월 23~25일 베이징에서 개최된 3자 회담. 여기서 북한 대표단이 미국 대표단을 향해 직접 말할 수 있는 기회는 단 한 번뿐이었다. 그마저도 양국 대표단만 참여하는 회의는 아니었다. 회담 첫날에만 열린 북한·미국·중국 대표단이 모두 참여하는 전체 회의에서였다.

이 전체 회의를 제외한 나머지 모든 회의는 미국·중국 간 양자 대화와 중국·북한 간 양자 대화로만 진행됐다. 그러다 보니 북한으로서는 첫날의 3자 간 전체 회의가 끝나고 난 뒤 미국에 무엇인가를 전달하기 위해서는 중국을 통할 수밖에 없었다. 이를 두고 회담 둘째 날인 4월 24일 리처드 바우처 미국 국무부 대변인은 이렇게 표현했다. "미·북·중 3자 모두가 참여하는 전체 회의는 첫날에만 열렸으나 어떤 형태로든 3자 회담이 작동되고 있다. 사람들은 그들이 말하고 싶은 것을 말하는 기회를 갖는다."

바우처 대변인의 이 같은 언급은 3자 회담 기간에 3자 간 전체 회의가 한 번밖에 열리지 않았으나 북한 대표단이 미국 대표단에게 말하려고 하는 것이 있다면 중국 대표단을 통해 전달하면 언제든지 가능했다는 의미였다. 다시 말해서 북한 대표단으로서는 미국 대표단에 말할 기회를 충분히 가졌다는 것이다. 형식상으로는 양자 회담이 아니지만 내용상으로는 미국과 북한 간에 양자 회담은 이루어졌다는 얘기다.

바우처 대변인은 3자 회담 기간에 미국이 북미 간 양자 대화를 갖지 않은 이유에 대해 이렇게 설명했다. "우리는 북한의 입장이 무엇인지 알고 있고 북한도 우리의 입장을 알고 있어 우리는 중국의 견해를 들어 왔다." 이는 미국이 더 이상 북한과의 직접 대화에 따른 부담을 혼자 지지 않으면서 중국이 북한에 고농축우라늄과 플루토늄 핵무기 개발 프로그램 모두를 폐기할 것을 설득하도록 만들겠다는 전략에 따른 것이었다.

이 때문에 미국은 북한 핵 문제와 관련해선 중국에 감사를 아끼지 않았다. 바우처는 이렇게 말했다. "미국과 중국 간 대화에서 우리는 중국에 3자 회담 개최 지원에 감사하고, 또 한반도 비핵화 찬성이라는 중국의 분명한 입장 표명에도 공식·비공식적으로 사의를 밝혔다."

3자 회담은 이처럼 미국과 북한이 자유로운 대화를 나누기 어려운 형식이었다. 그럼에도 불구하고 바우처의 지적대로 미국이나 북한 모두 각자의 입장을 분명하게 표명할 수 있었다.

미국이 밝힌 입장은 '선 핵 포기'였다. 북한에게 고농축우라늄이든 플루토늄이든 모든 핵무기 프로그램을 폐기하면 그때 대화를 하겠다는, 다자간 대화를 추진하기 이전의 입장을 되풀이한 것이다. 요컨대 미국이 3자 회담이라는 다자간 대화를 추진함으로써 노린 목적은 선 핵 포기라는 메시지를 북한에 분명하게 전달하는 데 있었다고 볼 수 있다.

이 때문에 북한은 회담 마지막 날인 4월 25일 조선중앙통신 기자의 질문에 대한 외무성 대변인의 대답을 통해 이렇게 비난했다. "미국은 아무런 새로운 방도도 내놓지 않고 구태의연한 종전의 선 핵 포기 주장만을 되풀이했다." 3자 회담에서 미국 대표단의 이 같은 입장 천명은 파월 국무장관의 온건파가 다자간 대화의 주도권을 장악하긴 했으나 북한 핵 문제 대응의 기본 원칙만큼은 여전히 네오콘의 입장을 반영하고 있다는 것을 의미했다.

미국 대표단은 북한의 인권 문제와 일본인 납치 문제도 제기했다. 이 때문에 북한은 3자 회담이 끝난 지 10일 뒤인 5월 5일 노동신문 논평을 통해 뒤늦게 비난했다. "회담에서 미국 측은 뚱딴지처럼 조선(북한)의 인권 문제를 또다시 들먹이는가 하면 일본의 주문에 따라 일본인 납치 문제까지 들고 나왔다."

미국이 선 핵 포기 입장을 변함없이 고수하는 것에 대해 북한은 4월 25일 외무성 대변인의 대답을 통해 다시금 비난하고 나섰다. "미국은 조(북)미 쌍방 사이에 논의되어야 할 본질적인 문제들에 대한 토의도 한사코 회피했다."

그런데도 북한이 회담에서 자신들의 목표와 관련해 성과를 거두고 싶어 했던 것은 분명하다. 이는 북한이 3자 회담 첫날 열린 3자 전체 회의에서였는지 분명히 밝히지 않은 채 4·25 대답을 통해 '새롭고 대범한 해결 방도'라는 이름의 제안을 미국에 전달했다고 밝힌 데서 엿볼 수 있다. "우리는 조선(한)반도 핵 문제의 당사자들인 조(북)미 쌍방 사이의 우려를 동시에 해소할 수 있는 새롭고 대범한 해결 방도를 내놓았다. 새로운 방도를 제시하였으므로 금후 그에 대한 미국의 태도를 지켜볼 것이다."

그러나 북한은 3자 회담 직후 내놓은 입장 어디에서도 새롭고 대담한 해결 방도의 내용에 대해서는 언급하지 않았다. 4·25 외무성 대변인의 대답은 물론이고 4월 29일 조선중앙통신사의 논평과 4월 30일 외무성 대변인 담화에 이르기까지 어디에서도 그 내용을 공개하지 않았다.

북한은 왜 3자 회담에서 제안한 새롭고 대범한 해결 방도의 내용을 각종 형태의 입장 표명을 통해 공개하지 않았을까?

 북한은 뒤에 개최된 1차 6자 회담(8월 27~29일)과 2차 6자 회담(2004년 2월 25~28일)에서 각각 '말 대 말'과 '행동 대 행동'이라는 해결 원칙을 제시했다. 이 점에서 북한이 3자 회담에서 내놓은 새롭고 대범한 해결 방도란 북한과 미국이 각각 핵 계획 폐기와 대북 적대 정책 포기 의사를 동시에 선언한 뒤 행동으로 옮기자는 이른바 '동시 선언·행동' 원칙일 가능성이 있다.

 그렇다면 북한은 그 같은 원칙이 자신들이 그동안 주장해 온 '선 북미 불가침조약 체결·후 핵 계획 폐기' 원칙에서 후퇴한 것이라고 북한 주민들에게 받아들여질까 우려했을 수 있다. 그래서 북한이 새롭고 대범한 제안의 내용을 공개하지 않았을 수 있다.

 북한은 이처럼 자기들은 기존 주장에서 양보해서 뭔가 새로운 제안을 했는데도 미국이 오히려 선 핵 포기라는 기존의 입장으로 되돌아가자 회담 내에서 벼랑 끝 전술을 펴기도 했다. 미국 대표단에 "핵무기를 보유하고 있다"라는 폭탄성 발언을 한 것이다. 당시 미국 측 수석대표였던 제임스 켈리 국무부 차관보는 2004년 7월 15일 상원 외교위원회에 출석해 이렇게 증언했다.

 "한국, 일본과 협의해 그들에게 나중의 (다자간) 회담에는 참여할 수 있다는 것을 확신시켜 준 뒤 우리(미국)는 2003년 4월 23~25일 베이징 3자 회담에 참여했다. 그런데 북한 대표들이 나를 옆으로 끌어다 놓고 그들이 핵무기를 보유하고 있고 그것들을 폐기하지 않을 것이며 그것들을 이전하거나 과시할 수도 있다고 말한 것은 그 포럼(3자 회담)에서였다. 나는 그들에게 어떤 긴장 고조에 대해서도 반대한다는 것을 강력히 경고했다."

 3자 회담은 북한의 입장에서 보면 실망스러운 것이었다. '핵무기를 보유하고 있으며 심지어 그것을 과시할 수도 있으니 우리 요구를 들어달라'는 식의 위협은 그만큼 북한으로서는 회담이 뜻대로 풀리지 않았다는 것을 의미했다.

그런데 이상한 점이 한 가지 있다. 예전 같았으면 대화하지 않겠다고 나왔을 법한 북한이 3자 회담 이후에 미국과 계속 대화하기를 기대하는 듯한 입장을 연이어 내놓았다는 사실이다. 그 같은 태도가 직·간접적으로 나타나 있는 입장 표명으로는 4월 25일 외무성 대변인의 대답, 4월 29일 조선중앙통신사의 논평, 그리고 4월 30일 외무성 대변인의 담화 등이 꼽힌다.

북한의 이 같은 수세적 태도는 미국이 3자 회담 직후 북한 핵 문제를 다시금 유엔 안전보장이사회에 상정하려는 움직임을 보인 데 따른 두려움에서 비롯됐을 가능성이 적지 않다.

그 단초는 4월 29일 조선중앙통신 논평에서 발견된다. 여기서 북한은 이렇게 주장했다. "미국은 3자 회담에서 조선(북한)이 미국의 선 핵 포기 요구를 받아들이지 않고 그 무슨 폭탄성 발언을 하였기 때문에 북한 핵 문제를 유엔 안보리에 다시 상정시켜야 한다고 떠들고 있는데 이것은 막다한(북한식 표현으로 '말도 되지 않는'이라는 의미) 논리이고 회담의 진척에 인위적 장애를 조성한 미국의 고의적 행위를 정당화시키는 비열한 술책이다."

북한은 4월 30일 외무성 대변인 담화에서 미국의 북한 핵 문제 유엔 안보리 상정 기도에 대한 우려를 다시금 나타냈다. "미 행정부 안에서는 북한 핵 문제를 또다시 유엔으로 끌고 가 국제화해야 한다는 주장들이 나온다."

북한이 3자 회담에 불만족스러웠는데도 미국과의 대화 여지를 남겨 놓는 입장들을 사흘씩이나 잇따라 발표한 것은 미국이 3자 회담 당시 북한의 태도를 문제 삼아 북한 핵 문제의 유엔 안보리 상정을 또다시 기도하는 것을 우려했기 때문이다. 북한은 자신들의 핵 문제가 유엔 안보리에 상정되면 목표로 삼아 온 북미 불가침조약 체결은 불가능해질 수 있다고 판단하고 이를 강력히 반대해 왔다. 그러나 북한은 자신들의 핵 문제를 안보리에 상정하려는 미국의 목적이 단순히 경제제재와 같은 유엔 차원의 대북 압박을 가능하게 하려는 데 있다고 보지 않았다. 그보다는 부시 행정부가 다자간 대화를 비롯한 외교로 북한 핵 문제가 해결되지 않을 경우 선제공격을 하기 위한 근거를 만들려는 데 그 목적이 있다는 것이 북한의 우려였다. 그랬기 때문에 북한은 자신들의 핵 문제를 미국이 유엔 안보리에 상정하는 것을 그토록 막으려 했던 것이다.

북한은 3자 회담 후 미국이 한국, 일본, 그리고 러시아가 참여하는 6자 회담을 제의하자 고심 끝에 이를 수용했다. 이로써 북한 핵 문제는 6자 회담이라는 다자간 대화의 시대로 접어들었다.

 # 1차 6자 회담에서 평행선을 달린 북한과 미국: 일괄 타결 대 CVID

1차 6자 회담은 3자 회담 때처럼 2003년 8월 27일 사흘간 베이징에서 개최됐다. 북한의 입장에서 6자 회담은 3자 회담보다 나은 것이 한 가지 있었다. 그것은 바로 고농축우라늄 프로그램의 보유 시인 이후 그토록 원했던 북미 간 양자 대화를 비공식적이나마 가질 수 있었다는 사실이다. 이는 미국 국무부의 필립 리커 부대변인이 8월 28일 브리핑에서 한 언급에서 엿볼 수 있다. "오늘은 미북 간 비공식 회동이 없었다. 우리는 어제 가진 비공식 회동에 관해 약간 대화를 가졌다."

그러나 북한 핵 문제의 해결 방향에 관한 미국과 북한의 입장은 3자 회담에서보다 더욱 평행선을 달렸다. 북한은 조선(한)반도의 핵 문제는 미국의 적대 정책 때문이므로 미국이 적대 정책 포기 의사와 행동을 취하면 동시에 북한도 핵 포기 의사와 행동을 취하겠다고 제안했다.

하지만 미국은 북한이 핵무기 계획을 완전하고 검증 가능한 방법에 의해 불가역적으로 제거하면 안보상의 우려(security concern)를 논의할 수 있다는 기존의 '선 핵 포기' 입장을 고수했다. 회담의 형식은 좀더 유연해졌지만 양국의 입장 차이는 더 벌어지고 만 것이다.

1차 6자 회담에 임한 북한의 마음가짐은 이번만큼은 미국에게서 얻으려는 것들을 얻어 내고야 말겠다는 집요함이었다. 여러 가지로 불리하게 돌아간 국제 정세에 밀려 6자 회담을 수용하게 된 배경과는 달랐다. 이는 북한이 회담 2주일 전인 8월 13일 내놓은 외무성 대변인 담화에서 확인된다.

담화에서 북한은 6자 회담에 임하는 세 가지 입장을 밝혔는데, 다음과 같다.

① 미국의 정책 전환 의지를 명백히 확인하자는 것이다.
② 우리는 미국에 선사품으로서 '안전 담보'나 '체제 담보'를 요구하는 것이 아니라 법적으로 담보하는 불가침조약을 체결하자는 것이다.
③ 미국이 적대 정책을 포기하기 전에는 조기 사찰이란 있을 수 없고 상상 못하겠다는 것이다.

요컨대 북한은 미국에 자신들의 핵 문제를 해결하려면 먼저 불가침조약 체결에 응하라고 요구한 것이다. 그렇게 하지 않으면 핵무기 계획의 포기는 물론 조기 사찰도 있을 수 없다는 얘기였다.

북한이 1차 6자 회담에서 제기한 '일괄 타결 도식'과 '동시 행동 순서'는 바로 이 같은 요구를 구체화한 것이다.

회담 마지막 날인 8월 29일 북한은 조선중앙통신을 통해 '일괄 타결 도식'을 공개했다. 도식에 따르면, 미국은 ① 조(북)미 불가침조약 체결, ② 조미 외교 관계 수립, ③ 조일 및 북남 경협 실현 담보, ④ 경수로 건설 지연으로 인한 전력 손실을 보상하고 완공한다. 이에 대응해 북한은

① 핵무기를 만들지 않고 그에 대한 사찰을 허용하며, ② 핵 시설을 궁극적으로 해체하며, ③ 미사일 시험 발사를 보류하고 수출을 중지한다.

마찬가지로 8월 29일 북한이 조선중앙통신 보도를 통해 공개한 '동시 행동 순서'는 네 가지 항목으로 돼 있다. 첫 번째는 미국이 중유 제공을 재개하고 인도적 식량 지원을 대폭 확대하는 동시에 북한은 핵 계획 포기 의사를 선포한다는 것이다. 두 번째는 미국이 불가침조약을 체결하고 전력 손실을 보상하는 시점에서 북한은 핵 시설과 핵 물질 동결 및 감시 사찰을 허용한다는 것이다. 세 번째는 북미와 북일 외교 관계가 수립되는 동시에 북한은 미사일 문제를 타결한다는 것이다. 네 번째는 경수로가 완공되는 시점에서 북한은 핵 시설을 해체한다는 것이다.

북한은 1차 6자 회담에서 이들 제안과 함께 북한 핵 문제의 해결을 위한 두 가지 원칙에 합의할 것을 미국에 요구했다. 이들 원칙도 8월 29일자 조선중앙통신 보도를 통해 공개됐다. 첫 번째 원칙은 북미가 서로의 우려를 해결하겠다는 의사를 명백히 하자는 것으로 미국이 적대 정책 포기 의사를 밝히면 북한도 핵 계획 포기 의사를 밝힌다는 것이다. 두 번째 원칙은 북미 간 핵 문제 해결에 나서는 조치들을 동시 행동에 맞물려 이행해 나가는 원칙에 합의하자는 것이다.

미국은 북한의 이 같은 제안들을 거들떠보지도 않았다. 6자 회담 기간 중에 이루어진 북미 접촉에서 미국은 제임스 켈리 수석대표를 통해 세 가지 입장을 분명히 밝혔다.

첫 번째 입장은 미국의 목표가 CVID라는 것이었다. 모든 핵무기 계획을 검증해서 불가역적으로 제거한다는 의미였다. C는 '완전한'을 뜻하는 'complete'의 첫 글자로서 북한이 부인하고 있는 고농축우라늄 핵무기 개발 프로그램을 포함한 모든 핵무기 개발 계획을 의미한다. V는 '검증 가능한'을 뜻하는 'verifiable'의 첫 글자로서 검증한다는 것을 의미한다. I는 '뒤집을 수 없는'을 의미하는 'irreversible'의 첫 글자로서 북한이 폐기한다고 해 놓고 다시 핵무기 개발을 하지 못하게 만들겠다는 미국의 의지를 담고 있다. D는 '해체'를 뜻하는 'dismantlement'의 첫 글자이다.

두 번째 입장은 북한과의 불가침조약은 적절하지 않으며 필요하지도 않고 흥미도 없다는 것이다. 그런 만큼 북한이 모든 핵무기 개발 계획을 CVID 방식으로 포기한다는 것이 확인되면 다음 회담에서 안보상의 우려를 다른 나라들과 토의할 용의가 있다는 것이었다. 이 같은 입장은 부시 행정부가 북한의 모든 핵무기 개발 계획이 CVID 원칙에 의해 폐기되면 북한에 6자 회담 참가국들과 다자간 안보 보장을 해 줄 수도 있다는 의사를 표명한 것이다.

마지막 입장은 미국은 핵 문제 때문에 북미 간 양자 회담을 갖지는 않겠다는 것이다. 북한이 모든 핵 계획을 포기한 다음에야 양국 간 관계 정상화를 목표로 한 미사일 수출, 위조화폐, 마약 거래, 테러 등 다른 문제로 대화할 수 있다는 것이 미국의 세 번째 입장이었다. 요컨대 미국은 북한에 양자 회담을 갖고 싶으면 먼저 모든 핵무기 프로그램을 폐기하라고 통보한 것이다.

이 같은 입장들은 부시 행정부의 정책적 일관성을 보여 준다. 미국이 북한 핵 문제를 해결하기 위해 6자 회담과 같은 다자간 대화를 추진해 왔다고 해서 '선 핵 포기·후 대화'라는 원칙을 포기한 것은 아니라는 사실이다.

회담 분위기가 불리하게 돌아가자 북한은 '전가의 보도'를 꺼내 들기도 했다. 3자 회담에서 그랬던 것처럼 대표단을 통해 미국을 향해 '핵무기들을 과시할 것'이라고 공갈 위협을 가한 것이다. 당시 미국 측 수석대표였던 제임스 켈리 국무부 차관보는 2004년 7월 15일 상원 외교위원회에서 이 같은 사실을 증언한 뒤 이렇게 덧붙였다. "6자 회담에서 북한의 호전성은 그들을 고립시키는 결과를 낳았다. 그것은 북한의 핵무기 프로그램의 CVID를 담보하기 위한 어려운 과정의 첫 단계였다."

그러나 미국으로선 1차 6자 회담이 성과가 없었던 것은 아니었다. 북한을 제외한 참가국 모두가 1차 6자 회담 첫날 개최된 전체 회의에서 '북한의 핵무기 보유를 수용하지 않겠다'는 점을 분명히 했다.

리처드 바우처 미국 국무부 대변인은 9월 2일 브리핑에서 참가국들이 북한의 핵무기 프로그램을 문제로 인식하고 이를 다자간 방법으로 해결하자고 합의한 것을 성과로 꼽았다. "베이징 회담에서 아마도 북한을 제외한 모두가 주된 문제는 북한의 핵무기 프로그램이라는 데 동의한 것은 분명했다. 그리고 모든 참가국들이 이 문제를 다자간 방법으로 다루어 그 핵무기 프로그램을 종식시킬 필요가 있다는 데에도 인식을 함께 했다."

바우처 대변인은 이어 "우리, 러시아, 중국, 일본, 그리고 한국은 북한 핵 문제의 평화적 해결을 위해 매우 긴밀한 협력을 계속할 것이다"라고 했다. "그리고 여러분이 알고 있는 대로 우리는 이것이 북한의 핵무기 프로그램의 완전하고 검증 가능한, 그리고 뒤집을 수 없는 종식으로 이어질 것이 틀림없으리라고 믿는다"라고 그는 덧붙였다.

그러나 북한은 미국의 강경한 입장과 다른 참가국들의 동조에 실망한 나머지 앞으로 6자 회담에 참여하지 않을 수도 있다는 식으로 나왔다. 회담 직후인 9월 1일 북한은 외무성 대변인의 대답에서 이렇게 주장했다. "미국이 더 고압적인 자세로 강도적 요구 조건을 들고 나왔다. 6자 회담에 어떤 흥미나 기대를 가질 수 없다."

그러자 미국은 다자간 대화가 계속되기를 바란다는 입장을 분명히 했다. 바우처 대변인은 9월 2일 브리핑에서 북한 외무성 대변인의 대답에 대해 이렇게 논평했다. "내 생각에 포인트는 베이징 회담 이후 중국이 밝힌 바와 같이 그 논의에 참가한 당사자들이 다자간 형식으로 논의를 계속하는 것에 가치가 있다는 데 합의했다는 것이다. 그리고 중국의 다음 단계는 참가국들과 다음 회담 일자를 협의하는 것이다. 우리는 그 절차가 진행되기를 기대할 것이다."

5 폐연료봉 재처리 감행한 북한의 2차 6자 회담 수용 배경과 예정된 결과

1차 6자 회담에 대한 북한의 불만은 내각 차원에서만 제기된 것은 아니었다. 북한은 2003년 9월 1일 외무성 대변인 담화를 통해 "6자 회담에 더는 그 어떤 흥미나 기대를 가질 수 없다"라고 주장했다. 그리고 며칠 뒤 북한은 의회 격인 최고인민회의를 통해서도 불만의 뜻을 나타냈다. 핵 억제력의 강화에 대한 지지 결정이 채택된 것이다. 북한으로선 자신들의 일괄 타결 도식과 동시 행동 원칙 제안을 미국이 거부한 데 이어 CVID에 따라 모든 핵 계획을 먼저 폐기할 것을 요구한 데 대해 실망감을 감추지 못한 것이다.

그러나 미국의 반응은 냉정했다. 리처드 바우처 국무부 대변인은 9월 4일(한국 시간) 브리핑에서 북한 최고인민회의의 결정에 대해 이렇게 논평했다. "(6자) 회담에 참여하는 이웃 국가들을 비롯한 국제사회의 목표는 북한 핵 문제의 완전하고 검증 가능한, 그리고 뒤집을 수 없는 종식을 초래하는 평화적이고 외교적인 해결을 추구하는 것이다. 이것은 북한 사람들이 수용할 필요가 있는 사실이고 우리는 그것에 관해 대화할 필요가 있다."

그러자 한 기자가 더 물었다. 북한 최고인민회의의 신뢰도에 관해 어떻게 생각하고 있느냐는 질문이었다. 바우처 대변인의 답변은 신중하면서도 신랄했다. "그것(최고인민회의)이 과거 어느 때이건 간에 독립적으로 행동하거나 대표성을 가진 것으로 알려진 기구라고 생각하지 않는다."

이 같은 상황에서 사실상 북한을 겨냥한, 미국 주도의 PSI 체제의 움직임이 빨라졌다. 9월 4일 프랑스 파리에서 3차 회의가 개최된 데 이어, 호주 브리스번에서 개최됐던 2차 회의의 결정에 따라 해상 및 공중 군사훈련이 인도양과 남태평양의 해상과 공중에서 실시된 것이다.

6자 회담과 PSI는 북한 핵 문제의 유엔 안보리 상정 검토와 함께 부시 행정부가 북한의 대량살상무기 문제를 해결하기 위해 가동해 온 기제들이었다.

그러자 북한은 PSI를 통한 압박을 북한 봉쇄를 위한 준비로 받아들였다. 북한은 9월 29일 조선중앙통신사 기자의 질문에 대한 외무성 대변인의 대답을 통해 "미국의 핵 선제공격을 맞는 핵 억제력 강화의 실제적 조치를 취해 나가고 있다"라고 밝혔다. "그 조치는 최고인민회의 제11기 제1차 회의 결정에 따른 것으로 우리의 핵 억제력은 미국의 핵 위협에 의한 것으로서 그 누구를 공격하기 위한 것이 아니라 방위를 위한 것이다"라고 이 대답은 지적했다. 그러나 북한은 이 대답에서 핵 억제력 강화의 실제적 조치가 무엇인지에 대해서는 밝히지 않았다.

북한은 이 정도의 언급이면 미국이 (북한이) 핵무기 개발에 착수한 것이라고 알아듣고 협상에 나설 것으로 여긴 것 같다. 이는 북한이 이튿날인 9월 30일 외무성 대변인 담화를 통해 다시금 북미 불가침조약 체결에 응할 것을 촉구하고 나선 데서 읽을 수 있다. 여기서 북한은 미국이 불가침조약을 체결하면 한미상호방위조약이 무효화돼 주한 미군의 철수로 이어질까 우려해 의회 결의 형식의 서면 안전보장이나 집단 안보 형식을 운운하는데 이는 냉전적이라면서 속히 불가침조약을 채택하라고 요구했다.

그러나 미국은 미동도 하지 않았다. 그 결과 북한은 좀더 강경한 벼랑 끝 전술이 필요하다고 판단한 것 같다. 이틀 뒤인 10월 2일 다시 외무성 대변인 담화를 통해 폐연료봉 8,000여 개의 재처리를 성공적으로 마쳤다고 선언하고 나온 것이다. 폐연료봉 재처리라는 것은 원자로에서 사용한 핵연료를 화학적으로 처리해서 유해 성분을 제거하고 전환에 의해 생긴 연료 물질이나 타고 남은 연료 물질을 분리·추출하여 핵연료로 재생하는 일련의 처리를 말한다.

또 북한은 폐연료봉 8,000여 개의 재처리를 통해 얻은 플루토늄의 용도를 핵 억제력 강화 방향으로 변경시켰다고 공개했다. 플루토늄을 핵무기를 만드는 데 쓰겠다는 것이었다. 이어 북한은 추후 영변 5MW 원자로에서 나오는 폐연료봉들은 지체 없이 재처리될 것이라고 강조했다.

그런 후 북한은 폐연료봉 재처리로 얻은 플루토늄을 핵무기 개발 용도로 전환하게 된 이유를 설명했다. 10·2 외무성 대변인 담화에서 북한이 핵 억제력을 강화해 나갈 것이라면서 내놓은 이유는 이렇다. "6자 회담 재개 문제에 대해 어떤 약속도 하지 않았다. 미국이 6자 회담에서 우리를 완전 무장해제시켜 없애겠다는 것을 확인했고, 이는 회담 이후 국제원자력기구를 통해 북한을 비난하고 해상검색연습이요 인신매매요 하면서 대북 봉쇄와 압력을 고조시켜 온 데서 확인됐다."

북한이 폐연료봉 8,000여 개의 재처리를 완료한 시기는 그해 6월 말이었다. 북한은 이를 10월 3일 조선중앙통신 보도 형식을 빌려서 밝혔다. 이는 북한이 3월 20일 미국의 이라크 침공을 계기로 이라크처럼 미국의 침공을 받을까 우려해 4월 23일 3자 회담에 참여하면서 동시에 플루토늄 핵무기 개발에 착수했다는 것을 의미했다.

북한은 10월 18일 다시금 외무성 대변인 담화를 통해 "우리의 핵 억제력 강화는 때가 되면 실물로 증명될 것이다"라고 밝혔다. 적절한 시기에 핵무기의 존재를 과시하겠다는 것이었다. 북한은 이어 사흘 뒤인 10월 21일 노동신문 논평을 통해 "플루토늄의 용도 변경은 누구도 시비 걸 수 없다"라고 강조했다.

북한이 잇따라 외무성 대변인 담화를 내고 이 같은 강경 조치들을 쏟아낸 데는 1차 6자 회담에서의 실망감과 대량살상무기 확산방지 체제인 PSI에 의한 대북 봉쇄 징후 등이 영향을 미쳤다.

그러나 이들 조치가 대미 협상을 위한 일종의 지렛대였음이 드러나기까지는 그리 오랜 시간이 걸리지 않았다. 북한이 "적절한 시기에 핵무기를 보여 주겠다"라는 외무성 대변인 담화를 내놓은 지 일주일 만인 10월 25일 6자 회담 재개에 대한 긍정적인 신호를 보인 것이다. 이날 북한은 외무성 대변인의 대답을 통해, 태국에서 열린 아시아·태평양경제공동체(APEC) 정상회담에서 부시 미 대통령이 "북한에 불가침을 서면으로 담보할 수 있으니 6자 회담을 재개하자"라고 제안한 데 대해 "고려할 용의가 있다"라고 밝혔다. 이 대답에서 북한은 이를 뉴욕 채널을 통해 확인 중이라고 덧붙였다.

이후 북한은 2차 6자 회담 참여 결정을 내리기 전인데도 미리 회담 분위기를 잡는 듯한 성명과 논평을 내는 데 주력했다. 11월 16일 외무성 대변인의 대답을 통해 미국에 대북 적대 정책이 철회되면 핵을 포기한다는 입장을 밝혔다. 북한은 12월 1일 노동신문 논평에서 미국에 1차 6자 회담에서 제시했던 일괄 타결안과 동시 행동 원칙의 수용을 촉구했다.

북한이 2차 6자 회담 참여를 공개한 것은 12월 9일 외무성 대변인의 대답을 통해서였다. 여기서 북한은 "11월 1일 뉴욕 접촉선을 통해 2차 6자 회담을 12월 초에 재개하자는 입장을 미국에 전달했다"라고 밝혔다.

그러니까 북한이 미국에 2차 6자 회담에 참여하겠다는 의사를 전한 것은 10·25 외무성 대변인 담화를 통해 회담 재개에 대한 긍정적인 신호를 보인 지 약 일주일 만인 11월 1일이었던 것이다.

북한이 폐연료봉 재처리 완료와 플루토늄의 핵무기 제조로의 용도 변경 같은 강경책을 구사하다가 2차 6자 회담 개최 동의로 선회한 데는 부시 대통령의 제의가 계기가 됐다. 그러나 북한의 이 같은 급선회를 가능하게 한 좀더 근본적인 요인은 북한에 불리하게 돌아간 국제 정세라고 볼 수 있다.

12·9 외무성 대변인의 대답은 흥미로운 주장을 담고 있어서 주목을 받았다. 여기서 북한은 자신들의 일괄 타결 방안을 한 번에 수용하기 어렵다면 최소한 2차 6자 회담에서 말 대 말 공약과 함께 첫 단계의 행동 조치에는 합의하자고 제안했다. 이 대답에 의하면, 그 첫 단계의 행동 조치는 세 가지이다. 즉, 북한이 핵 활동을 동결하면 동시에 미국은 북한을 테러 지원국 명단에서 해제하고, 정치·군사·경제적 제재와 봉쇄를 철회하며, 미국과 주변국들은 중유, 전력 등의 에너지 지원 같은 상응 조치를 취해야 한다는 것이다.

북한은 12·9 대답에서 이 같은 제안을 한 뒤 이렇게 덧붙였다. "공짜로 아무 대가 없이 우리의 핵 활동을 동결할 수 없다."

북한은 이 같은 제안을 2004년 1월 12일 외무성 대변인의 대답에서 다시 제기하고 나섰다. 여기서 북한은 미국이 동결 대 보상에 합의하면 영변 흑연감속로 가동을 중지할 용의가 있다고 피력했다. 이는 북한이 미국에 이 제안을 2차 6자 회담에서 다루자고 요청한 것이라고 볼 수 있다.

북한이 조선중앙통신을 통해 2차 6자 회담이 2월 25~28일 베이징에서 개최될 예정이라고 보도한 때는 2월 3일이었다. 북한은 2월 10일 외무성 대변인의 대답을 통해 미국 뉴욕타임스가 보도한 파키스탄에 의한 핵기술 이전설을 부인했다. 북한은 이보다 앞선 2월 6일 민족 공조 차원에서 13차 남북한 장관 급 회담을 개최하기도 했다.

2차 6자 회담의 결과는 1차 회담의 그것과 다를 바가 없었다. 미국과 북한은 다시금 한 치의 양보도 없이 평행선을 달렸다. 회담이 끝난 다음 날인 2월 29일 북한은 외무성 대변인의 대답을 통해 회담 결과를 논평했다. 여기서 북한은 자신들은 "동시 일괄 타결안에 따라 핵 포기 의사를 밝히고 그 첫 단계 행동 조치로 들어갈 수도 있다"라는 아량 있는 제안을 했다고 주장했다. 그러나 미국이 "북한이 모든 핵무기 개발 계획을 CVID(완전하고 검증 가능한 방법에 의한 불가역적인 폐기) 원칙에 따라 먼저 폐기하면 북한의 우려 사항들을 논의해 볼 수 있다"라는 기존의 주장을 들고 나온 탓에 큰 장애가 조성됐다는 것이 대답의 주장이다.

그런데도 북한이 2차 회담 후 보인 입장들 중에는 1차 회담 후 보인 것들과 다른 것이 있다. 1차 회담 후 회담 재개 의사가 없는 듯한 입장을 보였던 북한이 2차 회담 후에는 회담 결과에 실망감을 표시하면서도 3차 6자 회담의 개최 여지는 둔 것이다. 2·29 대답에서 북한은 "사태는 이러하지만 우리는 어떻게든 핵 문제를 대화를 통해 해결하려고 다음 번 6자 회담 개최 시기와 실무 그룹 조직 문제에 합의했다"라고 밝혔다.

북한이 2차 6자 회담에 대한 좀더 구체적인 평가를 내놓은 것은 3월 10일 외무성 대변인 담화에서였다. 북한은 이 담화를 통해 2차 6자 회담에서 말 대 말과 행동 대 행동 안을 다시 제의했다고 밝혔다. 이 담화에 의하면, 말 대 말 안은 "미국이 적대 정책 포기 의사를 피력하면 북한은 핵 계획 포기 의사를 천명한다"라는 것이었고, 행동 대 행동 안은 "북한이 핵무기 계획을 동결하면 미국과 유관국들은 동시에 보상 조치를 한다"라는 것이었다. 그러나 미국은 CVID에 따라 모든 핵무기 계획을 먼저 폐기해야만 양국 관계 정상화를 위해 미사일, 인권, 마약 등의 문제를 논의할 수 있다면서 북한의 제의를 거부했다고 담화는 주장했다.

북한이 3·10 외무성 대변인 담화를 통해 2·29 외무성 대변인의 대답에서 다루지 않은 회담 내용을 공개한 것은 두 가지이다. 하나는 2차 회담에서 북한이 미국에 북한의 고농축우라늄 핵무기 프로그램 보유 의혹을 뒷받침하는 근거를 제공할 것을 요구했으나 미국이 거부하고 그 같은 프로그램의 폐기만 주장했다는 것이다. 다른 하나는 CVID 표현을 계속 쓰려 한다면 적대 정책의 CVID도 북한에 공약해야 한다고 주장했다는 것이다.

미국으로서는 2002년 10월 3~5일 켈리 특사가 평양을 방문했을 때도 고농축우라늄 핵무기 개발 프로그램 보유 의혹만 제기했을 뿐 일체 증거를 내놓지 않았다. 당시 왜 증거를 제시하지 않았는지에 대해 미국이 설명한 적은 없다. 그러나 부시 행정부는 증거가 아무리 확고하더라도 북한이 부인하려고 마음먹으면 부인하고 시인하려고 한다면 의혹만 제기해도 시인할 것이라고 판단했던 것으로 보인다. 만약 그 같은 판단에 따라 미국이 처음부터 증거를 제시하지 않았다면 2차 6자 회담에서는 더욱 그것을 내놓을 처지가 아니었을 것이다. 왜냐하면 북한이 켈리 특사에게 한 시인조차 부인하고 나오는 마당에 어떤 증거를 내놓아도 부인하고 나올 것임이 분명했기 때문이다.

미국이 북한의 고농축우라늄 핵무기 개발 프로그램 보유를 확신하는 이유도 비슷한 맥락이다. 부시 행정부 고위 관리들은 북한의 고농축우라늄 프로그램 보유 시인 이후 그 시인 때문에 북한이 그 같은 프로그램을 갖고 있다고 믿는 것이 아니라 미 정보기관들이 확보한 증거들 때문에 믿는다고 말해 왔다.

2차 6자 회담에서 나온 북한의 입장 중에 주목을 끄는 것은 3·10 외무성 대변인 담화에서 새로이 공개된 두 번째 내용이다. 미국이 CVID라는 표현을 계속 사용하려고 한다면 대북 적대 정책의 CVID도 북한에 공약해야 한다는 북한의 주장이 바로 그것이다. 이 주장이 의미하는 바는 북한의 입장에서 보면 북한은 미국의 CVID 요구를 수용할 수 있는데 그럴 경우 미국에 적대 정책의 CVID를 요구하겠다는 것이다. 미국의 적대 정책을 '완전하고 검증 가능한 방법으로 불가역적으로 폐기'해야 한다는 것은 주한 미군의 철수를 그렇게 하겠다는 의미이다.

북한은 미국에 적대 정책의 철회를 주장하면서 북미 불가침조약 체결에 응할 것을 요구해 왔다. 불가침조약이 체결되면 주한 미군의 철수와 한미 동맹의 와해가 이루어진다. 이 점에서 북한이 미국의 대북 적대 정책의 핵심으로 주한 미군을 꼽고 있다고 볼 수 있다. 따라서 북한이 미국의 적대 정책을 '완전하고 검증 가능한 방법으로 불가역적으로 폐기'할 것을 요구하겠다는 것은 주한 미군의 철수를 그렇게 관철시키겠다는 의미이다. 결국 북한은 자신들의 모든 핵무기 계획을 완전하고 검증 가능한 방법으로 불가역적으로 폐기할 테니 주한 미군의 철수도 그 같은 방식으로 이루어지는지를 철저하게 사찰할 수 있다고 으름장을 놓은 것이다.

북한은 미국의 대북 적대 정책의 CVID를 요구할 수 있다는 위협적인 입장을 6월 8일 북한 내각의 기관지인 민주조선을 통해서 다시 표명했다. 여기서 북한은 "미국이 계속 CVID를 고집하면 주한 미군의 완전하고 검증 가능한 철수와 북미 평화협정과 수교로만 가능한 완전하고 검증 가능한 되돌릴 수 없는 안전 담보를 요구할 것이다"라고 주장했다.

북한이 미국에 적대 정책의 CVID를 요구한 것이 주목을 끄는 까닭은 이것이 북한이 핵 카드를 통해 관철하려는 궁극적인 목표일 가능성이 높기 때문이다.

미국이 2차 6자 회담 결과에 대한 평가를 내놓은 때는 2월 28일이었다. 이날 미 국무부는 '북한의 핵 프로그램에 대한 6자 회담'이라는 제목의 성명을 통해 3항의 평가를 발표했는데 이들 평가는 다음과 같다.

① 플루토늄과 우라늄 농축에 기초한 북한의 핵 프로그램의 CVID를 포함한 한반도 비핵화에 관해 심도 있는 논의가 있었다.
② 북한 핵 문제의 평화적이고 외교적인 해결을 위해 6자 회담의 정례화 (regularizing)에 합의하고, 3차 6자 회담을 2004년 6월 말 전에 개최

하며 실무 그룹 회의를 만들기로 합의했다.
③ 중국의 회의 주최와 외교적 노력에 감사한다.

2차 6자 회담의 결과에 대한 미국의 또 다른 평가는 3월 2일 미 상원 외교위원회에 출석한 제임스 켈리 국무부 차관보의 증언이다.

여기서 켈리는 한국이 북한의 완전한 핵 폐기를 향한 첫 단계로서 포괄적이고 검증 가능한 핵 계획의 동결이 이루어지면 중유를 제공하겠다는 의사를 표명했다고 밝혔다.

또 켈리는 6자 회담은 북핵 문제가 해결되면 동북아의 정규 안보 포럼으로 발전할 수 있는 잠재력이 있다고 지적했다. 이 증언에 의하면, 2차 6자 회담은 미국이 처음으로 북한에 리비아 모델의 수용을 설득한 회담이다. 2003년 12월 19일 대량살상무기 개발 포기와 국제 사찰 수용을 선언한 뒤 미국 및 외부 세계와의 관계 개선을 통해 국제사회의 책임 있는 일원이 되어 가고 있는 리비아를 좇을 것을 북한에 설득한 것이다. 켈리는 3월 2일 상원 외교위원회에서 "우리는 북한과 리비아 사례를 논의했다"라며 "우리는 북한이 그것의 의미를 이해하기를 희망한다"라고 증언했다.

 3차 6자 회담에서 북한과 미국은 어떤 협상을 벌였는가

북한은 2차 6자 회담에 대해서도 실망했지만 이 회담에서 3차 회담의 시기와 실무 그룹 회담 개최에 합의한 만큼 이를 지켰다. 북한은 2004년 4월 29일 조선중앙통신사 기자의 질문에 대한 외무성 대변인의 대답을 통해 5월 12~14일 베이징에서 3차 6자 회담을 위한 실무 그룹 회의가 개최된다고 발표했다.

북한은 이 대답에서 실무 그룹 회의의 의제는 동결 대 보상이 되어야 한다고 주장했다. 이 같은 의제는 북한이 2차 6자 회담에서 말 대 말 안과 함께 제안한 바 있는, '북한이 핵무기 계획을 동결하면 미국과 유관국들은 동시에 보상 조치한다'는 내용의 행동 대 행동 안을 의미했다.

그러나 3차 6자 회담은 본 회담이 개최되기도 전인 예비회담에서부터 북한에 불리하게 돌아갔다. 5월 12~14일 개최된 실무 그룹 회의에서 미국이 CVID와 고농축우라늄 프로그램 문제를 제기하는 바람에 북한의 '동결 대 보상' 안은 논의조차 안 된 것이다. 이에 북한은 5월 15일 외무성 대변인의 대답을 통해 비난했다.

그런데도 북한은 줄기차게 동결 대 보상 안이 3차 6자 회담 의제가 돼야 한다고 촉구했다. 북한은 5월 21일 조선중앙통신 논평을 통해 보상 없는 동결은 없다고 강조했다.

그러나 북한에 악재가 발생했다. 5월 말 미국 언론에서 2001년 초반 북한이 핵무기 물질을 리비아에 판매했으며 국제원자력기구가 그 물질은 우라늄 물질로서 북한이 제공한 것을 확인했다는 내용이 보도된 것이다. 문제의 핵무기 물질은 6불화우라늄으로 우라늄 핵무기 제조에 쓰인다. 북한은 5월 29일 조선중앙통신의 논평을 내고 미국 언론의 이 같은 보도 내용을 부인하면서 비난했다.

6월 들어서도 악재는 계속됐다. 6월 초에 개최된 G8 정상회담(서방 선진 공업국 7개국과 러시아 정상 회담)에서 북한에 CVID 이행을 촉구하는 내용이 포함된 공동성명이 채택된 것이다.

이 같은 상황에서 북한은 3차 6자 회담에서 미국으로 하여금 동결 대 보상 안을 수용하게 함과 동시에 CVID 요구를 포기하게끔 할 목적에서 한 가지 위협적인 주장을 폈다.

북한이 6월 10일 내각 기관지 민주조선을 통해 미국이 계속 CVID를 고집하면 '주한 미군의 완전하고 검증 가능한 철수'와 북미 평화협정과 수교로만 가능한 '완전하고 검증 가능한 되돌릴 수 없는 안전 담보'를 요구하겠다고 나온 것이다. 이는 북한이 3월 10일 외무성 대변인 담화를 통해 2차 6자 회담에서 제기한 것이라고 공개한 주장과 같은 것으로서 이번에는 좀더 구체화됐다.

6월 13일 북한은 외무성 대변인의 대답을 통해 G8 성명에 대해서도 비난했다. "강제 사찰을 통한 선 핵 포기를 강요하는 것으로 이라크에 요구한 것과 같다."

중국 베이징에서 3차 6자 회담이 시작된 2004년 6월 23일 왕이(王毅) 중국 수석대표(왼쪽에서 세 번째)가 회담 장소인 댜오위타이(釣魚臺) 앞뜰에서 김계관 북한 수석대표(오른쪽에서 세 번째)에게 회담장 입장을 권하자 제임스 켈리 미국 수석대표(맨 왼쪽)와 이수혁 한국 수석대표(왼쪽에서 두 번째) 등이 바라보고 있다./AP-연합뉴스

북한은 이 같은 성명전(聲明戰)을 전개하는 와중에도 미국과 3차 6자 회담 개최 시기에 합의했다. 6월 15일 외무성 대변인의 대답을 통해 6월 23~26일 3차 6자 회담이 개최된다고 공개한 것이다. 여기서 북한은 핵무기 개발이 문제없이 진척되고 있다는 점도 시사했다. "미국은 CVID를 고집하려면 회담 결과를 기대 말라. 회담이 잘 안 돼도 우리 내부 사업은 잘 돼 있다."

북한은 3차 6자 회담이 끝난 뒤 이틀 만인 6월 28일 외무성 대변인 담화를 통해 회담 결과에 대해 긍정적인 평가를 내놓았다. "3차 회담은 지금껏 그나마 긍정적인 요소가 있고 미국도 동결 대 보상 제의를 유의하겠다고 인정했고 말 대 말과 행동 대 행동 조치, 그리고 동결 대 보상 안에 합의한 것은 진전이다."

이 담화에 의하면, 3차 6자 회담에서 미국은 CVID의 철회를 전제로 세 가지를 강조했다. 첫 번째는 북한은 핵 동결의 구체적인 내용을 공개하라는 것이었다. 두 번째는 북한은 모든 핵 시설과 그 결과물을 동결하고 핵무기의 제조·이전·시험을 해서는 안 된다는 것이었다. 세 번째는 동결은 핵 계획의 종국적 폐기의 시작이라는 것이었다. 이에 대해 북한은 보상을 요구했다고 이 담화는 밝혔다. "동결에는 보상이 따라야 하는데 그것은 미국의 (대북) 제재·봉쇄의 해제와 (테러 지원국) 명단 삭제, 그리고 중유, 전력 등 200만kw 에너지 제공을 포함한다"라는 입장을 북한이 미국에 표명했다는 것이다.

이 담화는 이어 미국이 CVID 표현을 사용하지 않고 보상을 인정하겠다면서 전향적인 제안을 내놓았다고 공개했다. 그 전향적인 제안은 미국이 북한에 3개월 간의 핵무기 프로그램 폐기 준비 기간을 제시한 것이다.

북한은 6·28 외무성 대변인 담화를 내놓을 때까지만 해도 미국의 전향적인 제안에 대해 결론을 내리지 못했다. 그러다가 북한이 결론을 내린 시점은 7월 중순을 넘어서인 것으로 보인다. 이는 북한이 7월 24일 외무성 대변인의 대답을 통해 "미국의 전향적인 제안은 논의할 가치도 없다"라고 주장하고 나온 데서 엿보인다. "미국의 제안은 리비아식 선 핵 포기이며 여기에는 말 대 말·행동 대 행동의 원칙이 없고 적대 정책 폐기 공약과 그 실천 방안이 없다. 미국은 적대 정책을 포기하고 보상으로서 (대북 경제) 제재와 봉쇄를 해제하며 (테러 지원국) 명단을 삭제하고 에너지 보상에 직접 참여하라."

미국의 전향적인 제안의 내용이 무엇이기에 북한이 당초 긍정적인 듯한 입장에서 수용 불가 입장으로 급선회했을까? 미 국무부에 따르면, 전향적인 제안은 북한이 첫 단계로서 모든 핵 계획을 폐기한다고 공약하면 6자 회담의 5개국들은 3가지 요구의 상세한 실행 계획에 대한 합의에 도달한다는 내용을 포함한다. 이 3 가지 요구는 ① 모든 핵 관련 시설과 물질이 작동 안 되도록 감독하는 것과 폐기, 그리고 제거, ② 모든 핵무기와 무기 부품, 원심분리기, 다른 핵 부품과 핵 물질, 그리고 연료봉의 제거, ③ 장기적인 감시 프로그램 등이다.

3차 6자 회담에서 미국이 핵 폐기 준비 기간으로 북한에 제시한 3개월이라는 기간은 북한이 핵 프로그램들의 폐기와 제거를 준비하는 데 짧은 기간으로 구상한 것이다. 이 구상에 의하면, 이 기간에 북한이 해야 할 것은 두 가지이다. 하나는 모든 핵 활동을 완전히 목록화한 뒤 이를 제공하고 모든 핵 활동의 가동을 중단하는 것이다. 다른 하나는 모든 핵 물질을 안전하게 관리하는 것을 허용하고, 모든 연료봉의 감시도 허용하며, 모든 핵무기, 핵무기 부품, 그리고 주요 원심분리기 부품의 공개적인 폐쇄와 관측 가능한 작동 불능을 허용하는 것이다.

전향적인 제안에 의하면, 미국의 제안하에서 다른 4개 회담 참여국가들은 몇몇 상응 조치를 취하는 것으로 돼 있다. 이들 조치는 본질적으로 임시적이거나 일시적인 것이다. 북한은 자신들의 핵무기 프로그램들을 완전히 폐기한 뒤에야 지속적인 혜택들을 받게 된다. 이들 조치는 미국을 제외한 4개 회담 참여국가들이 북한에 중유를 제공하는 것을 포함한다.

북한이 이 같은 미국의 제안을 수용하면, 미국을 포함한 5개 회담 참여국가들이 취할 조치는 3가지라는 것이 미국이 제시한 전향적인 제안의 구상이다. 이들 조치는 다음과 같다.

① 그 절차가 진척되면 될수록 좀더 지속적인 다자간 안전보장을 제공한다.
② 북한의 에너지 요구량을 결정하는 연구와 비핵에너지 프로그램들에 그 같은 요구를 어떻게 충족시킬 수 있는지에 대한 연구를 시작한다.
③ 북한에 대한 잔여 경제제재들을 철폐하는 데 필요한 조치들에 대한 토의와 테러리즘 국가 후원자 명단에서 북한을 삭제하는 데 필요한

조치들에 대한 토의를 시작한다.

그러나 북한의 7·24 외무성 대변인 대답은 나오자마자 미국으로부터 반격을 당했다. 미 국무부 리처드 바우처 대변인이 "한반도의 비핵화가 실현되어야 한다"라며 "그것도 CVID 방식으로 실현되어야 한다. 이것이 유일한 방도이다"라고 강조한 것이다. 바우처 대변인은 3차 회담이 진행되던 때인 6월 24일 "미국 대표단이 CVID 표현을 사용하지 않기로 했느냐"라는 질문에 "나는 CVID 표현을 (질문을 받기) 3분 전에 사용했다"라면서 "베이징(에 파견된 미국) 대표단은 북한의 핵무기 프로그램들의 CVID를 성취하는 것을 목표로 한다"라고 말했다. 부시 행정부의 북한 핵 문제 해결 원칙이 CVID라는 것을 분명하게 확인한 것이다.

3차 6자 회담에서 미국이 CVID 표현을 사용하지 않았다고 북한이 6월 28일 외무성 대변인 담화에서 주장한 이유는 무엇일까?

그것은 당시 켈리 미 수석대표가 6월 23일 회담 첫날 전체 회의의 개막 연설에서 CVID 표현을 쓰지 않았기 때문이다. 그러나 이날 워싱턴의 국무부에서 이루어진 브리핑에선 CVID라는 표현이 바우처 대변인에 의해 12번이나 사용됐다.

그럼에도 불구하고 북한은 바우처의 반격에 대해 7월 27일 즉각 반박했다. 이날 노동신문이 논평을 통해 미국이 3차 6자 회담에서 언급을 피했던 CVID와 선 핵 포기를 핵 문제의 유일한 해결책이라고 주장하고 나선다는 것은 "어불성설이다"라고 비판하고 나온 것이다.

3차 6자 회담이 끝난 뒤 미국과 북한 간 성명전은, 회담 기간에 북한이 자국의 핵 계획이 대부분 핵무기와 관련된 것이라고 인정했느냐 여부로까지 이어졌다. 발단은 켈리 국무부 차관보가 그해 7월 15일 미 상원 외교위원회에 출석, 북한이 3차 회담에서 자국의 핵 계획 대부분이 무기와 관련된 것이라고 인정했다고 증언하면서부터였다. "북한 대표단은 영변 흑연감속로를 핵무기 시설로 확인했다. 그들은 민간 핵 프로그램을 유지하기 원한다고 말하면서도 핵 프로그램의 대부분이 핵무기와 관련된 것이라고 인정했다."

이에 대해 북한은 7월 27일 조선중앙통신 논평을 통해 "제 나름대로의 소리"라고 반박하고 나섰다. 그러나 조선중앙통신 논평이라는 북한의 반박 형식은 켈리 차관보의 증언이 더 진실에 가깝다는 것을 우회적으로 보여 준다고 할 수 있다. 켈리의 증언은 공식 석상에서 이루어졌다. 따라서 그 같은 증언이 진실이 아니라면 북한이 관영 매체인 조선중앙통신 논평 형태보다는 외무성 대변인의 담화나 대답이라는 좀더 공식적인 형태로 반박하고 나왔을 개연성이 높기 때문이다.

그런데 북한이 켈리 차관보의 7·15 증언 중 더 중요한 의미를 지니는데도 반박하지 않은 것이 있다. 문제의 증언 내용은 이렇다. "(3차 회담에서) 북한 대표단은 '핵무기를 시험하기 원하고 아마도 이번 회담에서 진전이 없을 경우 그렇게 할 수도 있는 확인되지 않은 일부 세력이 북한에 있다'고 말했다. 그 같은 언급은 회의의 우의나 신뢰 분위기에도 기여하지 않았다." 그러나 북한은 이 같은 증언 내용에 대해서는 일체 반박하지 않았다.

3차 6자 회담까지 미국 수석대표였던 켈리 차관보는 7·15 증언에서 세 차례의 6자 회담에 대해 부정적인 평가를 내렸다. "나는 이 시점에 북한이 정말로 진정한 평화와 무역·지원·경제 발전을 통한 번영을 대가로 핵무기를 포기하는 전략적 계산을 했는지 말하기가 어렵다."

북한이 미국의 전향적인 제안을 거부한다고 발표한 것은 7월 24일 외무성 대변인의 대답을 통해서였다. 결과적으로 켈리가 북한의 발표보다 9일이나 앞서 북한의 결정 방향을 예측한 셈이다.

지은이

이교관

코리아헤럴드와 시사저널을 거쳐 조선일보 기자로 일했다.

1996년 11월 '청와대, 100만 달러어치 밀가루 극비 북송' 보도로 검찰에 긴급 구속되기도 했다. 이 사건은 '변호인의 조력을 받을 권리' 침해에 대한 저자의 헌법 소원으로 이어져 대법원의 관련 형사소송 규칙을 개정하는 계기가 되었으며, 국민의 알 권리에 대한 공권력의 무분별한 개입에 제동을 걸었던 상징적인 사건으로 기록되었다. 1997년 청와대의 고소 철회로 진실임이 판명된 이 사건은 당시 비정부 국제기구인 '국경 없는 기자단'에 의해 한국의 대표적인 언론 탄압 사례로 지목됐다.

저자의 2000년 7월 국가정보원 관련 기사는 국정원의 강제적인 반론 요구와 취재원 색출 작업으로 확대되었으나 이에 불복하여 한때 사직하기도 했다. 저자는 미국의 신자유주의 세계화 전략인 워싱턴 컨센서스를 IMF 사태 직후 처음으로 한국의 상황과 비교해 보도함으로써 IMF 사태 외인론 확산의 도화선을 마련했으며, '북한의 신의주 특구 개방'에 대한 정확한 예상 보도와 '1994년 제네바 기본합의 이후 북한의 70여 차례 핵 고폭 실험' 보도 등 다수의 특종 보도를 했다.

저서로는 『누가 한국 경제를 파탄으로 몰았는가』(동녘, 1998), 『김대중 정부의 위험한 거래』(한송, 2002)가 있다.

레드 라인
북핵 위기의 진실과 미국의 한반도 시나리오

ⓒ 이교관, 2005

지은이 | 이교관
펴낸이 | 김종수
펴낸곳 | 도서출판 한울

편집책임 | 안광은
편집 | 이수동

초판 1쇄 인쇄 | 2005년 8월 10일
초판 1쇄 발행 | 2005년 8월 17일

주소 | 413-832 파주시 교하읍 문발리 507-2(본사)
        121-801 서울시 마포구 공덕동 105-90 서울빌딩 3층(서울 사무소)
전화 | 영업 02-326-0095, 편집 02-336-6183
팩스 | 02-333-7543
홈페이지 | www.hanulbooks.co.kr
등록 | 1980년 3월 13일, 제406-2003-051호

Printed in Korea.
ISBN 89-460-3427-0 03340

* 가격은 겉표지에 있습니다.